Ruth Kraft

Leben –
von der Pike auf

Ein Erinnerungsbuch

Vision Verlag Berlin

ISBN 3-92 8787-18-7
1. Auflage 3000
© Vision Verlag Berlin
Umschlag: Hans Spörri
Titelfoto: Hartmut Reinhold
Herstellung: Wiener Verlag, Himberg/Wien

Meinen Enkeln
Jessica
David
Nora

Inhalt

1. Spitzenhut und Tintenklecks 9
2. Kleine Leute, große Fragen 12
3. Unterstufenpolitik 19
4. Alltagssorgen, Alltagsfreuden 23
5. Ruth, sei vernünftig 27
6. Das Tagebuch 38
7. Reifezeit und Olympiafieber 46
8. Fernost in Sachsen 55
9. Spannungen 62
10. Krieg 66
11. Die Insel 70
12. Inselfreundschaften 74
13. Götterdämmerung 84
14. Bollwerk an der Oder 91
15. Risse im Bollwerk 100
16. Absetzbewegung 108
17. Die Männer aus Stutthof 114
18. Das Jahr Null 119
19. Der Rundfunk 131
20. Schmerzpunkte 141
21. Autoren im Land Sachsen 145
22. Der Sohn und anderer Leute Kinder 150
23. Büchermacher 154
24. Die Filmstadt 159
25. Sinn und Form 164
26. Dickes Buch und dickes Ende 169
27. Das Jahr danach 179
28. Im Osten viel Neues 190
29. Emigranten 195
30. Königsebene 200
31. Neue Bücher 206
32. Die Nische 213
33. Fernweh 224
34. Bilder des Übergangs 230

35. Roß- und andere Kuren 237
36. In die Freiheit entlassen 242
37. Der Kreis schließt sich 251

Werkverzeichnis 260

1
Spitzenhut und Tintenklecks

Meine frühesten Erinnerungen kann ich auf den Tag genau bestimmen. Als Dreijährige hatte ich den Rat der Erwachsenen befolgt und abends Würfelzucker auf die Fensterbank gelegt, um den Storch anzulocken. Der wundersame Anwohner unseres Neumühlteiches war dann etwas verfrüht eingetroffen, und ich mußte mein Bett für das Geschwisterchen hergeben. Ich erwachte nach etwas gestörter Nacht bei meinen Großeltern. Mit ihrer Tochter und deren Söhnen wohnten sie zwei Häuser weit entfernt von meinem Zuhause. Als Großmutter mich an jenem Morgen auf den Schoß nahm und mir die Ankunft einer kleinen Schwester mitteilte, sah ich aus dem Fenster in Gneisenaus Augen, der auch in unserem Städtchen geboren wurde. Er guckte ziemlich streng, was wohl daran lag, daß er in einer Uniform steckte, aus Bronze war und sich nicht wehren konnte gegen die Vögel, die sich frech auf seine Schultern setzten. Auf hohem Sockel thronte er mitten auf dem Markt, eingerahmt von kugelig geschnittenen Rotdornbäumen, und blickte meinen Großeltern direkt ins Wohnzimmer.

Die Neuigkeit vom Zuwachs in unserer Familie verkündete ich, kaum daß ich angezogen war, im Erdgeschoß bei den Geschwistern Henjes. Anna, Martha und Agnes betrieben eine Putzmacherwerkstatt. Ihr Schaufenster mit Hüten, Kappen samt Zubehör an Bändern und kunstvollen Blumengestecken war das schönste am ganzen Markt. Mein Geplapper, daß ich nun «die Große» sei, muß die drei Fräuleins wohl amüsiert haben, jedenfalls unterstützten sie mein Selbstgefühl noch, indem sie mich mit dem schönsten Kinderhut ihrer Kollektion davongehen ließen. Ein wahres Gedicht aus weißer Spitze auf meinem schwarzbraunen Pagenkopf, so schlängelte ich mich unbemerkt durch den elterlichen Laden, nahm die breite gewundene Treppe, leise, leise, und schob mich ins Schlafzimmer, wo Vaters Schwester, Tante Tilde, und die Hebamme um Mutter und Kind bemüht waren. Statt Neugier oder achtungsvolles Mitgefühl für meine angeblich durch Storchenbiß verletzte Mutter zu äußern, verkündete ich, noch die Türklinke in der Hand: «Mutti, ich hab mir einen Hut gekauft.» Wenn meine Mutter später die Szene schilderte, meinte sie, die Schmerzen noch einmal zu spüren, die ihr der unstillbare Lachausbruch so kurz nach der Geburt ihres zweiten Kindes verursacht hatte. Tante Tildes Kommentar war bei solchen Gelegenheiten: «Eure kleine Große hat geahnt, sie würde sich behaupten müssen gegenüber der neuen Konkurrenz.»

Mit dem winzigen Etwas in meinem Gitterbett – es war weiß-lackiert und hatte golden blinkende Kugeln auf den vier Pfosten – habe ich wohl wenig anfangen können. Hauptperson war ich in der Folgezeit nur noch bei den Großeltern. Großmutter sehe ich an ihrem Nähtisch sitzen, in aufrechter Haltung, das graue Haar ungeflochten zu einer Krone aufgesteckt. Von einem Podest aus konnte sie außer dem Gneisenaudenkmal mit Markt und Rathaus auch noch ein Stück Straße überschauen. Bauernwagen rumpelten übers Katzenkopfpflaster, Pferdehufe klapperten, Radfahrer klingelten, und hin und wieder hupte ein Auto. Es ist ein sehr kleines Städtchen – mein Schildau.

Auf Großvaters Tisch am anderen Fenster häuften sich Papiere. Wenn ich mit meinen Bilderbüchern kam, hob er mich auf seine Knie, und ich durfte ihm seinen goldenen *Kneifer* von der Nase nehmen. Unter den Papieren kam auf der hellgelben Lackierung der Tischplatte ein tiefblauer Tintenklecks zum Vorschein. Das war nicht nur ein kleiner Fleck, o nein, der Inhalt eines umgestürzten Tintenfasses spreizte sich auf der runden Platte. «Da ist mir ein Malör passiert», sagte Großvater. Für mich wurde der Klecks mit seinen Spritzern zu einem Gesicht mit Schnauzer und Struwelhaaren. Später brachte ich das «Malör» in Zusammenhang mit Großvaters Verzweiflung über die Millionen, Milliarden und Billionen der Inflation. Er war Kämmerer in der Stadtverwaltung gewesen, nachdem er sein Geschäft meinem Vater übergeben hatte. Er hat die Stadtsparkasse mit gegründet und wurde der erste *Rendant*. Als die vielen großen Geldscheine in keinen Tresor mehr gepasst hatten, war er manchmal nachts als Wache in der «Kasse» geblieben. Ich stellte mir vor, er hätte vorsichtshalber das viele Geld kistenweise mit nach Hause gebracht und beim Zählen mit zitternden Händen wäre ihm das «Malör» passiert.

In jenem Jahr, dem ich die ersten Bilder meiner Kindheit zuordnen kann, wurde die Mark wieder stabil. Aber das Erinnern an diese dunkle Zeit nach dem «Krieg 14/18» hielt sich bei meinen Eltern so hartnäckig wie Großvaters Tintenklecks auf der Tischplatte. Dieser häßliche auseinandergelaufene Klecks schien mir ein Unglück in doppelten Sinn zu sein, ein Symbol für den Schmerz meiner Großeltern, die alle Ersparnisse verloren hatten und samt ihrer früh verwitweten Tochter Mathilde und deren Söhnen von meinem Vater abhängig geworden waren.

Die Tätigkeit der Putzmacher-Schwestern erschien mir als etwas besonders «Feines», wogegen der kaufmännische Alltag meiner Eltern deutlich abstach. Die Kolonialwarenabteilung ging ja noch. Da roch es nach Kaffee und Schokolade und um die Weihnachtszeit nach allerlei Gewürzen, sogar nach Pfefferkuchen direkt aus Nürnberg. Aber für die Kunden der anderen Abteilung mußte Maschendraht auf dem Hof ausgerollt und mit Kneifzangen auseinandergetrennt werden. In einer der Niederlagen im Anbau standen riesige Glasscheiben. Mit dem *Diamanten* schnitt Vater sie millimetergenau passend, um sie in Rahmen zu verkitten. Wenn er Farben anrührte, roch es nach Firnis, und wenn er im Durchgangsflur die Hebelpumpe bediente, nach Petroleum. Im Frühjahr wurde Platz gemacht für Sämereien. Ich griff gern in die offenen Säcke und ließ Rotklee- oder Lupinensamen durch meine Finger gleiten, ohne eines vom anderen unterscheiden zu können.

«Das lernst du alles noch», hieß es. Mutter, die von einem Bauernhof stammte, hatte sich auch alles *aneignen* müssen, im Krieg 14/18, als mein Vater *im Felde stand.* Zum Kaufmannsberuf gehörte eben mehr, als Zucker und Mehl abzuwiegen und in Tüten über den Ladentisch zu reichen. Großvater hatte noch Selterwasser und Limonaden selbst hergestellt, und zu meinen frühen Erinnerungen gehört der wunderbare Duft frisch gerösteten Kaffees, den die mit Holz beheizte Röstmaschine verströmte, die mir riesig erschien, fast so breit wie unser Hof.

11

Bei all diesen schwierigen Verrichtungen ging mein Vetter Walter, Tante Tildes mittlerer Sohn, seinem Onkel zur Hand. Walter hätte die «richtigen Anlagen» für den Eisenhändlerberuf, und er sollte gefördert werden.

Geduldig wie ein großer Bruder brachte er mir das Lesen bei. Den Text in meiner Fibel konnte ich, durch die häufige Wiederholung zum Nutzen der Landarbeiterkinder, auswendig. Walter war es, der mich ertappte. Meine rasche Auffassungsgabe hatte mir einen Streich gespielt. Als er mal die Bilder meiner Fibel kreuz und quer abfragte, war er platt. Sein *aufgewecktes Cousinchen* konnte nicht lesen.

Das Nachholen muß dann schnell gegangen sein. Von da an war nichts Gedrucktes mehr vor mir sicher. Und wenn es Vaters Fachzeitschrift «Der Eisenhändler» war, wo ich sogar meinen Namen fand: Licht, Kraft, Wärme – das ist Energie!

Spätestens im Lesebuch der dritten Klasse muß ich auf sie gestoßen sein, die ich die *Gegenhelden* des bronzenen Feldmarschalls vom Marktplatz nennen möchte: das Narrenvölkchen der Schildbürger. Einige ihrer Streiche standen damals als Lesestoff in allen deutschen Schulbüchern. Doch davon später.

2
Kleine Leute, große Fragen

Seine Verwandten kann man sich nicht aussuchen. Zur Cousine Elisabeth ging ich nur gern, wenn alle *draußen* waren. Zur Heumahd oder bei der Getreideernte übernahm der Großbauer Heßler, mein Onkel Paul, selber die Oberaufsicht. Ich hütete dann mit Elisabeth die «Schiepchen» – so nannten wir die Küken – im Grasegarten. Niemand war da, uns auszuschimpfen, wenn wir im Bach wateten oder Spillinge schüttelten. Unsere Vesperbemmen mit Griebenfett hatten wir längst verspeist, wenn die Erntewagen vollbeladen übers Hofpflaster rumpelten.

Meinen Onkel habe ich nie lachen sehen. Als er starb, war sein Ältester heiratsfähig und Elisabeth, die Jüngste, neun

Jahre alt. Mein Vater prophezeite, seine Schwägerin Else werde nun erst richtig aufleben, dafür würden schon ihre Kinder sorgen.

Mutters Schwester schien aber dafür wenig Talent zu haben. Sie legte das Schwarz und die langen Röcke zeit ihres Lebens nicht mehr ab. Witwe zu sein war ein Stand, in den das Schicksal einen warf und den man auszufüllen hatte. Erst recht, wenn es ein Erbe zu verwalten galt.

Zu Elisabeths Trauer – natürlich bekam sie ein schwarzes Kleid – paßten unsere Entdeckungsnachmittage beim Staubwischen in Heßlers guter Stube. Über dem gobelinbezogenen Sofa hing ein großer Öldruck: Jesus wandelt über den See Genezareth. Elisabeth wußte von ihrer Mutter viele wunderbare Geschichten aus der Bibel. Auf einem Tisch mit seidener Decke lag sie, so dick und schwer, daß man sie zum Lesen nicht in der Hand halten konnte, und voller glänzender farbiger Bilder. Das war die Welt der Mütter.

Eine Treppe höher, auf dem verstaubten Boden, wo das klapprige Dreirad und der Selbstfahrer lagerten, auf denen schon Elisabeths Brüder als kleine Steppkes auf dem Hof herumgekarrt waren, dort gab es etwas, das sich unseren neugierigen Blicken wie die Kehrseite der mütterlichen Welt darbot. In hölzernen Kisten lagerte das Bildungsgut der vor dem Weltkrieg geborenen Bauernsöhne. «Horrido Lützow» hieß ein Titel. Was die Buchdeckel nicht verrieten, zeigten die Illustrationen. Es wehten Fahnen schwarz-weiß-rot, Rosse bäumten sich auf, weiße Männer wurden bedroht von Schwarz- und Rothäuten, und Spieße standen gegen altertümliche Schießeisen. Die Landschaften im Hintergrund waren fremdartig und wundersam schön: Palmen, blaues Meer, hochgetakelte Schiffe zwischen gefährlichen Wogen. Elisabeth hatte in den Büchern nur ein bißchen geschmökert. Was in den Geschichten passierte, war ihr zu grausig. In Amerika, Afrika oder Asien würde sie umkommen vor Heimweh. «Dort hatte Deutschland Kolonien», sagte sie. «Als meine Brüder auf die Welt kamen, gehörten sie uns noch. Im Oktober achtzehn, als ich geboren wurde, gingen sie futsch. Aber unser Vaterland braucht sie. Das steht in den Büchern.»

Ganz eingestaubt lagen in einer Ecke unterm Schrägdach

Stapel von Zeitschriften. Sie hießen «Wahrer Jakob», «Simplicissimus», «Berliner Illustrierte» und «Velhagen & Klasings Monatshefte». Freche Zeichner machten sich darin lustig über Damen in langen Rüschenkleidern mit Sonnenschirmen und großen Hüten, über monokeltragende Barone und schneidige Herrenreiter. Aus den knappen Texten reimten wir uns ganze Lebensgeschichten zusammen. Elisabeth hatte etwas im «Wahren Jakob» aus dem Jahre 1910 entdeckt. «Hier steht's, es dauert eine halbe Stunde.» Was war gemeint mit «es»? Ich beugte mich über das Blatt. Jetzt war es heraus, das große Geheimnis: Der von der Jagd kommende Rittergutsbesitzer wird vom Pastor wohlwollend gefragt: «Na, Herr Baron, noch immer kein Nachwuchs in Sicht? Wo bleibt denn der Stammhalter?» Darauf der Monokelträger von oben herab: «Werde wohl mal die halbe Stunde erübrigen müssen.» Dreißig Minuten also benötigen Eltern, um Kinder zu machen. Da waren wir bei unserem Lieblingsthema.

Elisabeth, anderthalb Jahre älter als ich, wußte schon mehr als ich. «Daß Kinderkriegen für die Frau so weh tut, daran ist nur Eva schuld. Sie hätte den Apfel nicht pflücken dürfen. Die Schmerzen sind die Strafe des Lieben Gottes.»

Zufrieden mit unseren Entdeckungen, lehnten wir uns aus dem Dachbodenfenster. Unter uns das große Karree des Hofes. Zwischen der Scheune und den Ställen gingen *die Leute* ihrer Arbeit nach. Milchkannen schepperten, Holzpantinen klapperten. Am Kuhstall gabelte ein Knecht Strohballen zur Luke hinauf, wo sie von der Magd offenbar gut gelaunt aufgefangen wurden. Die beiden wären sich einig, wußte Elisabeth. Ihre Mutter sah sich schon nach einer neuen Magd um, denn es hieß, das Paar würde bald *heiraten müssen*.

Elisabeth wußte auch von anderen Vorgängen aus der Leutestube. Da hatte sich der Knecht aus dem Staub gemacht, als «es» passiert war. Ihre Mutter hatte geklagt, daß die Mädels sich den Kerlen immer gleich hingäben. Mit der Schande säßen sie dann allein da. Offenbar hatte der Liebe Gott nur Eva bestraft. Dabei hatte Adam auch vom Apfel genascht. Und manche Knechte wollten wieder bloß naschen, wenn sie sich in die Mägdekammern einschlichen. Elisabeths

14

Phantasie zog weite Kreise. «Ein bißchen eklig wird's ihnen schon sein. Aber wenn's nur eine halbe Stunde dauert, das geht ja noch.»

Von unseren Eltern konnten wir uns dieses «Es» nicht vorstellen. Als unser Kindermädchen, meine geliebte Anna, kündigte, weil sie heiraten wollte, fragte ich schüchtern: «Muß sie denn?» Streng wies Mutter mich zurecht: «Sie muß nicht. Anna ist anständig geblieben.» Ihr Bräutigam war aus dem Nachbardorf. Zu jedem Tanz im Schützenhaus kam er mit dem Rad, und «er holte immer nur seine Anna. Wie sich das gehört.» Und weil er ein Dach für seine Familie hatte, konnten sie heiraten.

Vater, Mutter, Kind spielen, das ging mit ein paar Puppen und der kleinen Schwester. Das Dach über dem Kopf für die Familie war der Wohnzimmertisch. Ein paar Kissen zwischen die Tischbeine gelegt, fertig war die Behausung. Einmal wurden wir beim Spielen kurz gestört durch zwei Besucher. Lehrer Hüthel, der nach dem Tod meiner Großeltern bei Tante Tilde als *möblierter Herr* wohnte, stellte unseren Eltern seine Braut vor. Herr Hüthel erschien mir als Bräutigam ziemlich alt. Er unterrichtete an der Schildauer Privatschule, wo die Kinder der *besseren Kreise* nach der Konfirmation noch etwas dazulernen konnten. Sogar Französisch. Als das nicht mehr ganz frische Brautpaar aus der guten Stube kam, krochen wir aus unserer puppenhaften Behausung hervor und machten Knickse. Mutter erklärte unser Spiel, worauf die Hüthel-Braut meinen Pagenkopf und das Lockengekringel meiner Schwester taxierte und spöttisch sagte: «Ihr wißt ja gar nicht, ob ihr mal einen abkriegt.» Es klang, als gehörte es zu den schwierigsten Dingen des Lebens, einen Ehemann zu finden. Sie schien sehr stolz zu sein, daß es ihr, wenn auch spät, gelungen war.

Sich heimlich verloben, das mußte besonders schön sein. Da trafen sich die Pärchen im Wald oder im Café, und niemand durfte es wissen. Im Schlageralbum «Fünfuhrtee», das neben dem Klavier im Notenständer zu unterst steckte, reimten sich «die Zwei» auf Konditorei, und «Tee» auf Liebesweh. Es kam nicht oft vor, daß mein Vater nach dem Album griff, aber wenn er es tat, war er in besonders guter Stimmung. Dann war Besuch aus Berlin da oder es war *Vergnügen* in

Aussicht. So wurden die Bälle des Familienvereins oder der Schützengilde genannt. Bei dem Schlager vom schönen, aber armen Gigolo sah ich meine Cousine Käthe aus Berlin im kurzen Taftkleid mit langer Taille solo tanzen. Die etwas verrückte Fröhlichkeit schien allerdings nicht ganz echt zu sein, denn die Seufzer in diesen Tanzschlagern galten ja der Kaiserzeit, in der die Männer in Uniformen geglänzt hatten, beritten und goldverschnürt. Aber nun war alles «passé ... Liebchen sagt adieu, schöne Welt, du gingst in Fransen ... Man zahlt, und du mußt tanzen.»

Die in Fransen gegangene Welt *vor 14/18* war Mitte der zwanziger Jahre in meinem Elternhaus noch sehr lebendig. Vater hatte vier Jahre *im Felde gestanden.* Ob die Formulierung *im Schützengraben an der Westfront gelegen* sein Soldatsein besser kennzeichnete, konnte ich nicht ergründen. Jedenfalls war er für Kaiser und Reich am zweiten Mobilmachungstag eingerückt und nach Frankreich marschiert. Fast alle Männer aus der Verwandtschaft hatten *gedient.* Es gab Fotos meiner Onkel als Ulanen, Kürassiere oder Dragoner. Die beiden Berliner, Onkel Ernst und Onkel Richard, brachten es sogar auf zwölf Jahre Militärdienst. Dafür winkte den *Zwölfendern* eine gesicherte Existenz als preußische Beamte. Deren Existenzen gingen wenigstens nicht in Fransen, als der Kaiser abdankte. Warum «Wilhelm Zwo» nun in Holland wohnte und in einem unbedeutenden Städtchen Holz hackte, habe ich damals nicht begriffen. Auch warum es Männer gab, die nie Soldat gewesen waren, blieb mir rätselhaft. Tante Tildes Mann war lungenkrank gewesen und früh verstorben, aber Elisabeths Vater? Ob er deshalb immer so mürrisch war, weil er vielleicht wegen eines versteckten Leidens, nie den *Bunten Rock* tragen durfte? Für diese Ehre waren sie ja alle bereit gewesen, sich totschießen zu lassen.

Wenn die Eltern *von früher* erzählten, hieß es immer wieder: Vor dem Kriege oder während des Krieges. Mutter schien diese Zeit schmerzlicher durchlitten zu haben als Vater, obwohl er doch in der Champagne und beim Fort Douaumont mit an vorderster Front gewesen war. Aber vier Jahre hielt das wohl kein Soldat aus, und statt schießen zu müssen, hatte er bald Sanitätsdienst tun dürfen. Verwundete vom Schlachtfeld tragen – war das nicht ebenso schrecklich? Bei solchen Gesprächen standen mir immer die Bilder der Laterna magica vor Augen, die meinen Vettern Walter und Rudolf gehörte. Wenn Rudolf mich ärgern wollte, schob er als letztes jenes bunte Bild ein, wo ein Durcheinander von zertrümmerten Wagen, sich aufbäumenden Pferden und hinstürzenden Menschen den Krieg darstellte.

Unter den vielen schwer zu erklärenden Ereignissen war der Krieg 14/18 das undeutlichste. Er hatte «nichts gebracht, nur genommen». Im dritten Schuljahr – Anfang 1929 – beendete Herr Emmelmann, Lehrer der Mittelstufe, eine Unterrichtsstunde mit dem nachdenklich stimmenden Satz: «Wenn nicht ein Wunder geschieht, ist Deutschland verloren.» Als ich Mutter und Tante Tilde um eine Erklärung dazu bat, hieß es kurz: «Er wird die Arbeitslosigkeit gemeint haben.»

In den zwanziger Jahren lebten die bunten Röcke der *schönen Welt* weiter in den Traditionen der Schützenvereine. Die Parade zwischen Rathaus und Gneisenaudenkmal ließ sich von den Fenstern über unserem Laden aus gut beobachten. Mutter holte dann Vaters Feldstecher und ihr Opernglas hervor und reichte sie unseren Besuchern. Bei klingendem Spiel präsentierten sich alle vor dem Schützenmajor Albert Lange, der ein *Schildauer Kind* war: die Jägerkompanie, die Grenadiere und Sappeure, dazu die Gastvereine aus Belgern und Melpitz, aus Eilenburg und Wurzen – mit wehenden Helmbüschen und golddurchwirkten Schärpen. In Samt und Eisen die Torgauer Geharnischten – ein Fest fürs Auge, das bunte Bild. Der Stolz der Gastgebergilde: das Feldjägerkorps Neidhard von Gneisenau, in den Uniformen der Befreiungskriege auf geschmückten, frisch gestriegelten Pferden. Voran der Rittmeister, ein Pferdehändler mit Kaiser-Wilhelm-Zwo-Bart, hinter ihm seine Offiziere, die jungen Bauern, der Tierarzt, der Inspektor vom Freigut, und wer von den Jungschützen sich eben ein Pferd leisten konnte. Mein Vater, nur mittelgroß und etwas beleibt, setzte alle in Erstaunen. Als Hauptmann der Jägerkompanie in grünem Tuchrock und weißer Hose schmiß er die Beine wie ein junger.

Am Nachmittag stolzierte auch Lehrer Hüthel mit Spazierstock über die Schützenwiese. Ich erinnere mich, daß mein

Vater eine Kinderschar um sich versammelt hatte, der er eine Freifahrt auf dem Karussell spendieren wollte. «Hier ist des Volkes wahrer Himmel», spöttelte Herr Hüthel. Beim Unterstufenlehrer Steffen, der sich bei den Kindern aufhielt, zündete der Funke. Ich liebte meinen Lehrer, und nach allem, was ich später über Steffen erfuhr, könnte er etwa so pariert haben: «Zufrieden jauchzet groß und klein. – Ja, Herr Kollege, Sie erleben hier ein wirkliches Heimatfest. Das ist mehr als Militärtradition. Mich bringt keiner zum Marschieren, und in eine Uniform zwängen lasse ich mich erst recht nicht. Aber wenn morgen der neue Schützenkönig gefeiert wird, ist unser Gesangverein dabei. Nicht mit ‹Es braust ein Ruf wie Donnerhall›, eher mit dem Jäger aus Kurpfalz. Und je nach Stimmung schmettere ich noch mein Solo hinterdrein: ‹Im schönsten Wiesengrunde›. Ja, sehen Sie, das sind die vielgeschmähten Schildschen! Eben ein bißchen närrisch. Das zeigt sich in ihrem Stolz auf Gneisenau. Einen Markt haben sie, der viel zu groß ist fürs Fünfzehnhundert-Seelen-Städtchen, der aber wie geschaffen ist für die Schützenparade. Für den Alltag haben sie reichlich Kneipen, wo über Gott und die Welt geredet wird. Die Jugend hat den Radfahrerverein und zwei Turnvereine, den Neumühlteich zum Baden und ringsum Wald zum Wandern. Eine Welt im kleinen, Herr Kollege, die man lieben und Heimat nennen kann, wenn es einen hierher verschlägt.»

So sehe ich heute mit geteilten Empfindungen auf diese Schützenfeste zurück, wo sich vor meinen Augen zwischen Würstchenbuden, Glücksrädern und Bierzelten Gegensätze aufzulösen schienen. Ich kannte sie doch alle in ihren Phantasieuniformen, die Handwerker, Bauern, Kaufleute, die Vorarbeiter aus dem Steinbruch, den Tierarzt und den Pferdehändler. Die schöne kleine Welt meiner Kindheit! Daß sie schon lange nicht mehr heil war, wußte Lehrer Steffen, der Sozialdemokrat, ganz genau. Er hat nach 1933 seine Gesinnung nicht verleugnet und mußte dafür bezahlen. Mit seiner Strafversetzung in ein Industriedorf bei Zeitz kam er noch glimpflich davon.

3
Unterstufenpolitik

«Jetzt üben wir mal ein bißchen Demokratie.» Damit verblüffte Lehrer Steffen seine Schüler am Abschlußtag des zweiten Schuljahres. Für mich ein unvergeßliches Grunderlebnis Ostern 1928. Er winkte mich nach vorn. «Dein Vater ist doch im Magistrat. Da bist du heute mal Bürgermeisterin und leitest die Stadtverordnetensitzung.» Verdutzte Gesichter, besonders bei den Jungen. Stand das Amt nicht Horst zu, dem Ersten auf den Jungenbänken? Natürlich wußte ich mit den «Stadtverordneten», die mich schadenfroh angrinsten, nicht viel anzufangen. Es erging mir ähnlich wie an jenem Weihnachtsabend, als der Weihnachtsmann leibhaftig, in rotem Mantel, Kapuze und Bart, auf Vaters Schreibtischstuhl neben dem Tannenbaum saß. Vor Verblüffung fand ich damals den Anfang des Gedichts nicht, das ich aufsagen wollte. Der Weihnachtsmann – offenbar psychologisch bewandert – erhob sich und brummte:» Ich werde mal in die Ecke gucken.» Der Bann war gebrochen, wir sagten mühelos unsere brav gelernten Gedichte auf. Am Tonfall des kurzen Satzes hatte ich Lehrer Steffen erkannt. Meine naive Beredsamkeit über die weihnachtliche Wunderwelt, die unsere Eltern unterm Tannenbaum alljährlich vor uns ausbreiteten, hatte ihn neugierig gemacht, ob meine Phantasie mit der Wirklichkeit übereinstimmte. Und da saß er nun in unserem Wohnzimmer und erlebte mit, wie Hausmädchen und Ladenfräulein unsere Familie vergrößerten, wie Tante Tilde mit ihren Söhnen dazukam und daß am Heiligabend keiner leer ausging.

Ich hatte nicht übertrieben. Meine Phantasie hatte sehr wohl Bezug zur Wirklichkeit, doch beim Demokratiespiel war ich überfordert. Herr Steffen mußte soufflieren. Was wollte man denn beschließen? Naa? «Neues Straßenpflaster», kam's von der Jungenbank. Nicht übel. «Die Sachsen haben bessere Straßen als wir.» Aha, es ging um die Chausseen und nicht um die Katzenköpfe im Städtchen. Ein Mädchen zeigte auf den Spucknapf neben der Tür. In jedem Klassenzimmer stände so ein ekliges Ding. Sie schüttelte sich. Die Stadtverordneten feixten, ich wurde rot. Gehörte denn so etwas ins

Rathaus? Wenn mein Vater von solchen Sitzungen erzählte, ging es immer um Lokales oder um Politisches. Lehrer Steffen half weiter: »Wer gegen die Spucknäpfe ist, hebt die Hand. Dann machen wir eine Eingabe. Auch wegen der Straßenausbesserung. Da müssen freilich zuerst die Zuständigkeiten geklärt werden. Ortslage Schilderhain, ihr wißt doch, die Schilderhainer lassen sich von den Schildschen nicht gern etwas vorschreiben.« Alle Hände – manche sogar doppelt – flogen hoch, nur der Klassenletzte auf seinem Platz an der Wand döste vor sich hin. Lehrer Steffen war ganz zufrieden, daß einer aus der Reihe tanzte. «Eine Stimmenthaltung. Etwas schwach die Opposition, aber immerhin!»

In den Sommerferien dachten die wenigsten ans Verreisen. Wir schwärmten aus zum Heidelbeerensammeln in ganzen Trupps. Vor den Hünengräbern im Altenhainer Wald wurden die Kleinsten veräppelt. Mit ernster Miene las einer vom Wegweiser ab: «Hühnergräber». Am meisten Spaß gab es am Grenzstein zum Freistaat Sachsen: Mit einem Bein in Preußen, mit dem anderen im Ausland zu sein. Bei uns in Preußen war die Chaussee nur geteert, die Sachsen hatten eine Asphaltdecke. Ob die Sachsen reicher waren als die Preußen? Ihnen hatte der deutsche Kaiser nicht gereicht, und sie hatten sich noch einen König geleistet – bis zum Krieg 14/18. Wenn meine Eltern sonntags mit dem Opel, der natürlich nur aus Geschäftsgründen angeschafft worden war, mit uns ins Grüne fuhren, ging es oft ins Sächsische, da konnte Vater am Steuer ordentlich aufdrehen – auf 60, 70! Mutter bevorzugte die Dübener Heide. Statt der Einkehr in Oschatz oder Grimma wurde bei Düben unter Bäumen gelagert. Wegzehrung waren hartgekochte Eier, Butterbrote und aus der Thermosflasche Kaffee-verkehrt. Wir breiteten eine Decke aus, und Mutter war glücklich. «Kinder, atmet tief! Was für eine Luft!» Von der Chaussee her waren die Autos zu hören, und meine Schwester kicherte: «Es riecht nach Benzin.»
Solange unsere Aufmüpfigkeiten sich in Grenzen hielten, konnte Vater herzlich darüber lachen. Humor war etwas Gesundes. «Hauptsache gesund» – damit hatte er sich die Anzüglichkeiten seiner Skatfreunde und Kegelbrüder vom Leibe gehalten, daß es bei ihm nicht zum Stammhalter

gereicht hätte, wo doch ein Firmenname weiterzugeben wäre.»

Hauptsache gesund – er dachte es wohl um so inbrünstiger, seit sein ältester Neffe nach Hause gekommen war, Tante Tildes Sorgenkind. Ich hatte Vetter Fritz bis dahin nur vom Hörensagen gekannt. Er arbeitete in einem Saatgutbetrieb am Harz, weil er viel frische Luft brauchte. Es paßte gut, daß Lehrer Hüthel sich verabschiedete. Aus Schülermangel ging die Privatschule ein. So konnte Tante Tilde ihren Ältesten aufnehmen, der ein eigenes Zimmer brauchte. Auf meine schüchternen Fragen, was es denn mit der Krankheit auf sich hätte, bei der Fritz nicht einmal seinen Brüdern nahekommen durfte, erfuhr ich, daß man sich beim Heiraten auch Unglück einhandeln konnte. «Nach dem kranken Mann auch noch der Sohn», sagte Mutter voller Mitgefühl. «Es ist die Schwindsucht. Die ist eben erblich. Tildes Mann ist schon dran gestorben. Leute, die es sich leisten können, fahren in die Schweiz, aber richtig geheilt werden sie dort auch nicht.»

War es Zufall, daß von Erben und Erblichkeit immer häufiger die Rede war? Man erbte Charakteranlagen und Krankheiten wie Häuser und Geld. Ein Bauernhof konnte Erbhof werden. Wieder war es Elisabeth, die darüber Bescheid wußte. Seit sie in der Kreisstadt aufs Lyzeum ging, war sie ihren Brüdern gewissermaßen gleichgestellt. «Ich bin immer mit dabei, wenn Mutti mit den Jungen etwas zu besprechen hat», erklärte sie stolz, als ich zum Büchertauschen kam. Ich war angelangt bei «Nesthäkchens Schulzeit» und war begierig auf den nächsten Band «Nesthäkchen und der Weltkrieg». Elisabeths ältester Bruder war Mitglied beim *Stahlhelm* und Ulrich, nur wenig jünger, beim *Werwolf.* Winzige Stahlhelme und sogar Totenköpfe hatten sie auf den Kragenspiegeln ihrer grauen Uniformen.

«Sie halten unser deutsches Erbe in Ehren», sagte Elisabeth feierlich. Sie sang ziemlich falsch, aber ich kannte die Melodie und summte mit: «Hakenkreuz am Stahlhelm / schwarzweiß-rotes Band / die Brigade Ehrhardt / werden wir genannt.»

Ich wollte mit vaterländischer Gesinnung nicht zurückstehen. «Meine Mutti ist jetzt Schriftführerin beim Königin-Luise-Bund», sagte ich. Mutter hatte mit mir noch nie über Politik gesprochen, das wäre Männersache. Sie machte lieber Verse, zu Geburtstagen oder Hochzeiten. Daß am Luisenbund doch etwas Politisches sein mußte, reimte ich mir zusammen, nachdem ich ihre Broschen auf dem seidenen Toilettenkissen im Schlafzimmer genauer beäugt hatte. Die eine ähnelte einem silbernen Schwan. Es war aber ein elegant geschwungenes großes L mit einer Krone auf der Rundung. Die andere Brosche, ein querliegendes Oval, trug die merkwürdige Inschrift «Ver-sail-les», darüber zuckten rote und schwarze Blitze. Mutter nannte das symbolisch und sprach das fremde Wort richtig französisch aus: «Weg mit dem Versailler Vertrag.» Es müsse Schluß sein mit den Kriegsschulden. Wie das vor sich gehen sollte, konnte mir keiner sagen. «Dumme Frage», hieß es, «das wissen die da oben nicht mal.» In der Kornblumen-Kindergruppe, für die Mutter mich werben wollte, würde ich darauf wohl auch keine Antwort bekommen, da blieb ich lieber bei den Turnern. Herr Gloel war unser *Turnvater Jahn*. Freitags um sechs war Turnen im Schützenhaussaal, denn eine Turnhalle bekam unser Städtchen erst viel später, und sonntags ging es auf Wanderfahrt. Auf unseren Turnvater paßten die vier F der Deutschen Turnerschaft: Frisch-Fromm-Fröhlich-Frei. Hätte er Flöte gespielt, unser Trupp mit dem hageren Athleten voran wäre ein Abbild des Rattenfängers von Hameln gewesen. Dabei waren es etliche seiner Kinderriege, die einige Jahre später den verführerischen Liedern des wirklichen Rattenfängers folgten. Ich hatte mir Irene und Melanie, die fünf Jahre älteren Zwillinge, zu Vorbildern genommen. Sie waren noch ziemlich neu in Schildau. Schon 1933 tauschten sie die blauen Turnanzüge der Deutschen Turnerschaft gegen den schwarz-weißen Zweiteiler, den «Dreß» des Bundes deutscher Mädel.

4
Alltagssorgen, Alltagsfreuden

Allmählich lernte ich, mir aus Anmerkungen und sorgenvollem Schweigen der Eltern ein Bild zu machen, wie stark meine kleine überschaubare Welt mit der großen Politik verflochten war. Das Geschäft ging schlecht, immer neue Läden taten sich auf, sogar ein Kettenladen, in dem die Lebensmittel im Schaufenster ein paar Pfennige billiger ausgezeichnet waren. Manche langjährigen Kunden blieben weg und kauften bei der Konkurrenz. Qualität hin oder her. Daß im nahen Steinbruch ebenso wie im Schamottewerk verkürzt gearbeitet wurde, wirkte sich mittelbar auch auf unsere Stammkundschaft aus. Kurzarbeiter und Arbeitslose konnten sich den Kneipenbesuch nicht mehr leisten. Beim Sonntagsspaziergang zum Neumühlteich oder zum Jägerhaus begnügten sich die Familien mit Limonade, also gingen auch die Bestellungen der Gastwirte für Kaffee und Spirituosen zurück.

Als sich das Jahr «nullte», hörte ich, wie meine Mutter der Schwägerin Tilde und sich selber Mut zusprach: «Die Drei ist eine Glückszahl. Frau Piepenbrink sagt das auch. Mal sehen, was die Wahlen bringen. Im Rheinland, heißt es, würden 1930 die französischen Truppen abziehen.» Ich nannte Frau Piepenbrink die Ober-Luise. Zugleich bewunderte ich die Tierarztfrau. Schlank, mit lockerem Nackenknoten, sah man sie am Steuer des grauen *Wanderer* sitzen, wenn ihr Mann auf die Dörfer gerufen wurde. Bei ihren Einkäufen in der Kreisstadt besorgte sie auch die Bücher, die sie meiner Mutter für mich empfohlen hatte. Begehrte Geschenke an den Geburtstagen und zu Weihnachten: «Heidi» und «Gritlis Kinder», mehrbändig. Später «Goldköpfchen» und den «Trotzkopf». Als ich auch Else Urys neue Bestsellerreihe «Professors Zwillinge» verschlungen hatte, erkor ich die Dänin Karin Michaelis zur Lieblingsautorin. Ohne die Empfehlung der Ober-Luise wären die dicken Bibi-Bände mit den originellen Zeichnungen der Hedwig Collin wohl nie in meine Hände gelangt. Die Landschaften der Hauptfiguren standen deutlich vor mir. Mit der wißbegierigen Bibi, die als Tochter eines Bahnbeamten mit Freikarte kreuz und quer durch Dänemark und Deutschland fuhr, durchstreifte ich in meiner Phantasie das Samland, Thüringen und das Moseltal, bevor ich meinen Heimatkreis näher kannte. Den vielen Fragen zu meiner Bücherwelt waren die Eltern nicht immer gewachsen. Auf die Idee, mich mit dem Gebrauch des «Brockhaus» vertraut zu machen, der in der Jubiläumsausgabe der Jahrhundertwende das Bücherregal schmückte, kamen sie nicht.

Zum Anschauen gab es in näherer Umgebung allerdings genug. Auf 70 Stundenkilometer brachte es der Opel. Das bedeutete, wir konnten an einem Sonntag bis Naumburg, Weimar, Dresden, ja bis in die Sächsische Schweiz fahren, wenn wir uns beizeiten aufmachten. Sonntagmorgens gegen sieben war unser Viersitzer mit zurückgeschlagenem Allwetterverdeck oft das erste Fahrzeug, das durchs stille Städtchen fuhr. Hinter den Hoftoren der Bauern muhten die Kühe, es klapperten die Milchkannen. Durch ihre Heirat hatte Mutter, die Bauerntochter, die Mühen der Bäuerinnen eingetauscht gegen die nicht geringeren Sorgen einer Geschäftsfrau. Doch an solchen Nachmittagen, etwa beim Spaziergang am Wasserschloß Moritzburg oder bei einer Führung durch Goethes Gartenhaus und erst recht beim Treffen mit Freunden im Wörlitzer Park, hätte sie mit der Erbhofbäuerin, ihrer Schwester Else, gewiß nicht tauschen mögen.

Manchmal machte Vater unseren Opel zum Sechssitzer: Unsere Kleine im Rücksitz in der Mitte; ich, die Große, auf einem genau eingepaßten Bänkchen quer hinter dem Fahrersitz. Bei einem Wochentagsausflug in die Sächsische Schweiz, den mein Vater in den Sommerferien für seine Neffen veranstaltete, verzichtete meine Mutter gern. Ich freute mich über die Jugendfuhre mit Walter und Rudolf. Vater hatte als Vormund seiner Neffen Grund zur Freude. Für Walter hatte er in Leipzig bei seinem Eisengroßhändler den Lehrabschluß mit anschließender Festanstellung ausgehandelt. Rudolf würde bei seinem Freund, dem Kleinbahndirektor, als Lehrling für das Bahnbetriebswesen eintreten, wenn auch erst mal im Bereich Privatbahnen.

Beim Heidelbeerensammeln mit einem Bein von Preußen nach Sachsen, das war leicht; ganz so einfach ging es zwischen Sachsen und der Tschechoslowakei nicht. Vater hatte den Opel in Schmilka abgestellt, das Elbtal entlang ging es zu

Fuß bis zur Grenze. Der erste Ort drüben hieß Herrnskrät-schen. Meine Vettern wären gern ins Tschechische hinein gewandert. Mit einem kleinen Papierchen wäre das wohl möglich gewesen, denn Pässe besaßen wir nicht. «Mal Herrn Masaryk ein bißchen auf die Finger gucken», meinte Rudolf. Er war am besten auf dem laufenden, was das Politische anging. Aber ich bekam wieder mal im unpassendsten Moment Wadenkrämpfe und konnte nur noch humpeln. Ich nannte das «steifes Bein». Angeblich steckte dahinter «der Wuchs». Was ich, ziemlich klein für mein Alter, mir eigentlich nur wünschen konnte, kam mir an diesem Tage höchst unge-legen, wo doch erstmalig ein Blick ins richtige Ausland mög-lich gewesen wäre. Schließlich war meine Buchheldin Bibi in Böhmen gewesen, und Professors Zwillinge waren mit ihren Eltern sogar nach Neapel gezogen, hatten den Vesuv ken-nengelernt und die Insel Capri mit der Blauen Grotte.

Ich beneidete jeden, dem es gelang, Grenzen zu über-schreiten, ganz gleich in welcher Richtung. Eine Neugier, die mich mein ganzes Leben begleitet hat. Wenn ich vor Mutter solche Gedanken äußerte, seufzte sie: «Mädel, schlag dir das aus dem Kopf. Uns verlassen? Das wirst du deinen Eltern doch nicht antun. Und wovon wolltest du denn leben? Unsere Existenz ist das Geschäft.» Das hieß: Bleibe im Lande und nähre dich redlich. Und nicht zuletzt die immer wieder-kehrende Mahnung: Ruth, sei vernünftig!

Vater wunderte sich weniger über meine Sehnsüchte. «Typisch meine Tochter», kommentierte er meinen Drang nach draußen. Er fand sich selber in mir wieder und erzählte gelegentlich, daß er nach Abschluß seiner Hotelfachlehre in Leipzig den Vertrag mit einem Hotel in Lausanne schon in der Tasche hatte, als ein Schlaganfall seines Vaters alle Pläne zer-stört hatte. Sein Bruder diente noch beim Militär, Schwester Mathilde war jung verheiratet und hatte ihr erstes Kind bekommen. So kehrte er, der Ältere, an den väterlichen Ladentisch zurück, und es blieb im kleinen Schildau beim Fir-mennamen Fritz Kraft.

Verständnis für mein Fernweh war also naheliegend. Und eine bessere Schulbildung als er und seine Geschwister erhalten hatten, gehörte nach seiner Auffassung zum

20. Jahrhundert wie Telefon und Auto. Aber das Studieren sollte man den Jungen überlassen. «Bring nur gute Zeugnisse nach Hause, alles andere wird sich dann schon finden.» Mit diesen Erwartungen entließen mich die Eltern in die dreizehn Kilometer entfernte Kreisstadt aufs Lyzeum. Elisabeth war gerade in die Quinta versetzt worden.

«Zu meiner Zeit hieß es noch ‹Höhere Töchterschule›», sagte das Tantchen mit dem Kapotthut, die Älteste aus der mütterlichen Familie Böttger. Sie hatte über Krieg und Inflation hinweg die Tracht der Frauen der Jahrhundertwende beibehalten: lange, faltenreiche, dunkle Röcke, hochgeschlossene Blusen mit Falbeln und Biesen. Die Mantille aus Chenille und den Kapotthut, der den Dutt freiließ und unter dem Kinn mit breitem Band festgebunden wurde. Auch im Sommer trug sie Handschuhe aus Zwirn, aus denen die Finger halb herausguckten. In der Familie hieß sie «Tante Cousine». Jeweils das erste Kind ihrer Cousins und Cousinen der Linie «Böttgers von der Wassermühle» wurde ihr Patenkind. So auch ich.

Tante Cousines Erinnerungen reichten weit ins vorige Jahrhundert zurück. In ihren Geschichten gab es die Kriege 1864, 1866 und 1870/1871. Im Franzosenkrieg war sie schon Halbwaise. Als Beamtenwitwe konnte ihre Mutter dann die von ihr ersehnte Ausbildung zur Lehrerin nicht bezahlen. Einem Mädchen ihres Standes blieb nach der Höheren Töchterschule nur eine Anstellung als Hausdame bei einem alleinstehenden Herrn. Als sie bei ihrem freundlichen Brotherrn zufällig jenen Mann, der sie ehelichen wollte, in Unterhosen über den Flur huschen sah, war ihr der Appetit auf Männer fürs ganze Leben vergangen. Mit dieser Anekdote endeten meist die Geschichten aus Mutters idyllischer Kindheit in der Mühle, von denen ich nie genug bekommen konnte. «Cousine liebte eben nur mit der Seele», war die einhellige Meinung über Luise Schmidt. Meine Mutter hatte den gleichen Vornamen – gewissermaßen ehrenhalber als jüngste der Cousinen –, doch als Vorbild hatte sie sich das keusche Luischen nicht genommen. Wenn mein Vater etwas von unserem Dämmerstundengeplauder aufschnappte, sprach er uns, seine Mädels, direkt an: «Seid froh, denn sonst gäbe es euch nicht.»

Manchmal lockte er mich von meinen Büchern weg zum Kleinkaliberschießen. Schützenmajor Lange hatte seinen Schildauern einen Schießstand gestiftet, auf dem regelmäßiges Übungsschießen für die Mitglieder der Schützengilde stattfand. Daß ich als Mädchen von zehn, elf Jahren den immer fest verschlossenen Stand – in meinen Augen eine Hochburg der Männer – betreten durfte, stachelte meinen Ehrgeiz an. Was Vater mir alles zutraute! Er wollte mich unterweisen im Anvisieren – Kimme und Korn –, das begriff ich natürlich, nur – ich konnte das linke Auge nicht zukneifen. Ich versuchte es andersherum – und Vater lachte: «Meine Tochter schießt linkshändig – wie ich.»

Als ich Elisabeth erzählte, daß ich zuerst «Fahrkarten» geschossen, aber auch einige «Ringe» getroffen hätte, fragte sie mich, ob ich lieber ein Junge wäre. Ich hatte mir darüber noch keine Gedanken gemacht. Elisabeth meinte schwärmerisch, sie könne sich nichts Schöneres vorstellen, als Frau und Mutter zu werden. Ich schämte mich, vor ihr zuzugeben, daß mir das Zielen nach der Scheibe Spaß gemacht hatte.

5

Ruth, sei vernünftig

Farbige Schülermützen mit schwarzem Schild hatte es zu Tante Cousines Zeit an der Höheren Töchterschule noch nicht gegeben. Das Lyzeum schrieb hellblau vor mit weißblauem Band. Erst wenn die Mütze etwas zerknautscht und zurechtgekniffen war, fühlte man sich wohl darin. Die Gymnasiasten trugen grüne, in den oberen Klassen orange und gelbe Mützen, die Mittelschule einheitlich rote.

In dem gelben Postomnibus, der fast vor unserer Haustür hielt und in den Dörfern unterwegs noch etliche Schüler einsammelte, waren Elisabeth und ich im ersten Jahr die einzigen Mädchen. In der knappen Stunde hockte jeder in seiner Ecke und erledigte das Mündliche. Auf der Rückfahrt am frühen Nachmittag war der Bus meistens voller Leute, die andere Sorgen hatten, als wir mit unserem Schulkram.

In vielen Familien gab es schon Radio. Für meinen Vater war der Hauptgrund dieser teuren Anschaffung, daß er die Nachrichten einen Tag eher erfuhr, als das Kreisblatt sie brachte. Vetter Fritz hatte noch einen Apparat mit Kopfhörern. 1923 war die erste Unterhaltungssendung in Berlin zu empfangen gewesen. Unsere Berliner Verwandten berichteten von hohen Sendemasten in einer kleinen Stadt südöstlich von Berlin. Als wir dann selber ein Radio hatten, hörte ich zum ersten Mal den Namen der Stadt: Königs Wusterhausen. Hätte mir damals jemand prophezeit, daß ich meinen Wohnsitz einmal unweit dieser Funktürme nehmen, aber auch deren Ende miterleben würde, ich hätte ihn für einen Märchenerzähler gehalten.

Anfang der dreißiger Jahre war ein Radio mit eingebautem Lautsprecher noch ein rechtes Wunderding. Oft kam mein jüngster Vetter atemlos, noch in seiner Bahneruniform, hereingestürzt, um mit meinem Vater zusammen die Abendnachrichten zu hören. Bei den sich überstürzenden Ereignissen dachte ich manchmal an jene Bemerkung meines Lehrers, daß nur ein Wunder Deutschland retten könnte. Umzüge, Krawalle, Attentate – sahen so die Vorboten des erhofften Wunders aus?

«Geht mir bloß weg mit der Politik», hörte ich immer wieder von Tante Tilde. Dauernd gab es Streit zwischen ihren Söhnen. Rudolf verfocht leidenschaftlich das Neue. Wenn er morgens beim Rasieren ein gewisses Lied vor sich hin summte: «In München sind viele gefallen, in München war'n viele dabei ...», da erschien ihr Ältester erst zum Frühstück, wenn Rudolf die Wohnung verlassen hatte. Immer noch erbost auf die «Marschierer zur Feldherrenhalle», griff er nach Überzieher und Spazierstock und eilte, soweit seine kranke Lunge es zuließ, über die Felder zum Wald. Oft trug ihm seine besorgte Mutter noch den Schal nach. Bei meiner Mutter, die ihr für das runde Jahr 1930 Hoffnung gemacht hatte, lud sie dann ihren Kummer ab:

«Fritz sagt, Hitler ist ein Scharlatan. Und Rudolf behauptet, wenn seine Leute erst im Reichstag sitzen, werden sie dafür sorgen, daß die Zinsknechtschaft gebrochen wird. Die Braunen wären eine Arbeiterpartei. Aber sie wollen es ganz anders machen als die Kommunisten und die Sozis. Und daß unter den Sozis die Arbeitslosigkeit nur schlimmer geworden ist, das sehen wir ja. Fast jeden Abend trifft sich Rudolf mit Ihles Jungens. Auf ihren Motorrädern knattern sie los. Sturmlokale, wo sie ihre Runden schmeißen, kennen die überall, bis Schmannewitz und Dahlen. Geld spielt bei denen keine Rolle. Meinem Rudolf imponiert das natürlich.»

Meine Mutter schob immer Geschäftsrücksichten vor, wenn sie sich in politischen Gesprächen zurückhielt. Aber zu Tilde konnte sie ja offen sein. Über eine Stelle im Brief ihrer in Berlin lebenden Schwester Klara hätte sie sich sehr gewundert. Klara und ihr Mann Ernst, die beiden Kaisertreuen, die ihren Ältesten, der an Kaisers Geburtstag zur Welt gekommen war, nach einem der Prinzen Adalbert genannt hatten, schrieben: «Unsere ganze Hoffnung ist Adolf Hitler. Wir Berliner nennen ihn ‹unser Goldstück›.»

Tilde war weniger verblüfft, als Mutter erwartet hatte. Rudolf hätte schon ein braunes Hemd, gestand sie kleinlaut. Fritz zuliebe hätte sie sich geweigert, das Uniformstück zu plätten. Bedrückt eilte Tante Tilde wieder an ihr Bügelbrett, wo Hemden vom Kleinbahndirektor, vom Postmeister und Kittel vom Doktor auf sie warteten, blütenweiß und steif gestärkt, wie die Bäffchen vom Pastor. Mit der Feinplätterei besserte sie ihre magere Witwenrente auf. Ich sah ihr gern zu, wenn sie mit einem eisernen Haken die glühenden Stähle aus dem Ofen zog, in das Plätteisen schob, mit feuchtem Finger die Hitze der Unterseite prüfte, um es dann zischend über die eingesprengten Wäschestücke gleiten zu lassen. So unbefangen, wie ich damals noch war, ich fühlte es einfach: Tante Tilde würde Rudolfs Braunhemd ja doch bügeln – wenn Fritz draußen herumlief.

Ich spitzte ständig die Ohren und schnappte, über meinem Buch sitzend, vieles auf, was nicht für mich bestimmt war. Zum Beispiel, ob Vater nicht mal mit seinem Neffen reden wolle? Mutter meinte, das sei er seiner Schwester schuldig. Vater sagte zwar nicht nein, erzählte aber erst mal von einem Abend in der «Gemütlichen Ecke», als sein Neffe Fritz unvermutet aufgetaucht sei, auf ein Bier. Es war ziemlich voll, der Holzhändler war da, auch Ziegelei-Schmidt und die Ihle-Jungens. Rudolf hielt sich im Hintergrund, aber die anderen nahmen kein Blatt vor den Mund. Von Stresemann kamen sie auf den Stahlhelm und den Kriegerverein. Schmidt fand es lächerlich, wie die alten Herren sich noch an die Dolchstoßlegende klammerten. Nach vorn sollten sie blicken, zum Beispiel nach Italien. Mussolini hätte schon den Vatikan auf seiner Seite. Der Holzhändler kochte vor Wut und knurrte, vor der eigenen Tür gäbe es genug zu kehren. Dann, erzählte Vater aufgeregt weiter, hätte einer von den jungen Braunen gerufen: «Jawoll, Deutschland erwache! Kampf Heil!» Rudolf mußte gesehen haben, daß sein Bruder um Atem rang. Er wollte Fritz beim Arm nehmen und hinausbegleiten, aber der wehrte ihn zornig ab und verließ das Lokal. «Fritz läßt niemanden an sich heran», sagte Vater. Er schien traurig darüber zu sein. Aber ob er die Meinung seines ältesten Neffen wirklich teilte, darüber war ich mir nicht sicher.

In den Jungmädchenbüchern, die ich mir zusammenborgte, kam das Wort Politik selten vor. Unverschuldete und verschämte Armut rührte mich. Leichtsinnige Ehemänner brachten ganze Vermögen durch und erschossen sich wegen ihrer verlorenen Ehre. Daß ihre Frauen und Töchter mittellos zurückblieben, stand offenbar außerhalb des Ehrbegriffes. Wieder war es Elisabeth, die mich darüber aufklärte, daß jedes Arm-und-Reich mit Politik zu tun hätte. Wenn zum Beispiel ein Bauernhof immer wieder geteilt würde, weil jedes Kind sein Erbteil beanspruchte, würden die Höfe immer kleiner und unrentabler. Ein Staat hätte die Pflicht, das zu verhindern, mit Gesetzen. Auf den Versammlungen des Landbundes würde das alles besprochen. Von ihren Brüdern wußte sie, daß ein solches Gesetz in Vorbereitung sei, aber ob es durchkäme bei der Abstimmung im Landtag, das sei fraglich. In Preußen hätte Severing zu bestimmen, und der wäre nicht besser als Brüning.

Über die Sorgen der Bauern redeten meine Eltern auch, wenn wir zur Kirmes oder zum Erntefest in die Nachbardörfer fuhren. Vater nannte das: Dienst am Kunden. Die Korbflaschen mit Nordhäuser, Korn und den Qualitätslikören aus *Muttersäften*, auf deren eigene Herstellung Vater besonders stolz war, hatte er schon Tage vorher geliefert. Solche Sonntage begannen am frühen Nachmittag mit Pflaumen- und Streuselkuchen. Zum Abend bestellte Vater große Portionen Entenbraten mit Rotkohl und Apfelmus, denn es galt, *Zeche zu machen*, damit der Wirt gleich die nächste Bestellung aufgab für Bockbierfest und Feuerwehrball.

Wenn Herbstferien waren, hatte Vater seine Familie gern dabei. Die Tanzsäle in den Gasthöfen ähnelten sich alle. Rund um das Parkett etwas erhöht die Tische und Stühle für die ältere Generation. Auf einer Bank unter der Bühne saßen die jungen Mädchen mit Blick zum Eingang, der zur Gaststube und damit zum Biertresen führte. Dort standen die jungen Burschen herum, manche trinkend, aber alle auf den ersten Ton der Kapelle wartend, worauf sie losstürmten, schlitternd übers frisch gewachste Parkett. Jeder wollte der Erste sein bei der Auserwählten auf der Mädchenbank. Verteilten sich dann die Paare übers Parkett, saßen die Übriggebliebenen auf ihren Plätzen wie am Pranger. Da half auch nicht, daß die Verschmähten die Köpfe zurückwarfen und sich untereinander aufforderten.

Ganze Geschichten konnte ich spinnen um Erwartung und Enttäuschung. Wonach mochten sich die Burschen wohl ihre Tänzerinnen aussuchen? Manche Hübsche, erfuhr ich später von Mutter, drehte sich zwar ständig auf dem Parkett, aber ob einer der Tänzer sie heiraten würde, sei fraglich. Manch eine, die mir als besonders vierschrötig vorgekommen und jedes Mal geholt worden war, hätte Heiratschancen, weil sie Geld mit in eine Ehe brächte oder den Hof erben würde. Liebe wäre das eine, sagte Mutter, aber das andere wäre für die Bauern genau so wichtig – nämlich der Hof. Und wenn eine junge Frau nicht zupackte, ginge es mit der Wirtschaft schnell bergab, und mit der Liebe auch.

«Habt ihr denn aus Liebe geheiratet?» wagte ich dann schon neugierig zu fragen. Mutter lachte. «Natürlich aus Liebe. Wir waren doch jung. Und ich brachte nichts weiter mit in die Ehe als eine Aussteuer. Ich hatte zwei Brüder und zwei ältere Schwestern, das weißt du doch. Der Älteste bekam den Hof mit der Wassermühle. Für den zweiten hat mein Vater den Hof in Schilderhain gekauft. Wir Mädels bekamen eine Aussteuer. So war das damals.»

Die verlegenen Gesichter der Mädchen auf der Bank, die beim Erntefest keinen oder nur selten einen Tänzer fanden, vergaß ich lange nicht. Manchmal erfuhr ich von einer der damaligen Mauerblümchen, daß «der Alte die Augen zugemacht hätte und sie im reiferen Alter noch an den Mann gebracht worden sei». Das war dann freilich ein Handel, vermutete ich, der mit den Vergnügungen eines Erntetanzes nichts zu tun hatte, eher mit den Märkten, auf denen Bauern mit Händlern zusammentrafen, wo ein cleverer Pferdehändler gleich den Burschen, der den Ackergaul an der Trense führte, mit anbot. «Der hat das Zeug zu einem Bauern. Pfiffig genug ist er, ihm fehlt bloß der Hof.» Solche Aussprüche machten die Runde in den Kneipen. Es wurden sogar Wetten abgeschlossen. Einzulösen, wenn so ein Bursche sich ins gemachte Nest gesetzt hatte.

Nie würde ich irgendwo darauf warten, *geholt* zu werden. Das nahm ich mir fest vor. Einige Jahre später, als in meiner Klasse fast alle zur Tanzstunde gingen, wirkte dieser Eindruck von den Dorfbällen noch immer in mir nach. Ich fand mich unschön mit meinem glatten Haar. Blaß war ich und so dünn, daß die Hausschneiderin den rot-weiß-gepunkteten Strandanzug noch ohne jeden Abnäher auf dem vorderen Oberteil, einer Art Brustlatz, zuschneiden konnte, genauso wie für meine drei Jahre jüngere Schwester. Vor dem Spiegel zog ich Grimassen, um eine Mundstellung zu finden, die nur meine oberen Zähne, nicht aber zugleich das Zahnfleisch beim Lachen sehen ließ. Da mir das wegen meiner *Mausezähne* nicht gelang, blieb ich beim «Bitte-recht-freundlich» der Fotografen immer ernst. «Du guckst ja richtig finster», bekam ich dann zu hören. Daß ich auch anders sein konnte, wußten ja die Torgauer Gymnasiasten nicht, also würde mich auch keiner – oder nur der allerletzte – zum Tanzen auffordern. Nein, das tat ich mir nicht an.

Aber so weit war es noch lange nicht. Die hellblaue Schülermütze hatte den ersten Kniff weg, als mich die Berliner – das hieß Vetter Adalbert, bereits Bankangestellter, mit Freunden – zu einer Reise an die Ostsee einluden. Es war wohl ein Dank für die Gastfreundschaft meiner Eltern über viele Jahre hinweg.

Heidebrink auf der Insel Wollin, im Oderdelta gelegen. Mutter hatte sich brieflich erkundigt, was man in einer Sommerfrische brauche. Mit Berliner Schick könne ich nicht aufwarten. Der wollene Badeanzug, den Vater aus dem Indanthrenhaus aus Leipzig mitbrachte, war allerdings etwas ganz

Modernes. Auch Söckchen wurden angeschafft, denn die Wadenstrümpfe, mehrmals umgeschlagen, waren gerade aus der Mode gekommen. Mit der kurzen Schiffsfahrt über die Dievenow begann mein erstes großes Ferienerlebnis. Die Ostsee war mir wohl zu kalt vorgekommen, denn im obligatorischen Klassenaufsatz nach den Ferien habe ich lediglich den Sonnenuntergang geschildert, den wir nach einer ziemlich langen Strandwanderung erlebt hatten.

Daß ich, die Fahrschülerin aus dem Schildbürgerstädtchen, mit einer Reise an die Ostsee aufwarten konnte, muß mein Selbstwertgefühl sehr gestärkt haben. Adelheid, die neue Freundin, beneidete mich. Ihr Vater wollte immer nur nach Beckwitz.

Nach den Ferien wurde ich als Vertrauensschülerin vorgeschlagen – und gewählt.

In den Herbstferien besuchte ich Adelheid. Damit begann eine Freundschaft, die nicht nur ein Leben lang halten, sondern auch mitbestimmend für eine Richtung werden sollte, die meinen Lebensweg entscheidend geprägt hat.

Durch Beckwitz fuhr ich täglich mit dem Omnibus zur Schule. Adelheids Großvater war in dem Dorf Lehrer gewesen und hatte das Haus mit dem großen Garten seinem Sohn hinterlassen. Der Altphilologe Ely, der den Torgauer Gymnasiasten Latein und Griechisch beibrachte, konnte wohl nirgendwo anders als in seinem ländlichen Vaterhaus so gründlich Abstand gewinnen von seinen Büchern, die in der Torgauer Wohnung am Westring die Wände seines Studierzimmers füllten. Voller Ehrfurcht stand ich vor diesen Schätzen.

In Beckwitz arbeitete der Studienrat mit Vorliebe in einer Werkstatt, die so ausgestattet war, daß sie meinem praktisch veranlagten, geschickten Vater Respekt abnötigte. Für Adelheid hatte Vater Ely Stelzen gebaut und im alten Apfelbaum einen Hochsitz gezimmert. Halb verborgen hinter Blättern saßen wir Freundinnen auf dem Anstand und konnten ungestört lesen oder albern. Wenn letzteres bei Tisch weiterging, nannte uns Herr Ely schmunzelnd: «Ihr Kaschpersäcke».

Wie anziehend auch mein Elternhaus für Besucher war, besonders wenn sie aus städtischen Mietwohnungen kamen, wurde mir erst bewußt durch die Freundinnenbesuche an meinen Geburtstagen. Zum Versteckspielen boten sich in den Lagerräumen hinter dem Laden und in den Kammern im Anbau reichlich unübersichtliche Winkel und Ecken an. Zu meinem elften Geburtstag brachte ich sechs Mädchen aus meiner Klasse mit. Auf dem verschneiten Rasenplatz geriet Rudolf, mein hochgewachsener stattlicher Vetter, gerade in unsere Schneeballschlacht hinein. Ein Mannsbild zwischen uns Elfjährigen! Als er vor dem Blindekuh-Spiel entwischte, bedauerten es alle. Zum Abendbrot gab es Einfachbier mit Zucker. Wir waren in Hochstimmung. Rudolf kam noch zur rechten Zeit zum Verabschieden. «Ihr seid ja beschwipst», behauptete er. Ilse Daehne, unsere kesseste, erwiderte: «Na und ob. Wir haben eben beschlossen, Brüning abzusetzen, und Braun und Severing gleich mit. Du bist doch auch dafür?» Mein Vater, der die Geburtstagsgäste noch nach Torgau bringen mußte, amüsierte sich während der ganzen Autofahrt über das Geschnatter dieser altklugen Sextanerin. Meine Mitschülerinnen, meinte er, seien ein anderes Kaliber als die *Kornblümchen,* und es war wohl sein Verdienst, daß Mutter die Jung-Luisen nicht mehr erwähnte.

Aus früheren Erzählungen meines Vaters weiß ich, daß er Stresemann bewunderte. Mit dem Locarno-Vertrag hätte der das Versailler Diktat entschärft. Und daß Deutschland in den Völkerbund aufgenommen wurde, wäre auch sein Verdienst. Wenn Handwerker ins Haus kamen zu Reparaturarbeiten, unterhielt Vater sich gern mit ihnen. Am abendlichen Familientisch gab er seine Erfahrungen an Mutter weiter. Die meisten Arbeiter wären Sozialdemokraten. Wenig Zuspruch fände die Zentrumspartei. Die Unruhe in der Politik verursachten die Kommunisten und neuerdings deren Hauptgegner, die Nazis.

Geschickt machten sich die Braunen den Ärger der Bevölkerung über Brünings Notverordnungen zunutze. Das wurde immer deutlicher und spaltete schon den Vorstand des *Familienvereins Konkordia.* Beim *Wintervergnügen* wäre es keineswegs so einträchtig zugegangen, wie es der Vereinsname erforderte, erzählte Mutter der gespannt lauschenden Schwägerin. Ziegeleibesitzer Schmidt wäre in Breeches, Lackstiefeln und Braunhemd erschienen. Der Steinbruchbesitzer aus Wildschütz im *kleinen Stresemann* hatte am Cut-Aufschlag auch schon das Abzeichen mit dem Hakenkreuz. Der Holzhändler, Vorsitzender des Kriegervereins, fand die «Verkleidung» unangebracht. Er war zuckerkrank, und seine Frau wachte darüber, daß er sich nicht aufregte. Aber wenn der Choleriker nicht mehr nüchtern war, konnte ihn keiner bremsen. Es fielen scharfe Worte. Ziegelei-Schmidt, elegant und sportlich, dem man Ähnlichkeit mit Hans Albers, dem blonden Hans der Ufa-Filme, nachsagte, hatte sich mit einigen Gästen umgeben, vom Rittergut Kobershain und dem Freigut Blankenau. Schmidt wußte, daß ihm bewundernde Blicke folgten, wenn er tanzte, und ihm genügten ein paar leicht hingeworfene Bemerkungen, um die Ewiggestrigen vom Stahlhelm und dem Kriegerverein im Zaum zu halten. Mit Schwarzer Reichswehr und Offiziersgehabe wäre Deutschland nicht zu retten. Das hätte inzwischen auch der alte von Seeckt begriffen und sogar die Ehrhardt-Leute, die aus lauter Patriotismus Rathenau umgebracht hatten, vor mehr als zehn Jahren. Die sollte man mal heute reden hören! Die hätten erkannt, wem der Tambourstab gebühre. Nein, es war kein schönes Fest, dieser Ball im Winter 1931/1932. Mutter hängte das gute Kunstseidene in den großen Kleiderschrank in der oberen Diele, wo es immer nach Mottenkugeln roch.

Tilde hatte stumm zugehört. Nun würde ihr Rudolf wieder Oberwasser haben. Er stieß ja mit Ziegelei-Schmidt ins gleiche Horn. Der sah schon Brünings Kabinett stürzen. Bei Neuwahlen würde sich zeigen, was das Volk hielt von der Verfassung, die in Weimar mit so großem Pomp ausgehandelt worden war. Dieses System wäre unfähig, mit der Arbeitslosigkeit fertig zu werden. Wenn erst einmal die Standesunterschiede beseitigt und alle, die deutschen Blutes waren, Volksgenossen wären, könnten in Amerika die Börsen krachen, sooft sie wollten, einem gesunden Volkskörper wie dem unseren täte das keinen Abbruch. Daß ein gesunder Geist nur in einem gesunden Körper wohnen könne, wagte Rudolf nicht zu äußern, aus Rücksicht auf seinen Bruder Fritz. Aber seine SA-Kameraden bekümmerte das nicht.

Einmal sah es so aus, als sollten die braunen Sturmtruppen gebremst werden. Groß stand es in den Zeitungen: Die NS-Verbände – Sturmabteilung und Schutzstaffel – waren verboten. Hatte das Braunhemd ausgedient? Tante Tilde schöpfte Hoffnung. Aber Rudolf ging nun im weißen Hemd «zum Dienst» in die Gemütliche Ecke. Als mein Vater ihn fragte, wie es nun weitergehen würde, sagte Rudolf trotzig: «Die Brünings, Papens und Schleichers werden sich noch wundern. Sie verstecken sich hinter Notverordnungen – und uns schweißen Not und Verbot erst recht zusammen.» Gegen Hindenburg wagte er nichts zu sagen, denn der hing groß über meines Vaters Schreibtisch.

«Sei froh, daß du Mädels hast», sagte Tilde zu ihrer Schwägerin. Gewiß, wir machten den Eltern augenblicklich keine Sorgen, höchstens daß wir Blaßschnuten waren, wenig Appetit hatten und Lebertran und Eisenpräparate schlucken mußten. Daß ich oft schlecht schlief und sogar schlafwandelte, hing wohl mit meinen Nerven zusammen, ebenso wie das Zucken mit dem rechten Auge, was ich mir einfach nicht abgewöhnen konnte. Aber das würde sich schon geben «nach den Entwicklungsjahren». Ich war eben ein anderer Schlag als Elisabeth, nach der sich schon Männer umsahen. Als Mutter merkte, daß ich meine anderthalb Jahre ältere Cousine beneidete, lachte sie mich aus und gab es im Kreise ihrer Kränzchendamen zum besten. «Hüftgürtel und Büstenhalter brauchen meine Mädels noch nicht, Gott sei Dank.» Sie stickte an einer extra langen Kaffeedecke für den extra langen Familientisch in der Holzveranda, unserer *Laube*. Eine der Damen, Mutter einer Tochter in meinem Alter, dachte schon weiter. Sie häkelte Kopfkisseneinsätze für Ursels Aussteuer. Die brauchte auch noch keinen Büstenhalter, hätte aber gerade ihre «Tage» bekommen. Man wüßte ja nie!

Aufschluß über das Frauengeheimnis, wenn man seine Tage bekam, holte ich mir wieder einmal von Elisabeth. Die trug eine Miene zur Schau wie eine ernste, stolze Dulderin. Nun war sie imstande, Kinder zu kriegen. Und das wollte sie. «Eine ganze Fußballmannschaft» wünschte sich ihr Freund. Mit einem Freund konnte ich nicht aufwarten, was nicht hieß, daß ich nicht immer mal einen «Schwarm» hatte, an den ich denken konnte beim Blättchenzupfen unter der Heßlerschen Robinie: Er liebt mich, er liebt mich nicht. Oder: Verliebt, verlobt, verheiratet, geschieden.

Bei meiner Lesebessenheit stieß ich auf einen Roman

von Louise von François: «Die letzte Reckenburgerin». Das Schicksal des Adelsfräuleins ging mir nahe. Aber für das Aufsatzthema «Mein Lieblingsbuch» hielt ich es für ungeeignet, oder besser, ich traute mich nicht heran, denn die edle Dame gebar im geheimen ein Kind, unehelich. Würde *die Spaetern,* Direktorin und Deutschlehrerin, so ein Thema nicht als unanständig einstufen? Unsere Lehrerinnen waren sämtlich unverheiratet und in recht fortgeschrittenem Alter. Sitte und Anstand verboten jede schulische Behandlung von Fortpflanzungsfragen. Da auch meine Lektüre wie «Ferien vom Ich» dem Anspruch der Lehrerin nicht standhalten würde, nahm ich Zuflucht zu Goethe. «Hermann und Dorothea» – da konnte nichts schiefgehen. Aber die Spaetern hatte mich durchschaut. Ich merkte ihr die Enttäuschung an, daß gerade ich mich gescheut hatte, zu meinen Büchervorlieben zu stehen, und ich schämte mich.

Null Fehler im Diktat, die Eins im Aufsatz, für meine Eltern war das schon selbstverständlich. Auf dem Herbstzeugnis der Untertertia vier Dreien – darunter Französisch – eine Katastrophe. Was war los mit mir? Tante Tilde nahm mich in Schutz. Sie tat, was den Eltern noch nie eingefallen war, sie setzte sich zu mir mit ihrem Strickstrumpf und hörte mir ein Gedicht ab. Beim Auftakt zum zweiten Halbjahr sollte ich es in der Aula aufsagen: Schillers «Glocke». Eine Ehre, fand Tante Tilde. Na ja, aber mein miserables Zeugnis? Ich war verunsichert und fürchtete eine Blamage. An der Stelle: «Und drinnen waltet die züchtige Hausfrau» – nickte die Tante versonnen vor sich hin und tippte mit der Stricknadel auf die nächsten Zeilen: «Und herrschet weise im häuslichen Kreise». Sie gab zu bedenken: «Ob ihr Mädchen das eigentlich noch wollt? Der Kleinbahndirektor läßt seine Marianne Medizin studieren. Schade, daß dein Vater sich das nicht leisten kann.»

Sie schien zu ahnen, was mich bedrückte. Seit der Quinta war ich Vertrauensschülerin, mußte also für die ganze Klasse sprechen, wenn etwas auszubügeln war. Aber aus der letzten Schulstunde mußte ich schon früher weg wegen der miserablen Fahrverhältnisse. Und beim Spielturnen nachmittags, wo man sich an den Ringen oder am Rundlauf so schön austoben konnte, war ich leider nicht mehr dabei. Vom Bummel in der Bäckerstraße gar nicht zu reden, wo ich vielleicht endlich mal das Rotwerden abgelegt hätte, wenn ein Junge grüßte oder mich ansprach. Adelheid, Inge, Ilse und wie sie alle hießen, tauschten in den Schulpausen ihre Erlebnisse vom Vortage aus. Ich störte nur dabei und blieb allein. In den Pausen versteckte ich mich, um nicht auf den Schulhof zu müssen.

Nach Tildes Fragen druckste ich herum. Das alles waren keine Gründe zum Klagen. Doch bei Tante Tilde brauchte ich mich nicht zusammenzunehmen, und ich sagte trotzig: «Immer soll ich vernünftig sein. Immer und überall. Und niemand glaubt mir, daß ich schüchtern bin, jawohl, wenn ich ins Direktorzimmer muß oder wenn ich in der Aula sprechen muß – oder wenn ich zu Hause im Laden die Kunden fragen soll: ‹Was darf 's denn sein?›»

Ich hatte mich derart in mein Selbstmitleid hineingesteigert, daß mir die Tränen kamen. Beim letzten Satz jedoch brach Tante Tilde in so herzhaftes Lachen aus, daß ich sie verdutzt ansah, und mein Kummer löste sich auf.

6

Das Tagebuch

Weihnachten 1932 bekam ich ein verschließbares Tagebuch. Der Freude darüber folgte gleich ein Dämpfer. «Vor mir hast du doch keine Geheimnisse!» Meine Mutter hätte das winzige Schlüsselchen am liebsten behalten. Tante Tilde zwinkerte mir zu: «Häng dir's um den Hals.» Und als ich laut darüber nachsann, wie man so ein Tagebuch, das wie ein guter Freund sein sollte, begann, meinte sie: «Schreib auf, was dich kränkt oder ärgert und was dich freut.»

Wenn Kinder mir in der Spitalstraße nachriefen «Lyzeumspüppchen», kaum daß sie meine blaue Schülermütze auftauchen sahen, das kränkte mich. Ich war sozusagen die einsame Vorhut der Trupps aus den höheren Schulen. Weil mein Zug so früh fuhr, mußte ich vorzeitig aus der letzten Stunde weg. Habt ihr eine Ahnung, dachte ich, wenn die

Volksschülerinnen mir den Weg versperrten. Ich mußte mit dem Zug fahren, weil das Fahrgeld ein paar Mark billiger war als der Omnibus. Und weil nun auch für meine Schwester Schul- und Fahrgeld bezahlt werden mußten, hatte Vater für mich eine halbe Freistelle erwirkt. So sah das aus mit den buntbemützten Lyzeistinnen. Sicher nicht bei allen, aber bei mir. Die Bahnfahrerei mit Wartezeiten beim Umsteigen in die Kleinbahn war umständlich und anstrengend. Die Eltern spendierten schließlich wieder die Monatskarte für den Omnibus.

Zwischen Ärger und Freude gab es viele Zwischentöne. Nach über sechzig Jahren ist mir – auch ohne Tagebucheintragung – die Szene in Torgau vor der Huth'schen Buchhandlung noch gegenwärtig, als beim Warten auf den Omnibus eine Arbeiterfrau, die ich kannte, zu jemandem sagte: «Haben Sie es schon gehört, Hitler ist Reichskanzler geworden. Das bedeutet Krieg.»

Mein erster Gedanke war: Rudolf und seine Kameraden haben es geschafft. Aber den Nachsatz verstand ich nicht. Zuvor hatte es eine Regierung von Papen gegeben und vor dem wurde Brüning gestürzt. Einer stürzte den anderen, und der nächste stand immer schon bereit. Hatte etwa Hindenburg eingegriffen? Der *greise Feldmarschall*, dessen Bild über meines Vaters Schreibtisch hing. Dem war der Sieg bei Tannenberg zu verdanken, wieso sollte der für einen neuen Krieg sein? Die Zusammenhänge durchschaute ich natürlich nicht. Mich beeindruckten die spektakulären Ereignisse kurz danach. Am Tag, als der neue Reichstag zusammentreten sollte, schritt der *Held von Tannenberg* feierlich Seite an Seite mit dem neuen Kanzler unter Glockengeläut zur Potsdamer Garnisonkirche. «Üb' immer Treu und Redlichkeit» – ertönte es vom Turm herab. Hitler trug einen schwarzen Cut und neigte das Haupt, den Zylinder in der Hand. Um das denkwürdige Zeremoniell von Potsdam in Fox-Tönender-Wochenschau zu sehen, nutzte mein Vater eine Einkaufsfahrt nach Leipzig. Denn in Schildau gab es kein Kino.

In der Stummfilmzeit hatte Herr Steinhausen in den Wintermonaten jeden Sonntag im Rathaussaal gekurbelt, nachmittags für die Kinder, abends für Erwachsene. Uns führte er Charlie Chaplin vor, Dick und Doof und Buster Keaton. Lauter kurze Streifen, deren Komik von lautem Gejohle der Jungen begleitet wurde. Und wenn die Begeisterung überschwappte, ließ sich der alte Steinhausen noch zu einem Cowboyfilm überreden. Zugabe ohne Nachzahlung. Den ersten Tonfilm «Schuß ins Tonfilmatelier» haben meine Eltern am gleichen Ort gesehen. Aber die mangelhafte Technik ließ wohl weitere Kinovergnügen nicht zu. Wer die UFA-Schlager «Die Drei von der Tankstelle» oder Hans Albers als «Liliom» sehen wollte, mußte nach Torgau ins richtige Kino, das «Metropol» gehen.

Natürlich fragte ich meinen Vater nach dem Hauptfilm zur Wochenschau, die er nach dem 30. Januar 1933 in Leipzig sehen wollte. Er schmunzelte: «Der Kongreß tanzt.» Den hätte ich auch gern gesehen, viel lieber als die Wochenschau. Die Reichstagseröffnung in der Berliner Krolloper hatte Fox auch noch gezeigt. Das war der Ausweichtempel, weil der Reichstag zerstört war.

Auch jener Morgen steht mir noch ganz deutlich vor Augen. Mein dreizehnter Geburtstag war reichlich drei Wochen vorbei. Ich wusch mich gerade, da kam Mutter herein und riß die Tür zu ihrem Schlafzimmer auf, wo Vater, der immer schwer aus dem Bett kam, noch schnarchte, und sagte mit wahrer Trauerstimme: «Der Reichstag brennt.» Mein Vater fuhr auf und kam, die Hosenträger noch in der Hand, durch unser Zimmer, als müßte er persönlich der Feuerwehr zu Hilfe eilen. Aber ihn trieb es nur ans Radio. Ganz Berlin schien in Aufruhr zu sein. Auf dem Lande gab's oft Brände, mal durch Blitzschlag, mal durch leichtsinnige Kokeleien oder wegen falsch gelegter elektrischer Leitungen. Dann wurde der Gendarm beauftragt, den Täter zu ermitteln. Und die Versicherungen mußten zahlen, oder die Täter. Aber so ein Riesengebäude wie der Reichstag? Da mußten mehrere beteiligt gewesen sein. Nur von einem war zwar immer die Rede in den nächsten Tagen: van der Lubbe. Das war ein unscheinbarer Holländer, der apathisch in seinem Stuhl hing während der bald beginnenden Verhandlungen. Hinter ihm sollten die Kommunisten stehen – das stand für viele fest. Es sei die Antwort der Linksparteien auf Hitlers Machtantritt und ihr trotziges Fanal: Wir sind auch noch da!

Oder war es vielleicht ganz anders? Hatten es Hitlers Leute

inszeniert, um einen Vorwand zu haben, gegen die Kommunisten vorzugehen? In den Gesprächen, die Vater mit jenen seiner Kunden führte, die meistens kurz vor Ladenschluß kamen und nur ihn sprechen wollten, muß es solch ganz gegensätzliche Meinungen gegeben haben. Aber dieses Hin und Her, von dem wir nur aus dem Radio und dem Kreisblatt etwas erfuhren und das auch als «Verordnung zum Schutz von Volk und Staat» abstrakt blieb, schien mir ungeeignet für die weißen Blätter meines Tagebuchs.

Ich eröffnete es in den Osterferien nach dem Besuch der Freunde meiner Eltern. Zu den Reicherts aus Berlin-Steglitz gehörten Horst und Klaus. Als die Erwachsenen ausgegangen waren, machten wir Pfänderspiele, bei denen es Bonbons und Schokolade aus unserem Laden zu gewinnen gab. Zuerst aber mußten die Pfänder ausgelöst werden. Beim Kirschenkosten küßte mich Klaus, der jüngere, so herzhaft, daß ich nur hauchen konnte, es habe süß geschmeckt. Worauf Klaus seiner Mutter beglückt seinen Erfolg am Morgen verkündete, was dann beim Familienfrühstück ausgiebig erörtert wurde. Wir beide saßen mit roten Köpfen da und fühlten uns wie verkuppelt. Dabei war ich eigentlich verliebt in Horst, der drei Jahre älter war als ich. Er segelte bereits im VMV, dem Verein Marinejugend Vaterland. Stolz trug er sein marineblaues Jackett mit silbernen Knöpfen. «Wir sympathisieren mit den Revolutionären», sagte er, «aber kassieren lassen wir uns nicht.» Er meinte die Hitlerjugend, die schon angefangen hatte, die Pfadfinder aufzulösen und alle Verbände, die sich «Bündische Jugend» nannten.

Mit Elisabeth unter der Robinie zupfte ich versonnen die Blätter ab. «An wen denkst du jetzt?» fragte sie. «An Horst oder an Klaus?» Ich zupfte das letzte Blättchen. «Geschieden!» Elisabeth meinte, mich trösten zu müssen. «Marine, das sind besonders feine Pinkel. Da können wir sowieso nicht mitreden. Aber laß man, die holt sich die HJ auch noch.»

Im Sommer war Elisabeth oft mit dem Rad unterwegs, oder es kamen Besucher zu ihren Brüdern. Der Älteste war nun Erbhofbauer. Hitler hatte das Gesetz verabschiedet, von dem die Bauern sich den großen Aufschwung erhofften. Gegen Ferienende scharte Elisabeth die Mädchen aus der Nachbarschaft um sich. Auf dem Heßlerschen Holzhof mit dem Blick zum Salzberg saßen wir im Kreis, hatten Wiesenblumen gepflückt und flochten Kränze. Elisabeth erzählte von einem Treffen der Hitlerjugend auf den Elbwiesen mit Lagerfeuer und Volkstanz. Die Volksgemeinschaft, in der keiner gefragt wurde, ob er auf eine höhere Schule ginge und was der Vater war – das sei das Neue, seit Hitler an der Macht war. Melanie, eine von den Zwillingen, die wir fast alle vom Turnverein kannten, wäre jetzt Ringführerin im BDM. Sie würde zu unserem ersten Heimnachmittag kommen, wenn wir alle mitmachten, denn wir wären dann eine Jungmädelschaft.

Elisabeth gab kleine Zettel herum als Aufnahmeanträge. Wer nicht unterschrieb, zögerte weniger aus Abneigung gegen die neue Gemeinschaft – dafür war Elisabeths Schilderung viel zu verlockend – als vielmehr wegen der 30 Pfennige Monatsbeitrag. Ich unterschrieb ohne Zögern. Endlich passierte mal etwas im kleinen Schildau, und wir waren nicht das Anhängsel von den Torgauern.

In meiner Klasse gehörte es längst zum Hauptthema, ob man mitmachte. Mit der Freundin Bruni aus Großenhain hatte ich schon vorher alles bekakelt. Unsere Eltern waren seit der Jugendzeit miteinander befreundet. Brunis beide Brüder besuchten in Meißen die Fürstenschule. Ich war neugierig, was Dieter und Siegfried von der neuen Zeit hielten. Der ältere wollte in Leipzig beim Thomaskantor Kirchenmusik studieren und würde, wie sein Vater, der Loge beitreten. Mit solchen Geheimbünden hätte Hitler nichts im Sinn, hieß es. Dieter war also für die neue Zeit verloren. Siegfried dagegen hatte schon im NS-Schülerbund mitgemacht, rümpfte allerdings nun über die *Vermassung* in der Hitlerjugend die Nase. Und Bruni selbst? Sie wollte abwarten, ob eine gewisse Angelika, ihr Vorbild, in den Bund deutscher Mädel eintreten würde. Dann wäre sie auch dabei.

Ich bewunderte Bruni wegen ihres flüssigen Klavierspiels. Sie ging burschikos darüber hinweg. Ihr Vater sei eben Pauker. Eigentlich hätte ich es viel besser. Meine Eltern hätten anderes im Kopf, als mich mit dem Klavierüben zu trietzen. Auch im Schwimmen war sie mir voraus. Es lag nicht nur an ihrem kräftigeren Körperbau, sondern auch an ihrem Mut, mit dem sie sich beim Start vom Steg aus ins Wasser warf. Am

Neumühlteich, wo wir die meisten gemeinsamen Ferientage verbrachten, wollte Herr Conradi sie gleich in die Schwimmerriege einreihen für das im August geplante Schwimmfest. Bruni bedauerte, da wäre sie nicht mehr da.

Ich gewann dann über die Hundertmeter-Strecke Brustschwimmen den Eichenkranz mit Schleife. Er hing lange über meinem Bett. Eigentlich hätte ihn Bruni verdient. In meinem Tagebuch bekannte ich mich zu meiner Feigheit. Nach ein paar ungeschickten Sprüngen wagte ich keinen Startsprung mehr. Als Selbsttrost trug ich ein, was Tante Tilde von Bruni hielt. Ihr war Bruni zu derb. Ob ich der Freundin die schöne Schillerausgabe gezeigt hätte, meine Prämie zum Tag des deutschen Buches, mit der Widmung von der Direktorin? Ich gab zu, daß Bruni die blauen Leinenbände angeblättert und nach den «Kranichen des Ibykus» gesucht hätte. Dann hätte sie gesagt: «Na ja, die stellst du ins Regal, und später zeigst du sie deinen Kindern, wenn die mit Gedichten geplagt werden.» Tante Tilde machte ein Gesicht, als wollte sie sagen: Das hätte ich mir denken können.

Zum Jahrmarkt im Herbst kamen Karussell und ein sehr bescheidener Zirkus mit einem Entfesselungskünstler und einer kleinen Seiltänzerin als Hauptattraktion. Im Winter gastierten im Rathaussaal die Puppenspieler. Mit ihren Marionetten an langen Fäden gaben sie die traurige Geschichte von Genoveva und ihrem Söhnchen Schmerzensreich. Für die Erwachsenen führten sie die nicht weniger traurige Geschichte vom Doktor Faust und Gretchen auf. Es waren noch dieselben Schaustellerfamilien, deren Kinder mit mir in der Grundschule die Bank gedrückt hatten. Sie konnten kaum lesen und schreiben und waren stets nach wenigen Tagen wieder verschwunden. Nun mußten sie selber die Marionetten führen oder das Geld am Karussell einkassieren. Für diese stets auf Wanderschaft lebenden Kinder hatte ich tiefes Mitleid. Eine der mich am stärksten bewegenden Geschichten aus meiner Kindheit war: «Pole Poppenspäler». Große Dankbarkeit empfand ich dann für meine Eltern. Unser festes Haus erschien mir wie ein Bollwerk, verglichen mit den Schaustellerwagen und dem unsicheren Wanderleben der Puppenspieler und Zirkusleute.

Pfarrer Urban, ein würdiger alter Herr mit weißem Spitzbart, hätte es leicht gehabt, in meine kindliche Dankbarkeit auch den Lieben Gott einzubinden, wenn ich nicht in seinem Konfirmandenunterricht immer so müde gewesen wäre. Er machte sich die Mühe, mir Einzelstunden zu geben, weil ich als einzige des Jahrgangs erst gegen drei Uhr mit dem Bus nach Hause kam. Er hatte ein so gütiges Gesicht, und er merkte natürlich, daß ich kaum noch aufnahmefähig war. Er stellte kaum Fragen, sondern beließ es beim Vortrag über die verschiedenen Auslegungsmöglichkeiten des Neuen Testaments. Wenige Tage vor der Konfirmation schmückten wir unter Anleitung des Küsters die Kirche aus. Der Kirchenjunge zeigte uns alle Winkel des Kirchturms bis hinauf zu den Glocken. Sogar in die Sakristei konnten wir einen Blick werfen. Unterm Turm aber, wo nie jemand saß, stand ganz verstaubt und als untauglich abgestellt ein Altarbild. Unter Spinnweben erkannten wir Figuren, kniend, mit faltigen Gewändern, in denen die Holzwürmer wohnten. Vermutlich hatte man das Bildnis ausrangiert, als der Chor das schöne Glasfenster erhielt mit den in Blei gefaßten farbigen Feldern. Die Familie meiner Mutter, wußte ich – allen voran Tante Cousine – hatte viel dafür gespendet. Vor jenem leuchtenden Altarfenster sollten wir konfirmiert werden. Was war dagegen der hölzerne, wurmzerfressene, farblose Schrein! Keiner von uns Vierzehnjährigen ahnte, vor welcher Kostbarkeit wir standen. Aber das wußte nicht einmal der Pastor. Vermutlich hat er es auch nie erfahren, denn es war die letzte Konfirmation seiner Amtszeit. Eine stattliche Anzahl seiner Nachfolger war genau so ungetrübt von Kunstverständnis wie er. Heute, nach gründlicher Restaurierung, ist das Altarbild eines unbekannten Schnitzmeisters der Stolz der Kirche und des Städtchens.

Von meinen Konfirmationsgeschenken sind mir zwei Bücher in Erinnerung geblieben: «Soll und Haben» von Gustav Freytag und Gottfried Kellers «Grüner Heinrich». Ich muß den Unterschied zu meiner Trotzkopf-Lektüre wohl deutlich empfunden haben, denn ich schrieb in mein Tagebuch, daß ich Vetter Fritz, der sie mir geschenkt hatte, für sehr gebildet hielt, was mich deshalb überraschte, weil er so schweigsam war und seine Brüder – das wußte ich – wenig Bücher kannten.

Ich ging nun in die Untertertia, und wir hatten Deutsch und Geschichte bei unserer Direktorin, *der Spaetern*. Manchmal war ihr anzumerken, daß sie froh war, aus dem Unterricht abgerufen zu werden. Sie gab uns rasch die Hausaufgabe, und ich mußte einen entsprechenden Text zu Ende lesen: Walter Flex' «Wanderer zwischen beiden Welten». Fest verankert in meiner Erinnerung ist ein Tag vor den Sommerferien 1934, als die Gestrenge mir ein Buch in die Hand drückte und, zur Klasse gewendet, sagte: «Ruth wird uns mal einen Vortrag halten über die Herkunft der Schildbürgerstreiche. Ihr wißt doch alle, daß sie den Bürgern ihrer Heimatstadt Schildau nachgesagt werden. Aber da steckt mehr dahinter, als die Schulbücher der Unterstufe verraten.»

Ich mußte wohl oder übel diese Aufgabe als Anerkennung empfinden. In der Beurteilung im letzten Zeugnis wurde mir Sprechgewandtheit bescheinigt. Und im Unterricht hatte die Spaetern, die selten lobte, einmal gesagt: «Ruth ist mein lebendiges Lexikon.» Ich hatte als einzige gewußt, daß man die Staatskasse «Fiskus» nennt. Ein Wort aus Vaters Fachzeitschriften, das ich mir, weil unbekannt, gemerkt hatte und das möglicherweise zur Frage der Lehrerin passen konnte. Manchmal meldete ich mich sehr zögernd, aber meistens stimmten meine Kombinationen. Ohne daß ich je einen der Brockhaus-Bände aufgeschlagen hatte, füllte ich meine Gedächtnisspeicher durch schiere Neugier.

Mit acht Jahren war ich zum ersten Mal mit den Narrenstreichen der Schildbürger in Berührung gekommen. Vater hatte eine Nummer der «Leipziger Illustrierten» mit nach Hause gebracht, die an seinem Stammtisch im Ratskeller die Runde gemacht hatte. Ein Fotograf war in unserem Städtchen auf Spurensuche gewesen und fündig geworden. Es gab den Salzberg, wo Brennesseln gewachsen waren statt Salz, es gab den Schildberg, wo das Bauholz herabgerollt worden war. Es fand sich die Kirchhofsmauer, wo die Kuh das Gras hatte abfressen sollen. Ja, auch ein Teich war da, in den die närrischen Bürger ihre Glocke versenkt hatten. Das Rathaus allerdings war nicht dreieckig und fensterlos, nein, Fenster hatte es reichlich. Doch eins davon war ein sogenanntes blindes, das heißt, es war nur wegen der Symmetrie da und zugemauert, reichte aber dem Fotografen und seinem Textautor zur

Beweiskette: Hier und nirgendwo sonst hätten die Narren gewohnt. Vater hatte Humor genug, um darüber zu lachen, aber Mutter fühlte sich persönlich beleidigt. Die Windfahne auf dem Rathaustürmchen zeigte die Jahreszahl 1841, und in dem Jahr war ihr Großvater, der Guts- und Mühlenbesitzer – wie noch auf seinem Grabstein, einem Sandsteinobelisken zu lesen war –, Bürgermeister gewesen. Im übrigen hieße ja das berüchtigte Städtchen Schilda. So war auch im Ratskeller argumentiert worden. Aber Ortsnamen hatten sich im Laufe der Jahrhunderte gewandelt, und ein Ort namens Schildau im Schlesischen hatte die Besonderheit längst als Chance erkannt, Fremde anzulocken und hatte Postkarten mit entsprechenden Darstellungen als «Grüße aus Schildau» herausgegeben. Na gut, sollten die sich doch lächerlich machen. Unser Schildau lehnte die Verwandtschaft mit den Schildbürgern des 16. Jahrhunderts ab.

Sie kannten die Vorrede der Ausgabe von 1598 nicht. Auf die bezog sich aber der Autor des Buches, das mir meine Direktorin in die Hand gegeben hatte. Ich habe den Extrakt aus dem Kapitel der «Kursächsischen Streifzüge» brav herausgefiltert. Nicht ohne Stolz auf mein Viertelstundenreferat vertraute ich meinem Tagebuch an, daß die Spaetern sehr zufrieden gewesen sei. Sie hätte daraufhin die ganze Schulstunde der Schwankliteratur des Mittelalters gewidmet. 27 Jahre später, am Strand von Zinnowitz, konnte ich meiner altgewordenen Lehrerin berichten, daß sie mir mit dieser besonderen Hausaufgabe eine Art Schlüssel gegeben hatte für etwas, das ich damals noch nicht benennen konnte, zu dem es mich aber hinzog. Tatsächlich hat mich die frühe Beschäftigung mit jenem Thema zu ersten literarischen Versuchen ermuntert.

7
Schulabschluß und Olympiafieber

Mit meinen Erkundungen über die historischen Hintergründe des Schildbürgerbuches kam ich bei den Jungmädels schlecht an. Sie grinsten verlegen und erzählten lieber komische Geschichten von Nachbarn, denen etwas Dummes passiert war. Seit Elisabeth befördert worden war, was sehr rasch vonstatten ging – denn nach den Jungmädeln wurde für die Vierzehn- bis Achtzehnjährigen der BDM gegründet –, rückte ich auf ins unterste Glied der Jungmädelführerinnen. Ich bräuchte an den Heimnachmittagen einfach nur aus meinem reichen Bestand an Kinderbüchern vorzulesen, hieß es, das übrige wären Lieder, Wanderungen, und zu besonderen Anlässen zu Stegreifspielen umgemodelte Märchen. Ich gab zu bedenken, daß ich gerade ein spannendes Buch von Else Ury läse, «Flüchtlingskinder», und mein Vater hatte gesagt, die Autorin sei Jüdin. Auch meine anderen Lieblingsautorinnen waren keine Deutschen – wie Karin Michaelis. Elisabeth zerstreute meine Bedenken. Flüchtlingskinder könnte ich ohne weiteres vorlesen, und dann bekäme ich genug Bücher oder zumindest Anregungen von der Ring- und Bannführung.

An den BDM-Heimabenden erfuhr ich schon etwas von den zu erwartenden Themen. Ich war so arglos wie neugierig und nahm Anteil am Schicksal eines Albert Leo Schlageter oder den elf Schillschen Offizieren. Helden wie Manfred von Richthofen erregten meine Bewunderung, ebenso wie die Luftschiffpioniere Graf Zeppelin und Eckener. Was mir wohltat in dieser kleinen Gemeinschaft war, daß mich die Schildauer wieder angenommen hatten. Als ich mit zehn Jahren die Volksschule verlassen hatte, bekam ich es von vielen Seiten zu spüren. Was mir in Torgau auf offener Straße nachgerufen wurde – Lyzeumspüppchen –, war im heimatlichen Jargon: «Die will was Besseres sein». Inzwischen hatte sich wohl herumgesprochen, daß ich mit den Torgauerinnen Schritt halten konnte und daß ich nun einige meiner erworbenen Kenntnisse an jüngere weitergab ohne schulmeisterliches Gehabe. *Jugend soll von Jugend geführt werden* hieß die Parole. Beim Blockflötenspiel, wofür ich einige begeistern konnte, war ich selber eine Anfängerin.

«Wir leben in einer großen Zeit», sagte Elisabeths Mutter, als die Bevölkerung des Saarlandes sich für Deutschland entschieden hatte. Im Vorfeld der Saarabstimmung wurden Kinder aus dem Industriegebiet für die Sommerferien zum Landaufenthalt eingeladen. Es war selbstverständlich, daß sich ein kleines Mariechen aus Saarlouis als Ferienkind bei uns erholen durfte.

Zu Elisabeths 17. Geburtstag im Herbst 1935 ging es besonders festlich zu. Sie hatte die Abschlußprüfung des Lyzeums bestanden und gemeinsam mit ihrer Freundin Ulla die landwirtschaftliche Haushaltslehre begonnen. Als Erbhofbäuerin durfte Tante Else weibliche Lehrlinge ausbilden. «Der Bauernstand ist wieder zu Ehren gekommen», sagte Tante Else stolz und nahm Elisabeths Freundin Ulla in die Familie auf wie eine zweite Tochter. Ich hatte noch ein Jahr Schule vor mir und freute mich auf die Klassenfahrt nach Thüringen.

Von Oberhof schwärmten wir aus nach Ilmenau, zum Kickelhahn, nach Schmalkalden und Manebach. Dann weiter auf den Spuren der Klassiker: Weimar, Jena, Erfurt. Ich genoß das Miteinander in den Jugendherbergen, wo abends in den Doppelstockbetten von unten nach oben getuschelt und verstohlen gelacht wurde. Ich hatte Witz und Einfälle beim Improvisieren, bei Reim- und Ratespielen. In Weimar hieß die nagelneue Jugendherberge «Hans Schemm». Wer war Hans Schemm? Anneliese, die nicht im BDM war, zuckte geringschätzig die Schultern. «Ein Märtyrer natürlich.» Ich bedauerte es, daß solche Schülerinnen wie Anneliese, mit der ich manchmal im Wettstreit lag beim Gedichterezitieren, sich heraushielten aus dem BDM. Neben einer Tür entdeckten wir eine Tafel mit Angaben über den Namensgeber: Ein toter Nazi. Immerhin war er Lehrer gewesen. Eine Mitschülerin drängte sich heran: «Haben ihn Kommunisten umgebracht?» «Na, was denn sonst», sagte Anneliese mit einem vielsagenden Blick und wandte sich ab.

Gab es in der *großen Zeit* auch ein großes Sterben? Von Ernst Röhm hatte ich gehört, der war Rudolfs *Stabschef* gewesen. Als er erschossen wurde – auf des Führers Befehl –, war Rudolf einige Tage nicht ansprechbar, wie Tante Tilde erzählte. Ob er es nicht glaubte, daß Röhm putschen wollte? Das sollte ja so etwas wie eine innerparteiliche Revolution sein, jedenfalls ging Rudolf meinem Vater aus dem Wege. Mit seinem Bruder Fritz konnte er sich nicht mehr anlegen, der konnte das Bett nicht mehr verlassen. Eines Tages kam Tante

Tilde ganz erschöpft und blaß zur Tür herein und sagte: «Er hat es hinter sich.»

So unauffällig, wie mein Vetter Fritz von der Welt gegangen war, so wurde er beerdigt. Ganz anders ein Begräbnis, wo der Tod plötzlich gekommen und gleich zweimal zugeschlagen hatte. Die beiden mittleren der vier Ihle-Söhne fuhren sich auf ihrem schweren Motorrad zu Tode. Es hieß, sie wären von einer SA-Versammlung in Schmannewitz auf dem Nachhauseweg gewesen. Am Weißhäusler Berg war es passiert. Böse Zungen behaupteten, die Brüder hätten mit einem besonders großspurigen SA-Kameraden eine Wette abgeschlossen, wer zuerst in Sitzenroda am «Goldenen Faß» ankäme. Sie wurden zu Grabe getragen wie junge Helden. Im langen Trauerzug ging Elisabeth mit ihrer BDM-Gruppe und ich mit meiner Jungmädelschaft. Ich fühlte mich noch nicht recht wohl in meiner braunen Kletterweste. Das schwarze Berchtesgadener Jäckchen hätte besser zu diesem Tag gepaßt. An dem Doppelgrab hielt der SA-Sturmführer Schmidt eine Rede und nannte die Toten «unermüdliche Vorkämpfer für ein neues Reich.» In den Augen meines Vetters Rudolf standen Tränen, als er Abschied nahm, in strammer Haltung, mit hochgerecktem Arm. Tante Tilde hatte Mitleid mit Frau Ihle, fühlte sich aber durch den Tod der beiden jungen Leute in ihren Befürchtungen bestätigt: Es tat nicht gut, wenn man so viel Geld in den Händen hatte. Und daß die beiden getrunken hatten, daran zweifelte niemand.

Von meinem Schulabschluß weiß ich noch, daß ich in der Aula die Dankesrede an die Lehrer gehalten habe und daß die Direktorin krank war. Unser Klassenlehrer Platz vertrat sie. Er machte das mit leichter Hand und brachte uns zum Schluß alle zum Lachen mit einem Witz, den sich ein Lehrerkollege angeblich unfreiwillig bei einer Schülerinnenabschlußfeier geleistet hatte: « Und nun, liebe Schülerinnen, geht ihr hinaus ins Leben und werdet Maiden. M bedeutet Mut, A Anmut, I Ideal und D Demut. Und ich hoffe, ihr haltet eure vier Buchstaben immer hoch.» Unser Fritze Platz feierte mit uns auch noch im Café Kunstmann mit Musik und Herumschwenken. Wir mochten ihn alle sehr. Daß er nach 1945 wegen allzu treuer NS-Verbundenheit tragisch zugrunde ging, machte uns sehr betroffen.

Nun stand ich meinem Vater als Hilfe fürs Geschäft uneingeschränkt zur Verfügung. Für eigenen Freiraum blieben mir nur die Abende. Es gab inzwischen einen Volkstanzkreis und mancherlei Gelegenheiten zu Treffen an den Sonntagen. Die Junglehrer in den Dörfern im Umkreis schienen alle die Auflage zu haben, ihre Schüler als *Pimpfe* auch außerhalb des Unterrichts unter Kontrolle zu behalten. Sie waren Fähnleinführer, trugen schwarze Jungenschaftsblusen und kurze Hosen und fuhren Rad. Keiner hatte ein Auto, auch ein Motorrad war noch seltener Luxus. Sie kamen gern nach Schildau, wo etwas mehr los war als auf ihren Dörfern. Tanz um den Maibaum, Sonnwendfeuer, Erntedankfest, Dielenbetrieb im Jägerhaus an Sonnabenden – für mich bedeutete es das Zurückfinden in mein Nest. Wenn es nach einem Volkstanzabend später als zehn Uhr wurde, erwartete mich mein Vater schon besorgt an der Ladentür. Der mich begleitende Junglehrer, der sein Rad schob, bekam vorwurfsvolle Blicke, und ich ärgerte mich. «Was soll mir denn schon passieren?» Ich war nicht einmal verliebt. Was dachten sich die Eltern bloß? Eine Wimpelträgerin allerdings, die ich bei einem Bann-Treffen kennengelernt hatte – sie war auch erst sechzehn –, die tat groß damit, daß sie mit ihrem Freund schon alles gemacht hätte, was es zwischen Mädeln und Jungen gäbe. Elisabeth fand, für ein deutsches Mädel gehörte sich das nicht. Für uns alle müßte gelten: «Reif werden und rein bleiben, das ist schönste und schwerste Lebenskunst.» So stand es in einem Buch von Walter Flex. Die Jungen, mit denen das schwierige Reifen zu bewältigen war, mußten erst einmal ihre HJ-Kluft mit einer anderen Uniform vertauschen. Hitler rief seine Jugend auf, dem Vaterland zu dienen. Zum Reichsarbeitsdienst gehörte der Spaten, zum Soldaten der Deutschen Wehrmacht das Gewehr. Aus der einstigen Reichswehr, dem Hunderttausendmann-Heer, wurden die *Chargierten*, die Unteroffiziere und Feldwebel, übernommen als Feldmeister. Kommandieren hatten sie ja gelernt, und nun wurden Spaten geschultert statt Gewehre. Viel gab es zu schippen in dieser Zeit. Eine eigene Organisation wurde gebildet, um alles zu schaffen, denn ein Weltereignis stand bevor: die Olympischen Spiele. Deutschlands Größe galt es zu zeigen, wenn die Jugend der Welt zum friedlichen

Wettkampf nach Berlin strömen würde. Hitler, gerade drei Jahre an der Macht, war das Fest buchstäblich in den Schoß gefallen. In der BDM-Führerinnenschule des Gebietes Mittelland auf der Neuenburg bei Freyburg an der Unstrut allerdings wurde die Olympiade als eine der diplomatischen Leistungen des Führers interpretiert. Er hätte die Olympiade nach Deutschland geholt. Elisabeth war vom Führerinnenlehrgang zurückgekommen und erzählte begeistert von einem Film über die Vorbereitungen der Spiele. Arthur Breker arbeitete an Monumentalfiguren für das Reichssportfeld, Pferderennbahn und Regattastrecke wurden ausgebaut. Zur Eröffnungsfeier würde es ein Weihespiel geben. In einem Lichtdom aus Scheinwerfern würde die Tänzerin Palucca tanzen. Die Welt sollte staunen. Und keine geringere als Leni Riefenstahl hatte vom Internationalen Olympischen Komitee den Auftrag bekommen, einen Film über die Olympischen Spiele zu drehen.

Den Sommerspielen waren die Winterspiele vorausgegangen. Da hatte ich noch in der Schule mitgefiebert mit unserem Skilauf-Idol Christel Crantz. Sie hatte Gold für Deutschland gewonnen auf der schwierigen Piste von Garmisch. In Torgau gab es einen Fechtclub. Aus meiner Klasse waren Christa und Inge dabei. Sie wußten, daß die beste deutsche Fechterin Jüdin war. Ob sie fechten darf? Christa behauptete – ja. «Die Amerikaner kommen doch auch mit ihren Negern.» Und sie behielt recht. Na also!

Manchmal stritt ich mit Tante Tilde, die den Pomp und die Propaganda übertrieben fand. Sie unkte, daß die Autobahnen mit ihren vier Spuren schon auf Kriegsvorbereitungen hinausliefen. Ich dagegen wäre am liebsten überall dabeigewesen und war enttäuscht, daß ich nicht nach Berlin fahren durfte. In der Wohnung unserer Verwandten in der Belle-Alliance-Straße Ecke Bergmannstraße wäre genug Platz gewesen. Die Berliner Mädelgruppen würden zur Eröffnungsveranstaltung ihren großen Auftritt haben. Später sah ich sie in der UFA-Wochenschau mit wirbelnden Keulen und Reifen. Die Choreographie der Rhönradgruppe verfolgte mich bis in meine Träume.

Der Fackelträger, der die olympische Flamme nach Berlin brachte, blieb der einzige Olympionike, den ich zu sehen bekam. An einem warmen Augustabend des Jahres 1936 belud Vater den Opel mit jungen Leuten. Vetter Rudolf war dabei und Werner Rost, der neue Lehrer, dem Tante Tilde das freie Zimmer ihres Fritz vermietet hatte. In Torgau winkte ich im Vorbeifahren meiner Schule zu. Auf der Elbbrücke dachte ich an den Tag, als der große Brückenbogen eingefahren und auf die Pfeiler gesetzt worden war. Er galt als ein Meisterwerk moderner Brückenbaukunst. Keiner von uns ahnte, daß die Brücke keine weiteren zehn Jahre überdauern und daß sich neben dem hastig gesprengten Bogen etwas ereignen würde, was als *Begegnung an der Elbe* in die Geschichte eingehen sollte. «Nun singt mal eins», forderte mein gutgelaunter Vater uns auf. In dem Lied, das Rudolf anstimmte, hieß es: «Einen Sack voll Hafer für mein Pferd, und was kümmert uns ein warmer Herd, die Welt ist weit, und wir reiten.» Das paßte zu meinen Gedanken. Von Werner Rost, dem neuen Lehrer, wußten wir, daß er ein Auge auf Elisabeth geworfen hatte. Er dachte gewiß an den Herd, an dem Elisabeth gerade Plinsen buk. Für Rudolf hieß die weite Welt, daß er mal an einem längeren Schienenstrang Züge abfertigen dürfte. Für mich aber gab es noch immer kein Ziel, nicht mal den leisesten Ansatz eines Weges, der mir gangbar erschien.

Der Fackelträger, ganz in weiß, mit den olympischen Ringen auf der Brust, wurde von Spalier bildenden Menschenmassen bejubelt. Wir jubelten mit und fuhren in gehobener Stimmung nach Hause.

In meinem Pflichtenkreis war es mit meiner Stimmung nicht weit her. Da konnte auch die Führerin vom Bann, die zu meinen Eltern kam, um mich für eine Laufbahn als Führerin – vielleicht sogar hauptamtlich – zu gewinnen, nichts ausrichten. Sie wußte, daß bei mir zu Hause für eine Berufsausbildung außerhalb unseres Städtchens kein Geld da war. Als Mittelpunkt zwischen den Jüngeren hätte ich mich doch so wohlgefühlt, argumentierte sie. Bei der Gestaltung von Morgenfeiern hätte ich mehrfach bewiesen, daß ich geeignet wäre für die Stufenleiter der Führerinnenschaft. Zukünftig sollte die Gemeinschaft der älteren Jahrgänge «Glaube und Schönheit» heißen. Gymnastik, Fechten, Tanz, Laienspiel – dazu Literatur, das alles läge mir doch. Sie ließ einen Band Gedichte von Rainer Maria Rilke zurück, wohl um das

Niveau der Führerinnenarbeit anzudeuten. Meinen Eltern paßte dieses Angebot gar nicht. Für unser Geschäft wäre ich verloren gewesen. Aber damit ich ihnen später daraus keinen Vorwurf machen könnte, warteten sie meine Entscheidung ab. Lange überlegt habe ich nicht. Hatte ich die Heimabende nicht schon jetzt satt?

Gewiß, es wäre ein Schlupfloch, um der elterlichen Überwachung zu entwischen. Die dunkelblauen Kostüme der höheren BDM-Führerinnen sahen ja auch ganz schmuck aus, aber eigentlich waren es Uniformen, und weil ich mich nicht uniformieren lassen wollte, hatte ich schon etwas gegen den weiblichen Arbeitsdienst. Ich zögerte meine Absage an die wirklich sehr nette Bannmädelführerin noch hinaus. Wir erwarteten Besuch, und da gab es Arbeit und Ablenkung: Brunis Eltern kamen mit den Fahrrädern von Großenhain. Bruni Rahnefeld war in ähnlicher Lage wie ich. Mir schien, meine Eltern wollten von ihren alten Freunden wissen, wie sie es mit ihrer Tochter hielten, die nach der Oberrealschule hinter den beiden Brüdern zurücktreten mußte. Bruni war einsichtig genug zu begreifen, daß ein Studium für Mannsbilder wichtiger war, sie würde nach der Lehre als Bürokraft auch ihren Weg machen. Dieter, der in Leipzig gerade mit dem Studium der Kirchenmusik fertig war, hätte vorgeschlagen, daß es Bruni guttäte, für ein halbes Jahr mal rauszukommen. Was mich betraf, so war Onkel Rahnefeld immer interessiert an meiner Lektüre. Er blätterte in den «Toten Seelen» von Gogol. Am Abend, während er seine Zigarre genoß, sagte er meinem Vater, was mir fehlte. Unser Städtchen würde mir zu eng werden. Ich könnte ja Bruni ablösen nach deren Halbjahr als Haustochter in Leipzig. Dieter hatte für Bruni diese Stelle vermittelt und die Herzensbildung der Heimleiterin, wo er als Student zu Mittag gegessen hatte, hoch gelobt. Das wäre kein beliebiger Studenten-Mittagstisch, sondern das Deutsch-Japanische Akademiker-Heim, eine Stiftung von Carl Duisberg, dem Chef von IG-Farben. Etwas Einmaliges in Deutschland. Das Halbjahr wäre eine Art Haushaltslehre, schlicht um schlicht, denn bei Bezahlung würden ja die Mädels in den Dienstbotenstatus rutschen.

Ich saß im Zimmer nebenan und hörte durch die offene

Flügeltür alles mit. Das sollte ich wohl auch. Ich sortierte Klebebilder für das Olympiadealbum. Onkel Rahnefeld setzte sich zuletzt noch ein bißchen zu mir. Er überflog die Bilder. Ich sah ihm an, was er dachte: Überall Hitler – der Führer als großer Schirmherr. Der Text unterstrich das noch: Nur unter seinen Blicken waren den deutschen Sportlern die grandiosen Leistungen gelungen. Für ihn hatten sie sich das Letzte abgerungen, waren gelaufen, geschwommen, gerudert, gesprungen. Auch gefochten? Die Siegerin im Fechten war Jüdin. Ich kramte, suchte das Bild heraus, das Helene Meyer auf dem Podest zeigte. «Wir hatten auch jüdische Mitschülerinnen auf dem Lyzeum», sagte ich ein wenig trotzig. «Es wird manches nicht so heiß gegessen, wie es gekocht wird.» Der Pädagoge Rahnefeld verbiß sich eine Erwiderung und bedankte sich für das Ausleihen der «Toten Seelen». Gogol sei für ihn eine wichtige Entdeckung. In Leipzig, sagte er, würde ich im Japan-Heim viel Anregung bekommen. Wissenschaftler von Leipzigs Partnerstadt Kyoto fänden während ihrer Weiterbildung in dem Heim eine Art Zuhause. Nein, nein, mit Stäbchen würde nicht gegessen, und man hocke auch nicht zwischen verschiebbaren Papierwänden auf dem Fußboden. In der Bibliothek im *Goethezimmer* ständen deutsche und japanische Bücher nebeneinander.

Mein Vater nutzte seine nächste Geschäftsfahrt, um sich das Heim mit den exotischen Bewohnern anzusehen. Ein zierlicher Japaner im taubengrauen Hauskimono und nicht minder zierlichen Lederpantoffeln wäre lautlos durch das Eßzimmer gehuscht, als Fräulein Helmecke ihren Gast in das Goethezimmer geleitete. Alles gediegen, ohne Protz, so schilderte Vater seine Eindrücke. Ausgesucht elegante Polstersessel in mehreren kleinen Sitzgruppen. Über dem Sofa ein großer Öldruck. Natürlich Goethe. Fräulein Helmecke hätte lächelnd kommentiert: «Goethe in Italien, in der Campagna. Für unsere japanischen Herren ist er so etwas wie ein Hauspatron.» Beim Verabschieden an der Korridortür hätten sie einem hochgewachsenen Nicht-Japaner Platz machen müssen, der im wehenden Trenchcoat die Treppe hinabeilte. Er würde nicht pünktlich zum Essen kommen, rief er der Heimleiterin zu. Vater erfuhr, daß jener Herr Müller aus Dresden – ehemaliger Kruzianer – einer der Werkstudenten war,

der sich sein Studium der Zahnmedizin als Baß beim Rund-
funkchor verdiente.

«Na?» fragte Mutter.

«Fräulein Helmecke stammt von einem Gut aus der Börde.»
Das genügte, wußte mein Vater, um Mutters Bedenken zu
zerstreuen.

Meinem Tagebuch hatte ich als letztes meine Enttäuschung
über die verpaßte Olympiade anvertraut. 16 Jahre alt, so nahe
dran und nichts davon abbekommen – eine nie wiederkeh-
rende Gelegenheit. Ich legte das Buch zum Poesiealbum ins
Schubfach. Nach Leipzig würde ich es nicht mitnehmen. Zu
Hause hatte ich es als eine Art Lebensersatz angesehen. Nun
sollten endlich meine Lehr- und Wanderjahre beginnen mit
Blick in die Welt.

8
Fernost in Sachsen

Wäre in unserem Laden damals ein Japaner aufgetaucht,
wäre meines Vaters erster Gedanke gewesen: Wo kommt der
denn her? Aus China, Japan oder der Mongolei? Und im Städtchen hätte man geflüstert: Da treibt sich so ein gelbes Schlitz-
auge herum. Aber nach diesem Besuch in Leipzig am Floßplatz wußte es mein Vater besser. Zwischen der alten Kaiser-
stadt Kyoto im Fernen Osten und der Messestadt Leipzig in
Mitteleuropa gab es Verträge, die wissenschaftlichen und kulturellen Austausch ermöglichten.

Für meinen Vater sahen alle Japaner gleich aus. Ich merkte
schon am ersten Tag, daß das nicht stimmte. Fräulein Helmecke machte mich ganz nebenbei aufmerksam auf die Merkmale von malayischen, mongolischen und anderen Typen.
Bei der Anrede hängte sie eine Silbe an den Namen, entweder «san» oder «zenzi». Das erstere hieß einfach Herr, das letz-
tere Professor. Der bescheidenste unter ihnen, der an manchen Tagen von früh bis spät in seinem schmalen Zimmer am
Schreibtisch saß, war eigens wegen des berühmten Physi-

kers Werner Heisenberg nach Leipzig gekommen. Etwa 30 Jahre später bekam Shinishiro Tomonaga gemeinsam mit einem US-Amerikaner den Nobelpreis für Physik. Ich widmete ihm Ende der sechziger Jahre einen Artikel in der «Weltbühne». Ob er sich noch daran erinnerte, daß ich ihn mehrmals zu den öffentlichen Generalproben ins Gewandhaus begleitet hatte? Auch ein Abend im Kleinen Schauspielhaus in der Sophienstraße ist mir im Gedächtnis geblieben. «Torquato Tasso» war für einen japanischen Physiker wahrhaftig nicht leicht zu verstehen.

Der gewandteste unter den Japanern kam nur zum Essen ins Japanheim. Der kleine schlanke Koshiro Ooga war Germanist und Direktor des Japan-Instituts der Leipziger Universtät. Er hatte sich mit zwei deutschen Heimbewohnern, die Japanologie studierten, angefreundet. Der eine war ein Neffe des Verlegers Reclam; den jüngeren, Burkhard Winter – Absolvent der Fürstenschule Grimma – ernannte der alerte Weltbürger zu seinem Famulus.

Für mich war das Helfen vom Elternhaus her in Haus und Geschäft so selbstverständlich, daß ich mich als Stütze der Heimleiterin keineswegs unter meiner Würde fühlte. Fräulein Helmeckes Taktgefühl trug viel dazu bei. Im Einkaufsnetz Frischfisch aus dem Nordseegeschäft, beäugte ich auf dem Rückweg die Aushänge an der Litfaßsäule: Im Neuen Theater am Augustusplatz – Oper, im Alten Theater und in der Sophienstraße – Schauspiel; in der Gottschedstraße – Operette. Nicht für alles reichte das Taschengeld, aber allein die Möglichkeit der Auswahl war schon Glück. Ich wußte aber auch, daß mein Großstadtaufenthalt begrenzt war. Mein Platz zwischen den Exoten war nicht von Dauer. Ich sollte ja nur ein bißchen Erfahrungen sammeln im Umgang mit Menschen.

Daß ich aus diesen Erfahrungen ganz andere Erkenntnisse ableitete, als die Eltern es erhofften, damit hatten sie nicht gerechnet. Ich wollte unbedingt eine Ausbildung. Nein, nicht beim Vater. Auch die Aussicht, den Führerschein zu machen, genügte mir nicht. Eine Fremdsprache zu beherrschen war mein Wunsch. Da gab es die Bachschule. Und das Nagel-Pädagogium. Beide Institute boten Intensivkurse an, fremdsprachliche Stenographie inbegriffen. Als ich mit den

Studienbedingungen nach Hause kam und erklärte, ich wolle auf meine Aussteuer verzichten, wenn die Eltern mir einen viermonatigen Englischkurs ermöglichten, erhob sich mein Vater wortlos von seinem Schreibtisch. Er griff zu Überzieher, Hut und Stock und verließ das Haus. Aufgeschlagene Kontobücher blieben liegen, als wäre jede Weiterarbeit verlorene Liebesmüh. Auch bei Mutter fand ich kein Verständnis. In ihrem Damenkränzchen stand sie nicht zurück, wenn über Lochstickerei und Languetten beraten wurde für die Aussteuerwäsche der heranwachsenden Töchter. Von etwaiger Verlobung wollte sie noch nichts hören, aber man wußte ja nie! Nach zweimaligem Anlauf in dieser Sache gab ich auf. Ich glaubte nun selber, ein undankbares Geschöpf zu sein.

Nicht alle deutschen Heimbewohner des Fräulein Helmecke studierten so seltsame Dinge wie Japanologie oder Philosophie. Doch ausgerechnet jener Burkhard, bei dem die Heimleiterin beobachtet haben wollte, daß er ihre Haustochter verehrte, hatte das Japanische gewählt. Einen verliebten Eindruck hatte ich allerdings nicht gemacht beim Wochenendbesuch zu Hause, als ich ein Gespräch mit Burkhard und Dr. Ooga schilderte. Dr. Ooga würde 1940 zur Olympiade als Presseattaché in Tokio sein. Burkhard würde dann promoviert haben und ihn begleiten. Ein Fräulein Kraft als Sekretärin zu lancieren, dürfte mit Hilfe der Deutsch-Japanischen Gesellschaft nicht schwer sein. Die einzige Bedingung für das dunkelhaarige Fräulein Ruth mit den hellen Augen wäre, «bewußt deutsch und fließend englisch zu sprechen». Mutter litt. Ich merkte es ihr an. Zwei Jahre waren noch Zeit bis zum Olympiajahr im fernen Japan. Sie, die Bauerntochter, fühlte, wie ich ihr entglitt.

Burkhard wollte ich nicht einweihen in mein Handicap mit der Sprachschule. Er hätte es fertiggebracht und gesagt: Dann kommst du eben als meine Frau mit nach Japan. Gewisse Andeutungen hatte er schon gemacht.

Das mütterliche Fräulein Helmecke hatte als Unverheiratete natürlich keine Kinder, dennoch besaß sie großes Einfühlungsvermögen. *Selbst ist die Frau,* danach hatte sie leben müssen. In einer Villa an der Tauchnitzbrücke residierte der «DAAK» – Deutsch-Ausländischer-Akademikerklub. Als Heimleiterin war sie Mitglied und führte mich ein. Es gab Einladungen zu Tanztees, zu Klubgesprächen, zu Ausflügen und Besichtigungen. Mit einem türkischen Diplomaten wandelte ich in Rötha unter blühenden Bäumen. Zum Fasching tanzte ich mit einem baumlangen Norweger, der so schlecht deutsch sprach, daß ich den Namen seiner Heimatstadt Bergen nicht einmal verstand. Immer wieder die Sprachbarriere. Fräulein Helmecke machte mir Mut. Über den DAAK würde man Adressen von englischen Familien bekommen, in deren Obhut ich eine Weile leben und Englisch lernen könnte. Der Begriff «Au-pair» war damals noch unbekannt.

Mein halbes Jahr im Japanheim wurde zu meiner Freude verlängert. Entweder «RADWJ» – das hieß Weiblicher Arbeitsdienst – oder ein Haushaltsjahr wurde 1938 Pflicht für Mädchen ab 18 Jahren. Fräulein Helmecke hatte sich erkundigt: Ein Jahr unbezahlte Arbeit in ihrem Heim, das durch die *Achse Berlin–Tokio* entstanden war, würde als Pflichtjahr anerkannt.

«Filia hospitalis – eigentlich schade um Sie!» Der junge Mann, der mir in «Äckerleins Keller» in der Grimmaischen Straße gegenübersaß, bereitete sich am Sankt-Georgs-Krankenhaus auf seinen Facharzt vor. Sein Freund Reclam hatte ihn an meinem 18. Geburtstag als Gast im Heim eingeführt. «Kleine Frau von achtzehn Jahren» hieß der Schlager, den einer der ehemaligen Kruzianer am Klavier intonierte, als mir von allen Seiten gratuliert wurde. Der Zufallsgast bedauerte, daß er ohne Blumen gekommen war. Die Einladung in eines der schönen Alt-Leipziger Lokale sollte sein verspäteter Blumenstrauß sein. An dem Abend trug ich das Gemeinschaftsgeschenk der Heimbewohner – einen breiten, handgetriebenen Silberarmreif mit eingehämmerten japanischen Schriftzeichen. Sie bedeuteten: 100 Jahre Glück. Ich drehte den Armreif und versuchte, den Gedanken meines Gegenübers zu folgen. Sein Freund Reclam mußte ihm einiges über mich erzählt haben. Dienstbarer Geist zwischen den Studenten, das sollte ja nur ein Intermezzo sein. Gewissermaßen ein Absprung. Der junge Arzt bohrte weiter. Absprung wohin? In eine gutbürgerliche Ehe? Ich errötete unter seinen taxierenden Blicken. Trotzig verneinte ich, sprach von Oogas Plänen zu den Olympischen Spielen in Tokio.

Das Wort Olympiade schien für meinen Gastgeber ein Reizwort zu sein. Er hatte bei Sportmedizinern assistiert und sich die Berliner Olympiade 1936 aus nächster Nähe ansehen können. Was ich mir damals sehnlichst gewünscht hatte, das war ihm, dem jungen Mediziner, frei Haus geliefert worden: Leni Riefenstahl bei den Dreharbeiten, die bejubelten Medaillengewinner – allen voran Jesse Owens, das schwarze Multitalent in der Leichtathletik –, aber auch die schmerzlichen Niederlagen, als eine Läuferin der deutschen Frauenstaffel den Stab verlor – bis hin zur pompösen Abschlußfeier, als sich über der verlöschenden Flamme eine Stimme erhoben hatte: «Ich rufe die Jugend der Welt zum friedlichen Wettkampf nach Tokio».

«Die Jugend der Welt, außer Russen und Spaniern.» Der Arzt sah mich forschend an. «Daß diese beiden wichtigen Nationen nicht in Berlin dabei waren, ist Ihnen vielleicht gar nicht aufgefallen. Wie werden sich die Japaner 1940 wohl verhalten? Ich bin skeptisch. Und Sie wollen sich das Politgerangel des Achsenpartners in Fernost wirklich ansehen?»

Ich hatte an dem bitteren Resümee zu schlucken. Sein Freund Reclam würde auch dabei sein. Das sei etwas anderes, meinte der Arzt. Immerhin promoviere sein Schulfreund über japanische Literatur. Eindringlich flüsterte er, während er mir in den Mantel half: «Warten Sie nicht bis zur Olympiade. Brechen Sie vorher aus. Irgendwohin. Eines Tages wird Ihnen auch diese Stadt zu eng sein.»

Ich war erstaunt, daß er sich für meine Zukunft interessierte. Im Heim wartete Fräulein Helmecke auf mich. Sie schien besorgt, was mich verwunderte. Oscar Reclam hatte ihr verraten, sein Freund sei ein Linker und mache aus seiner Opposition gegen Hitler keinen Hehl. Ich konnte das bestätigen, tat aber so, als wären mir solche Ansichten nichts Neues. Die Linken waren Kommunisten und Sozis, sie wollten die Welt verändern. Aber das hatte Hitler doch auch vor und machte alle Anstrengungen, um für Deutschland wieder einen Platz an der Sonne zu ergattern. Das war damals meine Überzeugung.

Was ich an die Jungmädel oder im BDM bei Morgenfeiern selbst weitergegeben hatte, ließ ich mir nicht so leicht ausreden. In mir klangen unsere schönen Lieder: «Die Welt ist weit

und der Himmel breit ...» oder: «Aus grauer Städte Mauern ...
wir fahren in die Welt ...» Weite Welt – offen für uns Junge,
wie konnte dieser Mediziner mir angst machen vor drohen-
der Enge in Deutschlands Reichs-Messestadt? Ich freute
mich, daß auch Reclam nicht angekränkelt war vom Pessimismus seines Freundes. Am Morgen seines Geburtstages
war Reclam der erste, der strahlend die Zeitung schwenkte.
«Dem ewigen Zauderer Schuschnigg hat Hitler ein Schnippchen geschlagen. Österreich gehört zum Reich. Ganz Wien
hat Hitler zugejubelt.»

Die Heimleiterin liebte keine politischen Gespräche, das
wußten alle. Aber an solchen Tagen wie diesem 13. März
1938 konnte sie es nicht verhindern, daß die abendliche
Geburtstagsfeier im Goethezimmer zum Informationsge-
spräch für die Japaner geriet. Ich leistete ihr im Eßzimmer
Gesellschaft. Durch die offene Flügeltür drang manches aus
der Männerrunde zu uns. Burkhard gesellte sich immer mal
zu uns, konnte uns aber nicht nach nebenan locken. Fräulein
Helmecke hielt bewußt auf Distanz. Den Japanern fehle es
an Geschichtskenntnissen über Deutschland, meinte Burkhard. Nicht einmal der germanistisch beschlagene Ooga
kenne sich aus, was die Einheit des Reiches bedeutet hätte.
Für die Burschenschaften beispielsweise. Dafür bot sich so
ein besonderer Tag einfach an. Bismarck, das Hambacher
Fest – die Japaner wollten nun alles genau wissen. Burkhard
triumphierte: «Friede den Hütten, Krieg den Palästen!»

Ooga hatte Ehrenkarten besorgt für die Premiere des japa-
nisch-deutschen Gemeinschaftsfilms «Tochter des Samurai»
im Kino Capitol. Der japanische Botschafter Oshima kam aus
Berlin. Es gab einen Empfang mit den Hauptdarstellern und
den Botschaftsvertretern. Vom japanischen Kaiserhaus war
Prinz Chichibu gerade auf Europareise. «Klingt wie aus dem
Märchen», hatte Reclam gesagt, als er Fräulein Helmecke ein-
lud. Er mußte die Grußworte der deutschen Mitarbeiter des
Japaninstituts sprechen. «Es ging sehr hochgestochen zu»,
erzählte Fräulein Helmecke, aber beeindruckt war sie doch.

Einige Japaner, die nicht nur auf ihr Stipendium angewie-
sen waren, sahen sich während der Semesterferien in Europa
um. Der Religionswissenschaftler Nakamura konnte sich

keine Extravaganzen leisten. Er gesellte sich gern zur Heimleiterin, die abends meist bei einer Lektüre im Goethezimmer saß. Wenn ich aus dem Kino oder vom Theater kam, war sie manchmal im Ecksofa eingenickt. Aber sobald sich Nakamura-san zu ihr gesellte, war sie wieder munter und bereit, mit ihm über Gott und die Welt zu reden. Akira Nakamura war Shintoist und studierte in Leipzig die Geschichte des Christentums. Er hatte sich in eine deutsche Studentin verliebt, die, wie er meinte, dem Christengott abgeschworen hatte und nur noch von der «Vorsehung» sprach, wenn es um Glaubens- und Schicksalsfragen ging. «Deutschgläubig» nannte sie sich. War es eine neue Heilslehre, wollte er wissen. Und worauf fußte sie?

Die Heimleiterin war den Japanern gegenüber stets vorsichtig mit Deutungen und Empfehlungen. Nakamura beherrschte jedoch die deutsche Sprache so gut, daß er nach wenigen Sätzen zufrieden war. Er hatte Hitler im Radio reden hören, wenn dieser seine Weltansicht verkündete. Hitler schien dem Tenno nachzueifern, dem Gottkaiser. «Hoffentlich verdreht die Deutschgläubige Nakamura-san nicht den Kopf.» Fräulein Helmecke fühlte mit jedem mit und sah auch in den Professoren ihre Schützlinge. Einmal hatten wir herzlich gelacht, als der liebenswürdige Professor Nakadai, der Älteste im Heim, schmunzelnd sagte: «Mein Name bedeutet auf deutsch unangezogenes Kind.»

Die Obhutpflicht mir gegenüber war Fräulein Helmecke längst zum Bedürfnis geworden. Bevor das neue Semester begann, würden wir uns trennen müssen. Vorsichtig versuchte die erfahrene Frau, die mein Suchen nach einem eigenen Weg genau beobachtet hatte, mir ein paar Lebensregeln zu vermitteln. Eine Ausbildung – ja. Aber ein Studium – nein. Es gab genug arbeitslose Männer, die nur momentan aufgefangen wurden durch den Reichsarbeitsdienst und durch Arbeit für die Rüstung. Doppelverdiener nannte man Ehepaare, wenn beide einem Beruf nachgingen. Daß ich heiraten würde, sah sie als selbstverständlich an. Ich müßte nur lernen, mein Herz festzuhalten.

Eine der größten Lebenkünste sei, das eigene Maß zu finden. Meine Beschützerin ließ mir Zeit zum Nachdenken. Wo einem Zuneigung entgegengebracht werde, die nicht nach Herkunft und Besitzstand frage, schüttele sich das rechte Maß schon zurecht. Und wenn man Glück habe und selber einiges dafür tue, könne vielleicht daraus Liebe werden. Das war es wohl, was sie mir mit auf den Weg geben wollte. Bis zu ihrem Tod blieben wir einander verbunden. Sie hat viel später noch Freude an meinen beiden Kindern gehabt.

9
Spannungen

Als ich im Sommer 1938 ins Elternhaus zurückkehrte, hatte ich das Gefühl, sehr lange fortgewesen zu sein. Tante Tilde war gestorben, und meine Vettern gingen eigene Wege. In Mutters Damenkränzchen war Elisabeths bevorstehende Hochzeit das Hauptthema. Werner Rost, Elisabeths Zukünftiger, war vorerst noch ein schlichter Landschullehrer, doch vom neuen Jahr ab würde er in Torgau an der Mittelschule unterrichten. Sein Weggang wurde in unserem Städtchen bedauert, denn er war gerade erst zum Ortsgruppenleiter der NSDAP ernannt worden. Zu seinen Amtshandlungen gehörte es, die achtzehnjährigen Mitglieder des BDM und der HJ in die Ortsgruppe der NSDAP aufzunehmen. Der feierliche Akt der *Überführung* hatte während meiner Abwesenheit stattgefunden. Mir wurde im Herbst am Erntedankfest die Mitgliedschaft nachgereicht. Etwas verblüfft war ich schon über die Automatik, mit der diese Eingliederung, wie mein künftiger Vetter das nannte, vonstatten ging.

Wegen des Erntedankfestes waren sie im Saal des Rathauses alle versammelt, die *Hoheitsträger:* SA-Obersturmführer Schmidt und Bürgermeister Riedel, dem die Stadt den «Adolf-Hitler-Turm» auf dem Schildberg verdankte. Auch Elisabeths ältester Bruder, der Ortsbauernführer, fehlte nicht. Er lächelte, als fände er, die kleine Cousine hätte sich nun endlich gemausert.

In jenen Tagen suchte ich mein Tagebuch noch einmal heraus. Doch ich saß davor und brachte keinen brauchbaren

Gedanken zu Papier. Vielleicht weil ich nicht allein war und weil das Zimmer, das ich von jeher mit meiner Schwester teilte, eigentlich nur zum Schlafen eingerichtet war. Welchen Grund auch sollten die Töchter haben, sich dem Kreis der Familie zu entziehen? Es würde also so bleiben wie vor einem Jahr – und immer, immer so weiter.

Nicht ganz. Das Geschäft ging schlecht. Meine Unzufriedenheit hatte deutlich wahrnehmbare Gründe. Ich war nicht ausgelastet. Als böte Vater seiner Ältesten eine Chance, erzählte er von einer Unterredung mit dem Sparkassenleiter. Herr Spielmann wolle mich im Bankwesen anlernen, was einer Kaufmannstochter wohl nicht schaden würde. Vater ahnte, daß ich nach jeder Möglichkeit, die mir Selbständigkeit verhieß, greifen würde. Mit einer Art Volontärverhältnis sei er einverstanden, sagte Vater. Dagegen ginge ihm, dem selbständigen Kaufmann, ein richtiges Angestelltenverhältnis gegen die Ehre. Ich verstand: Ich sollte jederzeit für das elterliche Geschäft abrufbar bleiben. Wieder einmal. Für täglich acht Stunden Dienst – schräg gegenüber – ein Taschengeld, und zu Hause freie Station. Na, immerhin, ein kleiner Lichtblick.

Über die hohe Theke, hinter der ich nun stand, wurden keine Waren gereicht wie in Vaters Laden, sondern Geld gegen Verbuchungen auf Kontoblättern. Von dem Halbdutzend Mitarbeitern der kleinen Sparkasse wurde ich mit Wohlwollen aufgenommen. Mein Großvater, betonte der Sparkassenleiter, habe die Sparkasse mitbegründet, er sei als Rendant Kassierer und Kontenführer in einem gewesen. Erst als die Millionenflut der Inflation über ihn kam, hatte man ihm einen Gehilfen zur Seite gegeben. Daß seine Enkelin an diesem Platz sich im Bankwesen umsehen wollte, fand Herr Spielmann, Chef über zwei Angestellte und drei Lehrlinge, auch deshalb bemerkenswert, weil sie das erste weibliche Wesen in der Schildauer «Kasse» war. Der Sparkassenleiter hatte mich mit dieser Einführung wohl von den Lehrlingen abgrenzen wollen. Aber einer aus dem Nachbardorf, der schon mit Wechseln umzugehen lernte, ließ unbekümmert aus sich heraus, wie wohl es ihm tat, daß eine, die auf eine Höhere Schule gegangen war, weniger wußte.

Überall stieß ich auf ein Stück Tradition meiner Familie. Und wo sich ein winziges Schrittchen darüber hinaus für mich auftat, gab es erst mal einen Dämpfer. Das schien mein Schicksal zu sein. An einem Sonnabendnachmittag schwang ich mich aufs Rad und ließ die anderen zum Neumühlteich zum Baden fahren, ich schwenkte hinüber nach Kurzwalde. An dem von Schilf und Binsen eingerahmten Waldsee, dem Kühlengrundteich, ließ ich mich auf einer Baumwurzel nieder. Es war ein Platz zum Träumen, zum Vor- und Zurückdenken, zum Nachsinnen über einen Brief, der nicht leicht zu beantworten war. Nur mit der Freundin Bruni war ich schon hiergewesen, sonst immer allein. Wir nannten das: Romantik schnuppern. Die Stille war wie ein Zauber. Noch nie hatte ich hier einen Menschen getroffen.

Ich holte den Brief aus der Tasche. Zu Hause – ich hatte ihn kaum geöffnet – war schon Vater mit der ersten Frage da: «Was schreibt er denn?» Das «ER» bestand aus zwei Großbuchstaben. Vaters Interesse an dem jungen Mann mit dem für ihn komischen Beruf eines Japanologen war, so schien mir, gewachsen, seit Burkhard an seiner Doktorarbeit saß. Das ärgerte mich. Schnippisch erklärte ich, wenn Burkhard zwischendurch Soldat würde, läge die Promotion erst einmal auf Eis, denn zurückstellen ließe er sich nicht. Wenn das Vaterland rief, war er bereit. Und nun – das war der Inhalt des Briefes – hatten mich seine Eltern eingeladen. «Sie wollen mich kennenlernen», hatte ich kurz auf Vaters Frage geantwortet. Prompt kam Vaters Kommentar: «Er will dich zu Hause einführen. Als was wohl?» Er sah mich an, als dächte er: Wir haben doch recht gehabt. Studieren, das wäre rausgeschmissenes Geld.

Ein Steinchen nach dem anderen warf ich in den Kühlengrundteich und verfolgte die Ringe im Wasser. Wie würde ich wohl bestehen vor Gymnasialdirektor Dr. Winter? Ich war achtzehn Jahre alt, und niemand hatte mich gefragt, ob ich verlobt oder verheiratet zu sein als erstrebenswert ansähe. Den Dorfmädels wurde ich zugeordnet – wie ich sie hatte sitzen sehen im Tanzsaal unter der Bühne …

Die Begutachtung im Hause Winter fiel überaus freundlich aus, bis ich, nach Zukunftsvorstellungen befragt, unbekümmert erklärte, für einige Zeit nach England gehen zu wollen, um wenigstens eine Fremdsprache zu beherrschen. Besorgte Blicke von der ganzen Familie auf mich kleine Schwarzhaarige mit dem gedrehten Nackenknoten, die sich der einzige Sohn auserkoren hatte. Ich bekam dasselbe zu hören wie zu Hause. Wenn es Krieg gäbe! Ahnte ich nicht, wie schutzlos ich im fremden Land wäre? Hitler traf sich mit Chamberlain und Daladier in Bad Godesberg und München, aber Garantien für einen Dauerfrieden wären solche Abkommen nicht. Der Argwohn gegenüber dem erstarkenden Deutschland wäre offensichtlich, erst recht seit das Sudetenland zum Reich geschlagen wurde. Burkhard hätte den Akademischen Austauschdienst gebeten, das ihm zugedachte Stipendium für einen Japanaufenthalt zurückzustellen. Das Vaterland ginge vor. Er hätte sogar eine Laufbahn als Berufsoffizier ins Auge gefaßt. Im Dienste der Achsenmächte könnten ihm seine Japankenntnisse nur nützen. Beim Abschied nahm sein Vater meine beiden Hände und bat mich, noch eine Weile in der Sparkasse durchzuhalten.

Ich hatte mich in unserer kleinen Stadt wirklich am Rande der Weltgeschichte gefühlt, doch das war wohl ein Irrtum. Die Anzeichen internationaler Spannungen waren nicht zu übersehen. Wenn an den staatlich verordneten Eintopfsonntagen die Sammler kamen und Vater freigebig spendete, obwohl das Kotelett für jeden auf dem Teller liegen würde, fielen, sobald man unter sich war, Bemerkungen wie: «Nun kann wieder ein U-Boot auf Kiel gelegt werden.»

In den Werften der Hafenstädte wurden noch ganz andere Schiffe gebaut. In Wilhelmshaven die «Tirpitz». Zur Klasse Schlachtkreuzer gehörten die Schwesterschiffe «Scharnhorst» und «Gneisenau». Als die Gneisenau vom Stapel laufen sollte, war mein Vater gerade amtierender Magistratsvorsitzender. Gneisenaus Geburtsstadt bekam zwei Einladungen zum Festakt. Angetan mit dem kleinen Stresemann – Cut und gestreifter Hose – fuhr Vater mit zur Schiffstaufe nach Kiel. Ich salutierte verstohlen vor dem bronzenen Feldmarschall auf unserem Markt.

Etliche Japaner aus dem Leipziger Heim reisten vorzeitig zurück in die Heimat. Burkhards Briefe klangen weiterhin optimistisch, obgleich er nun Uniform trug. Vorläufig brauchte er seine Arbeit nicht auf Eis zu legen, ebensowenig wie die anderen deutschen Heimbewohner ihre Studien abbrechen mußten. Vor allem die Mediziner und die Zahnmediziner kehrten nach ihrer militärischen Grundausbildung rasch wieder zurück an die Universität.

Um Ostern 1939 überraschte mich meine Schulfreundin Adelheid mit einem Paket aus dem Arbeitsdienst. Ich enthüllte eine sorgsam verpackte Flasche Piccolosekt. Sie schrieb, ich solle in Gedanken mit ihr anstoßen auf ihre Zukunft, das hieße, auf den Entschluß, den sie gefaßt hätte. Ein Hauptmann der Wehrmacht hatte bei den Arbeitsmaiden in Sachsen für eine Tätigkeit geworben, die gute Schulbildung und Interesse für Mathematik voraussetzte. In einem neu entstandenen Forschungsbetrieb würden die jungen Mädchen als technische Rechnerinnen arbeiten, unter Anleitung von erfahrenen Mathematikern und Physikern. Das Werk läge an der Ostsee, auf der Insel Usedom. Adelheid vergaß auch den Zusatz nicht, daß es weit genug sei, um sich endlich erwachsen fühlen zu können. Anfang August würde sie sich in Torgau auf ihren Auszug vorbereiten. Viel Glück, Adelheid, dachte ich und trank den Sekt an einem Abend allein aus.

10
Krieg

Ich packte etwa zur gleichen Zeit mein Köfferchen für eine Reise vom ersten selbstverdienten Geld. Das Reiseziel: Bregenz am Bodensee. Gemeinsam mit Bruni Nachtfahrt in der Holzklasse, und morgens würden wir in der *Deutschen Ostmark* aussteigen. Eine Woche Freiheit in einer Bilderbuchlandschaft. Auf dem Pfänder gab es sogar noch Schlagsahne, die im übrigen *Großdeutschland,* wie unser Land nun genannt wurde, nicht mehr zu haben war.

Gebirgsjäger mit dem Edelweiß an ihren hohen Uniformmützen bestimmten das Bild beim Dorffest im benachbarten

Dornbirn. Wir beiden fröhlichen Touristinnen aus dem *Alt-reich* hatten nichts gegen die Einladung unserer Tänzer zu einer Segelpartie. Romantische Fahrt an dem Lindauer Löwen vorbei, Blicke aufs Schweizer Ufer, sacht gekräuselte Wellen, winkende Menschen von vorüberziehenden Ausflugsdampfern. Unterm Großsegel der Fahnenjunker, der seine hohe Mütze samt Koppel und Jacke im Bootskasten verstaut hatte. Der andere, das weiße Hemd geöffnet, am Ruder – ach, wie schön erschien uns die Welt! Doch so unbesorgt, wie sie sich beim Wein im Dornbirner Festzelt gegeben hatten, waren die beiden aus Graz stammenden jungen Männer nicht. In ihrem – für unsere Ohren weichen – Dialekt klang alles nicht so harsch, was sie von «D.Ö.» und dem «Altreich» hielten, aber ihre Gewißheit, was sie demnächst zu erwarten hatten, war so eindeutig, daß die ganze Romantik über Bord ging. Kämpfe in den Alpenpässen – ohne Alexanders Elefanten – höhnten sie, na dann Amen und adé . Ob wir Mädels nicht hierbleiben wollten? Immer noch besser Marketenderinnen beim Duce als mit den Preußen marschieren.

Wie recht die Österreicher hatten mit dem Ernst der Lage, zeigte sich schon am übernächsten Tag. Eine Abendfahrt nach Meersburg konnte nicht mehr stattfinden. In großer Eile wurden die Soldaten aus der Garnison zu einer Übung kommandiert. Nur einer von ihnen kam zu einem hastigen Abschied – Amen und adé!

Wir sahen auf der Heimfahrt Bahnhöfe voller Soldaten, erlebten Verspätungen ohne jede Erklärung. Wenige Tage später war es soweit. Ich erfuhr es morgens in der Sparkasse. Der Chef hatte in seinem Büro ein Radio. Seit dem frühen Morgen werde zurückgeschossen, hatte Hitler persönlich verkündet. Deutschland verteidigte sich.

Meinen Vater hatte Hitlers markige Stimme beeindruckt, wie immer. Meine Mutter weinte. Die Erinnerungen an das Jahr 1914 wurden wach. Sie hatte damals ihrem Mann kein Sträußchen an Mütze oder Gewehrlauf gesteckt. Wenn er auch gelacht hatte: «Jede Kugel trifft ja nicht.» Er hatte Glück gehabt, die Ostfront war ihm erspart geblieben. Der Rheumatismus, den er sich im Stellungskrieg an der Westfront geholt hatte, war ein kleines Übel, verglichen mit anderen, die Glieder verloren oder Verletzungen durch Giftgas und

Verschüttungen davongetragen hatten. Mutter war froh, keinen Sohn zu haben, aber das durfte sie nicht laut sagen, schon gar nicht vor ihrer Schwester Else. Deren Söhne waren zwar als Bauern vorläufig u.k.-gestellt, doch sie bangte um ihren Schwiegersohn Werner Rost. Er war sofort eingezogen worden, und Elisabeth war schwanger.

Und ich? Ich sah mich als Betrachterin eines riesigen Kaleidoskops, das sich in immer neuen Spiralen zu drehen schien und auch mich zu erfassen drohte. Burkhard bat mich, nach Leipzig zu kommen. Für die Verteidigung seiner Promotionsarbeit hatte er ganz knapp Urlaub bekommen. Er glaubte nicht, daß der Krieg lange dauern würde, ganz im Gegensatz zu Fräulein Helmecke, die fürchtete, daß England Hitlers Eroberungspläne im Osten nicht hinnehmen würde. Und das könnte einen neuen Weltkrieg bedeuten.

Meine mütterliche Freundin nannte sich selber eine «Spökenkiekersche», was in ihrer Heimat, in Börde und Altmark, nichts besonderes sei. Nach ihres Vaters Tod hatte sie angeblich noch geistigen Kontakt mit ihm gehabt. Ich wußte aus einem Roman, in dem die Heldin, mit dem Zweiten Gesicht begabt, bei Menschen, die dem Tod nahe waren, ein Kreuz auf der Stirn sah. Ich ertappte mich bei dem absurden Gedanken, daß von den vielen jungen Männern, die unterwegs waren zu den Sammelstellen, vielleicht manche schon das geheime Mal trugen.

Im Deutsch-Japan-Heim hatte sich die Zusammensetzung stark verändert. Fräulein Helmecke hatte von den meisten ihrer langjährigen Heimbewohner Abschied nehmen müssen. Auch von Oscar Reclam, der allerdings zu ihrer Freude auf Anforderung der japanischen Botschaft vorerst u.k.-gestellt war und in Berlin den Japanischen Verein leitete. Offenbar eine für die Achse Tokio-Berlin wichtige Schlüsselstellung.

Bei den Gesprächspartnern, die sich um den ovalen Mitteltisch im Goethezimmer versammelten, überwogen die Uniformen. Ein gerade beförderter Leutnant war dabei. Sein rechter Arm ruhte eingegipst auf einem Gestell. «Heimatschuß zur rechten Zeit», flüsterte Fräulein Helmecke mir zu. Es machte sie wütend, wie schnoddrig der Offizier vom Blitzkrieg in Polen berichtete. Die Heimbewohner hingen an seinen Lippen. Auch Burkhard machte keine Ausnahme.

Den Feind das Fürchten lehren, als sei das die einzige noch gültige Herausforderung für ein Mannsbild. Fräulein Helmecke machte eine Miene, als würde ihr Goethezimmer entweiht. Ich stand noch unter diesem Eindruck, als ich später mit Burkhard allein war. In meine Scheu, ihm meinen neuesten Plan mitteilen zu müssen, mischte sich nun eine Art Trotz. Zur Braut daheim auf der Wartebank taugte ich nicht. Ja, ich würde ausbrechen. «Wohin? Auf eine Ostseeinsel? In eine Heeres-Versuchsstelle?» Burkhard war fassungslos. Ja, was sagten denn meine Eltern dazu? Sie waren doch immer so besorgt gewesen, um meine Sicherheit, meinen guten Ruf …!

«Nun ruft eben das Vaterland.» Fräulein Helmecke konterte mit Burkhards eigenen Worten. Meine Beweggründe, eine Zeitlang von Zuhause fortzugehen, hatte sie sich bereits zu eigen gemacht. Wer wußte denn, wie lange die kleine Stadtsparkasse noch arbeitsfähig sein würde? Von den männlichen Angestellten war nur noch der Kassierer da. Sollte ich vielleicht warten, bis ich freigestellt würde zur Arbeit in eine Munitionsfabrik? Ich konnte nur bestätigen, daß die Rüstungsbetriebe rund um Torgau, der alten Garnisonstadt, wie Pilze aus der Erde schossen. … Was wir hier machen, schaffst du allemal … hatte Adelheid geschrieben. Logarithmentafel und Rechenmaschine wären die wichtigsten Arbeitsmittel. Von ihrem Büro aus hörte sie die See rauschen. Sie kannte meine Probleme und hatte mit ihrem Abteilungschef gesprochen. Wäre es nicht prima, schrieb sie, wenn wir beide, womöglich im gleichen Büro, arbeiten könnten? Fast wie damals in Torgau auf der gleichen Schulbank?

Burkhard spürte es wohl, mein Entschluß stand fest. Und daß wir auf so vorgeschobenem Posten an der Ostsee nicht zum Fische angeln angehalten würden, stand auch fest. Es paßte alles zu dem viel strapazierten Satz: Das Vaterland ruft.

Meine Eltern hatten nach einem Besuch bei Adelheids Eltern ihre Befürchtungen fallen lassen. Wenn der Torgauer Studienrat seiner einzigen Tochter so großes Vertrauen schenkte, konnten die Krafts nicht zurückstehen. Die Elys hatten schon Adelheids Fahrrad per Bahnfracht nachgeschickt. Peenemünde II stand als Bestimmungsort auf dem Anhänger. Es ging über Anklam bis Zinnowitz und wurde dann in die Werkbahn umgeladen.

Im Dezember bekam ich meinen Einstellungsbescheid als zivile Angestellte – technische Rechnerin in der Aerodynamischen Abteilung – zum 1. März 1940. Als Empfehlung für ein möbliertes Zimmer lag die Adresse einer Frau Behrends bei: Peenemünde II, Siedlung Waldstraße 36. Von dem geringen Anfangsgehalt würde ich mir an Kleidung nur kaufen können, was es auf die Punktekarte gab. Damit ich gut ausgestattet reisen konnte, mußte die Hausschneiderin noch mal kommen. Aus einem leinenen Nachthemd meiner Großmutter mit angesetztem Gürtelteil, wofür ein zu eng gewordener Trachtenspenzer zerschnitten wurde, entstanden Shorts, damit ich nicht nach dem Baden das nasse Trikot anbehalten müßte.

Beim Abschiedsabend überraschte Vater uns alle mit einer Flasche echtem Champagner. Sie war das Geschenk eines Weinhändlers und ganz verstaubt. Die lange Lagerung hatte den Druck in der Flasche so verstärkt, daß der Korken bis zur Zimmerdecke sprang. In den Knall mischte sich das Prasseln von Kalk- und Mörtelteilen.

Das *Sektloch* in der Wohnzimmerdecke wurde nie zugemacht. Vielleicht bringt es dem Hause Glück – haben manche gedacht, die dabei waren.

Das Haus steht noch. Aber nach meinen Erinnerungen müßte das Entkorken jener überlagerten Flasche Champagner für meinen Vater das letzte Mal gewesen sein, daß er als Hausherr und Gastgeber den Korken knallen lassen konnte.

11
Die Insel

Der erste Kriegswinter wollte kein Ende nehmen. Noch Anfang März türmten sich die Eisschollen zwischen Küste und Greifswalder Oie. Die Reste alter Holzbuhnen waren mit ihren Eiszapfen und den Schneekappen zu weißbärtigen Gnomen geworden. Adelheid führte mich stolz zum Strand, als hätte sie die weiße Pracht für mich inszeniert. Im Herbst, erzählte sie, wäre es besonders schön in den Laubwäldern bei Zinnowitz und Zempin.

Das Werk lag auf dem äußersten westlichen Zipfel der Insel. Hier boten immergrüne Kiefern Schutz vor Feindeinsicht. Wenn es in der Luft brummte, waren es englische Aufklärer. Abends stellte der Leuchtturm auf der Oie natürlich sein Licht ein.

Die zum Werk gehörenden Bürohäuser ähnelten den Wohnhäusern der Siedlung und trugen Nummern. Ein eigenes Gesicht hatte nur das Kasino mit Freitreppe und breiter Eingangstür. Adelheid bevorzugte die Kantine Fischer. Dort war es billiger, und sie hatte immer Begleitung.

Die meisten der Ingenieure und Mathematiker, die im *Haus 2* arbeiteten, gingen dorthin. Die Büros boten alle das gleiche Bild: Schreibtisch, elektrische Rechenmaschine, Telefon. Nirgends ein Hinweis, was *das Werk* herstellte. Erst beim Rundgang im Herzstück der Aerodynamischen Abteilung sah ich eines der Versuchsobjekte. Es hing in der Meßkammer des Windkanals und sah aus wie eine Miniaturbombe. Ein Ingenieur führte mich, die Neue aus dem Mathematischen Büro, durch die große Werkhalle. Er schien mir anzusehen, daß ich noch nie etwas mit Technik zu tun gehabt hatte. «Ja, grau ist alle Theorie!» Er klopfte an das Metall der festmontierten Schlierenkamera und musterte mich in meinem roten Pullover, als wollte er sagen: Was hat dich unbedarftes Ding denn hierher verschlagen? Die einzige Frau in dem technischen Bereich des Windkanals war die Feldmaus, die eigentlich Feldmann hieß, aber in ihrem grauen Arbeitskittel durchaus ihrem Spitznamen entsprach. Die anderen weiblichen Angestellten arbeiteten entweder im Sekretariat oder als technische Zeichnerinnen und Rechnerinnen.

Mehr als Adelheid, mit der ich zu meiner Freude das Büro teilte, wußte Hella Kohl Bescheid über die Zusammenhänge und Aufgaben der Abteilungen. Bei weitem nicht alle Gebäude waren für jeden Werkangehörigen zugänglich. Zum Werkausweis gehörte eine Plakette. An der Farbe erkannte jeder Wachposten, für welche Bereiche sie gültig war. Der Windkanal gehörte zu den Arealen der mittleren Geheimstufe.

Hella Kohl war die Sekretärin des Abteilungschefs. Dr. Hermann war ihr Vetter, und er hatte sie nachgeholt, kaum daß der Peenemünder Forschnungskanal fertig war. Gemeinsam mit seinem Stellvertreter Dr. Kurzweg hatte er den Aufbau geleitet. Ich fand in der sechs Jahre Älteren eine wirkliche Freundin. Später, als in den neuen Wohnheimen für die weiblichen Angestellten in Karlshagen schon die Plätze knapp wurden, teilten wir sogar ein Zimmer.

An Hellas Seite genügte der Weg ins Kasino zum Mittagessen, um zu erfahren, wer von welcher Hochschule gekommen war und unter welchem Chef dieser oder jener arbeitete. Berlin, Dresden, Darmstadt, Stuttgart, Aachen, München, Frankfurt, Wien – ich hatte gar nicht gewußt, daß es so viele Technische Universitäten im groß gewordenen Deutschland gab. Wer hatte diese Fachleute denn alle herausgepickt und auf dieser entlegenen Insel zu einer – wie mir schien – verschworenen Gemeinschaft zusammengeführt?

Diesen Jemand gab es. Sein Name sollte später weltberühmt werden: Wernher von Braun. Hella kannte den noch nicht dreißigjährigen Junggesellen durch ihren Vetter und sagte von ihm, er habe mit seiner Arbeit *an der Rakete* eigentlich zum Mond gewollt, nun sei ihm der Krieg dazwischengekommen.

An einem Sonntagnachmittag, als die Buchen auf dem Streckelberg ihr erstes Grün zeigten, lernte ich ihn kennen. Ich war mit Albert Deppenbrock, einem Ingenieur, von Zinnowitz nach Zempin gewandert. Unser Ziel war der «Inselhof» am Achterwasser. In meiner Erinnerung ist geblieben: Ein fast leerer Gastraum, in dem es so kalt war, daß man die Jacke gar nicht erst auszog. «Dort sitzt von Braun», flüsterte mir mein Begleiter zu und wies auf die einzigen Gäste, «mit seiner Sekretärin». Mit freundlicher Handbewegung lud von Braun uns ein, Platz zu nehmen. Nach kurzem Blickaustausch – von Frau zu Frau, von Mann zu Frau – Brauns Begleiterin war etwa in meinem Alter und auffallend hübsch – kam ein Gespräch in Gang, unverkrampft, wie unter naturliebenden jungen Leuten. Braun hatte ein Fernglas mit und machte uns auf die Wasservögel in der Bucht aufmerksam.

Von Hella erfuhr ich, daß Brauns Sekretärin die Insel bald verlassen würde. Versetzungen waren die Ausnahme. Der Krieg war nicht so bald zu Ende, wie es nach dem Polen- und dem Frankreichfeldzug ausgesehen hatte. Für freiwillig Angeworbene, wie Adelheid und ich es waren, galt bald auch die Dienstverpflichtung. Inselkoller hieß es, wenn jemand mit dem Gefühl der Abgeschiedenheit nicht fertig wurde.

Elsbeth, unsere Gruppenleiterin, von der wir Rechnerinnen die Arbeitsanleitungen bekamen, sorgte für Gegengewichte zum Einerlei unserer Kurvenberechnungen, sooft sich Möglichkeiten boten. Auf der Greifswalder Oie war Probeschießen angesetzt und auf dem Kutter war auch für uns, das Rechnervölkchen, Platz. Die silbernen Pfeile, die, von Spezialgeräten abgefeuert, über die Ostsee zischten, schienen mir auch ohne Sprengsatz schon gefährlich. Diese Anschauung machte deutlich, was sich hinter den Kürzeln verbarg, mit denen wir es zu tun hatten: *A4 V 1 P* oder *DOV-Geschoß* stand auf den Meßprotokollen. Verschlüsselungen neuer, höchst komplizierter Waffen. Von Deppenbrock wußte ich, daß es Zweifler gab, die den Peenemünder Geräten wenig Chancen einräumten. Oder der Krieg müßte noch lange, sehr lange dauern.

Und er dauerte.

Am Abend eines solchen Tages fand ich einen Brief Burkhards in meinem Zimmer vor. Er rechnete mit baldigem Einsatz und hoffte auf ein Treffen – ein letztes, betonte er – in Berlin. Im folgenden Satz gab er sich wieder optimistisch: Im nächsten Jahr würde die deutsche Wehrmacht die Maiparade in London auf dem Adolf-Hitler-Platz abhalten! Selbst wenn es scherzhaft gemeint war, ich fand es geschmacklos.

Das Treffen in Berlin ist in meiner Erinnerung ein Albtraum. Die erste Verabredung ging schief. Nach einem verlorenen halben Tag saßen wir endlich in einem kleinen Aschinger-Lokal. Burkhard spürte wohl, daß meine auffällige Munterkeit nicht echt war, aber was ich damit verbergen wollte, schien ihn nicht zu interessieren. Oder er wollte sich das Bild, das er von mir hatte, wohl erhalten. Zu einem Soldaten

an der Front gehörte eine Braut, die seine Sehnsucht wach-
hielt und Feldpostbriefe schrieb. Ganz ernsthaft sagte er:
«Was hältst du von der Hingabe?»

Beinahe hätte ich gelacht. Wie er da saß in dem anonymen
Lokal, ohne ein Spur von Zärtlichkeit in der Stimme und im
Blick! Seine Frage kam mir vor wie die Einforderung einer
Pflicht, die ihm wegen besonderer Umstände – bitte schön –
etwas vorzeitig zu gewähren sei. Später, im Zug auf der Rückfahrt, dachte ich mit Bedauern an seinen Vater, den liebenswürdigen alten Herrn, der mir ohne besonderen Anlaß
gedrechselte Holzfigürchen aus dem Erzgebirge gesandt
hatte. Ich würde ihm wehtun, wenn ich mich von seinem
Sohn trennte. Genau das hatte ich vor.

An jenem Sommertag, als eine Mitbewohnerin des Ledigen-
wohnheims, in das die meisten von uns gezogen waren, über
die Düne gelaufen kam mit der Nachricht, daß Hitler den
Nichtangriffspakt gebrochen hätte, empfand ich tiefes
Schuldbewußtsein. Krieg gegen die Sowjetunion. Was würde
auf Burkhard zukommen? Mein Brief müßte ihn schon
erreicht haben. Ich kam mir vor, als hätte ich ihn aus meiner
Obhut entlassen in dem Augenblick, da er meiner dringend
bedurfte.

12
Inselfreundschaften

Ähnliche Gefühle hatten mich schon einmal gequält. Da war
ich erst wenige Wochen auf der Insel. Elisabeth war gestorben.

Die Cousine, Freundin, Vertraute meiner Kindheit, sie
hatte am Neujahrstag 1940 ihr Kind geboren. Wir hatten noch
zu Hause die Ankunft Hans-Dieters, des strammen *Bauern-
enkels,* die Gläser erhoben, doch schon mein Besuch bei
ihr kurz vor meiner Abreise fand am Krankenbett statt. Sie
hat sich nur kurz – und wohl kaum ohne Angst – an ihrem
Kind freuen können. Am Kindbettfieber ist sie gestorben,

dem Leiden der Mütter, das eigentlich nur noch aus den Romanen der Jahrhundertwende bekannt war. Ich konnte es gar nicht fassen: Elisabeth, mit üppigen weichen Brüsten und ausladenden Hüften, die wie geschaffen schien zum Kinderkriegen und die es auch wollte. Liebende Hingabe und ein warmes Nest – ausgerechnet sie, die Mütterliche, traf es mit 21 Jahren! Mußte ich nicht dabei sein, wenn sie zu Grabe getragen wurde?

Ich war zum Strand gelaufen, Mutters Brief in der Tasche, hatte mich in den Wind gestellt, mit schlechtem Gewissen und doch erleichtert, daß ich nicht kommen sollte. Tante Elses Leid wäre so unsäglich, daß es sie eher schmerzen als trösten würde, wenn sie mich, das blühende Leben, am Grab ihrer einzigen Tochter sehen würde. Adelheid war die einzige in meiner Nähe, die Elisabeth gekannt hatte. Wir riefen uns die gemeinsamen Kindergeburtstage ins Gedächtnis und wußten, daß bei dieser Art von Gedenken für uns nichts anderes dahinterstand, als froh zu sein, daß wir lebten.

Die Gespräche in meinem Freundeskreis wurden deutlich ernster. Einer der Ingenieure von der TH Darmstadt – ein Trio, mit dem ich oft zusammen war – notierte exakt die Anzahl der versenkten Bruttoregistertonnen und die Erfolge der Jagdflieger und Luftabwehr. Seine Skepsis gegenüber der Glaubwürdigkeit der Wehrmachtsberichte und seine Hochrechnungen, auf die eventuelle Dauer des Krieges bezogen, wirkten makaber auf mich. Ich war lieber mit Robert, dem jüngsten der drei Freunde, allein. Robert schimpfte zwar auch, daß er für unabsehbare Zeit auf die Insel verbannt sei, statt für seine Firma in Frankfurt am Main statistische Berechnungen anzustellen, mit denen menschliche Werte geschaffen würden, doch er gab zu, daß er wie fast alle seine Kollegen den Vorzug, unabkömmlich zu sein, zu schätzen wußte.

Er war ein gut aussehender breitschultriger Mann, der fast immer braune Zweireiher mit Nadelstreifen trug. Mir gefielen seine Lachfältchen in den Augenwinkeln, seine sonore Stimme, dazu etwas Unbestimmtes, das er hinter Korrektheit nicht immer erfolgreich verbarg. An einem Wochenende brachen wir beide aus. Er, der gebürtige Hesse, kannte die Insel

Rügen ebensowenig wie ich. In einem Hotel in Stralsund hatte Robert Zimmer bestellt. Die Wirtin merkte, wie ich errötete: Es war *ein* Zimmer, ein Doppelzimmer.

Viel später wurde mir bewußt, daß ich, meinem Benehmen nach, während der Zeit auf der Insel bei meinen Bekannten durchaus nicht für unerfahren galt. Robert nicht ausgenommen. Aber in Stralsund war er, der sechs Jahre ältere, ebenso befangen wie ich. Zunächst gingen wir essen. Danach in die Bar «Trocadero». Wir flirteten, wir spielten ein Spiel. Oder doch nicht? Robert nutzte meinen Schwips nicht aus, er blieb abwartend, sanft, als fürchte er, etwas zu zerstören. Am nächsten Tag, nach der für ihn enttäuschenden Nacht, beim Schlendern am Königsstuhl, war ich weniger befangen. Ich hängte mich in seinem Arm ein, wollte ihn fühlen. Er blieb stocksteif. «Warum nicht – heute nacht?» Ich darauf: «Du kennst mein Zuhause nicht. Ich könnte doch ein Kind kriegen.» Er drehte mich zu sich herum. «Und wenn – schließlich bin ich ja noch da.» Das war seine Form einer Liebeserklärung. Aber die Nacht war vorbei, und wir mußten dahin zurück, wo die anderen waren.

Ich hatte später noch mehrmals Anlaß, darüber nachzudenken, wie mein Leben verlaufen wäre, wenn ich mich von den mir anerzogenen Konventionen befreit und mich ihm anvertraut hätte. «Du liebst zu sehr mit dem Verstand», sagte Robert später einmal zu mir. Kopf und Herz im Widerstreit – das klang nach Berechnung. War ich das? Es stimmte nur insofern, als es nach dem, was Burkhard Hingabe genannt hatte, nach meiner Auffassung kein Zurück mehr geben würde. Sich zu binden für alle Zeit – dazu war ich mit meinen einundzwanzig Jahren noch nicht bereit. Ich wußte ja, wie anfällig ich war für neue Bekanntschaften, die sich immer wieder ergaben in wechselnden Freundeskreisen. Eine Gruppe Erprobungsflieger aus Werk-West zum Beispiel, die der Luftwaffe unterstanden und die werkeigene Segelboote nutzen durften, hatten Hella und mich in ihren Kreis einbezogen. Ein anderer, Rainer Fuchs, Physiker und hochmusikalisch, suchte mich im Kasino als Tischtennispartnerin, und bald hatten sich Ausflüge per Rad angeschlossen. Überall gern gesehen zu sein, das hatte ich so noch nicht erlebt.

Robert war ein Einzelgänger. Eifersucht war ihm nicht

fremd. Mein Freundeskreis hätte ihn bald gestört. Er sprach selten über Persönliches. Von seinem Elternhaus wußte ich so gut wie nichts. Er wußte, daß ich in stillen Stunden meine Gefühle in Versen ausdrückte. Für ihn, den Techniker, war das wohl ein Teil meines Wesens, das ihm gefiel, etwas Liebenswertes, etwa wie der Gegensatz zwischen meinen hellen Augen und dem dunklen Haar, den er reizvoll fand. Aber genügte das?

Nach unserem Herbstspaziergang unterm Kreidefelsen war ein Gedicht entstanden. Die erste Strophe kann ich heute noch auswendig:

> Ein Sommertag voll Sonne und Licht,
> doch der Sommer mahnt schon zum Scheiden.
> Wir wandern am Strande und sehen nicht,
> daß im Walde die Blätter schon gleiten.

Robert habe ich es nie gezeigt. Wohl aber Hella. Auch Rainer Fuchs gab ich es mit anderen gefühlsbetonten Gedichten in die Hände. Und noch jemanden ließ ich teilhaben an meinen ersten literarischen Versuchen: Pascual Jordan. Der Professor vom Kaiser-Wilhelm-Institut war nur für begrenzte Zeit – vermutlich für Sonderaufgaben – nach Peenemünde geholt worden. Er hatte mit unseren Windkanalchefs zu tun, und in Hellas Büro lernten wir uns kennen. Was für eine Berühmtheit dieser nicht mehr junge Mann war, ahnte ich nicht. Er stotterte leicht, trug eine starke Brille, die seinen Silberblick nicht ganz verdecken konnte, und stach von den meist sportlich jungen Männern meines Freundeskreises erheblich ab. Er sei ein berühmter Physiker, sagte Hella. Als sie Max Planck erwähnte, fiel mir Professor Tomonaga ein. Für den Japaner war Max Planck einer der wichtigsten Deutschen gewesen. Und Pascual Jordan war, ebenso wie Werner Heisenberg, Plancks Schüler. Die Entdeckung der Quantenmechanik wird diesen drei Gelehrten als gemeinsame Leistung zugesprochen. Viel später fand ich das bestätigt beim Blättern in Enzyklopädien und Lexika. Eine Ahnung von dem, was damals an technisch-wissenschaftlichem Potential auf der Insel Usedom zusammengetroffen war, vermittelte mir Rainer Fuchs. Er gehörte zu den wißbegierigen jungen

Physikern, die keinen Vortrag Jordans zu Problemen der Quantenmechanik versäumten.

Im Gegensatz zu einigen anderen Berühmtheiten der Physik und Mathematik – wie Hermann Oberth und Steudinger – war Jordan kein introvertierter Gelehrter. In eines seiner Bücher, das er mir Jahre nach dem Krieg bei einem Wiedersehen in Hamburg schenkte, schrieb er die für einen Naturwissenschaftler erstaunliche Widmung: Romane lesen ist gut. Romane schreiben ist besser. Romane erleben ist am besten.

Trotz seiner sprachlichen Behinderung war Jordan ein begeisterter Plauderer. Nach seinen Fachgesprächen mit dem Windkanalchef pflegte er im Vorzimmer bei den drei Sekretärinnen zu einem Plausch einzukehren. Gern ließ er sich aus dem Einerlei der Kasinoabende entführen in unser Wohnheim am Karlshagener Strand. Bei solchen Gelegenheiten kramten Hella und ich halb vergessene heimische Rezepte hervor. Unsere sächsischen Quarkkeulchen, für die wir sogar den Quark selber hergestellt hatten, fanden großen Beifall beim Professor. Offensichtlich erholte sich der sinnenfrohe Jordan in unserer Mädchenrunde von Quanten und Atomen, denen er sich nicht einmal bei den Tischgesprächen im Kasino entziehen konnte.

Unvorstellbar wäre Hermann Oberth an seiner statt gewesen. Der ernste Professor schien durch uns junges Völkchen hindurchzusehen. Er galt als Wegbereiter der Raketentechnik. Als Wernher von Braun noch Gymnasiast war, hatte Oberth schon sein erstes Buch über die Möglichkeiten der Weltraumfahrt veröffentlicht. Für Nichtfachleute wurde er durch den Tonfilm «Frau im Mond» bekannt. Die Ufa hatte sich den Spezialisten als Berater für den Bau der Raketenattrappe geholt. Ich hatte im Film mit Spannung verfolgt, wie die Schauspieler Grete Mosheim, Gustav Fröhlich und Gustav von Wangenheim zum Mond geflogen waren.

1998 stand ich in Begleitung von Hellas Sohn im «Hermann-Oberth-Museum» in Feucht bei Nürnberg vor den Bildern und Dokumenten jener Zeit. In meinem Roman «Insel ohne Leuchtfeuer» habe ich den schwer zugänglichen Wissenschaftler «den stillen Professor» genannt. Er ist mit 95 Jahren in Feucht gestorben.

Von 1955 bis 1958 hat er mit der Peenemünder Gruppe in den USA zusammengearbeitet. Neben den Populisten, den *Machern,* hat Oberth es oft schwer gehabt, entnahm ich seinen Lebensdaten. Er hat in seinem langen Leben eine Entwicklung verfolgen können, die ihm anfangs als phantastisches Wunschdenken ausgelegt wurde, die 1930 mit der Papprakete und Mondlandschaft im Filmatelier begann und – leider überschattet von der militärischen Verwendung zwischen 1939 und 1945 – von der Utopie zur Realität wurde: 1969 die ersten Schritte eines Menschen auf der Oberfläche des Mondes – wirklich und wahrhaftig.

In unseren Rechnerinnenbüros war nichts zu spüren von irgend welchen Zukunftsträumen der Weltraumenthusiasten. Die Eintönigkeit an der Rechenmaschine wurde zwar unterbrochen durch unseren Einsatz als Protokollantinnen bei den Meßreihen im Windkanal oder durch Mitarbeit beim Planimetrieren, aber das als Dauerberuf – für mich unvorstellbar. Was aber wollte ich? An den Sonntagen radelte ich mit Rainer Fuchs über die Insel und hörte ihm zu. Am Gnitz, einer Landzunge am Achterwasser, konnten wir ungestört reden über alles, was uns anging, und er durchschaute genauer als ich das Dilemma, in dem wir steckten. Er kannte sich aus bei Hegel und Marx, hatte Hitlers «Mein Kampf» gelesen. Er meinte zu wissen, wohin Deutschland trieb, und einmal ließ er durchblicken, daß er als Student in Frankfurt Verbindung zu einer antifaschistischen Gruppe gehabt hätte.

Solche politischen Äußerungen versenkte ich tief in mein Inneres. Auch vor Hella, mit der ich nun das Zimmer teilte. Sie traf sich abends oft mit einem Soldaten des *Versuchskommandos Nord.* Diese Militäreinheit war geschlossen zum Einsatz nach Peenemünde kommandiert worden. Im Windkanal arbeiteten einige bei den Messungen mit, doch Hellas Bekannter war kein Fachmann und wurde zu irgendeinem stumpfsinnigen Dienst verwendet. Das drückte auf sein Gemüt. Er war Anthroposoph. Damit war die Gegnerschaft zu Hitlers Regime schon in ihm angelegt. In Hella hatte er nicht nur eine geduldige Zuhörerin gefunden, sondern auch eine verständnisvolle Gesprächspartnerin. Wenn sie mir nach solchen Begegnungen ihr Herz ausschüttete, kam ich mir oft recht oberflächlich vor. Trotzdem beschränkte ich mich aufs Erzählen vom gemischten Tischtennisdoppel oder der geselligen Runde im Kasino. Über das Allerintimste in unseren jungen Frauenleben sprachen wir selten miteinander. Ich ahnte aber, daß Hella den Soldaten liebte und daß sie deshalb besonders unter seinem Pessimismus litt. «Er braucht kein schlechtes Gewissen zu haben», sagte Hella. «Er ist kommandiert worden. Aber wir – wir sind freiwillig hier. Und weißt du, was ich denke? Daß bei allem, was wir tun, unser Gewissen unbewußt beteiligt ist. Auch dann, wenn du dich nicht in den Arm nehmen läßt, nicht einmal in einem Hotelbett. Da steckt nicht allein unsere bürgerliche Erziehung dahinter. Die Welt ist aus den Fugen, und es ist charakterlos, glücklich zu sein. Manchmal überfällt es mich ganz plötzlich: Wo rund um uns geschossen und unschuldig gestorben wird, da ist es einfach unanständig, zu segeln oder in der Sonne zu liegen.»

Ich versuchte, ihren Gedanken, die ich durchaus nachvollziehen konnte, etwas von anderer Warte gegenüberzustellen. «Aber gerade hier strengen sich doch alle an, damit der Krieg schneller zu Ende geht. Die Rakete …» weiter kam ich nicht.

«Alle strengen sich an», sagte Hella leise, als fürchte sie, vom Flur her gehört zu werden. «Alle, die Deutschland in den Krieg hineingezogen hat – England, Rußland. Mein Soldat meint, auch in Amerika ist man schon wachsam. Wir werden bald in der ganzen Welt verhaßt sein. Ich kann mir nicht vorstellen, daß die vielen gescheiten Leute in unserem Werk das nicht wissen.»

«Und warum arbeiten sie trotzdem weiter? Und neuerdings sogar zwei Stunden länger, ohne aufzumucken?»

«Weil sie überleben wollen.»

«Weil sie sonst für die Front abgestellt würden?» Hella nickte, und ich fuhr fort: «Vielen macht die Arbeit hier großen Spaß.»

Hella wußte, an wen ich dachte: An ihren Vetter und seinen Stab im Windkanal, an von Braun und seine Mannschaft. An alle, für die das Mittun ein schöpferischer Akt war oder einfach die Fortführung ihrer früher begonnenen Arbeit. Wir waren uns beide darüber einig, daß manche von ihnen längst in einem inneren Zwiespalt steckten. Und der war unlösbar.

Für den Krieg, den sie verabscheuten, wollten sie sich nicht totschießen lassen. Dann schon lieber sich in den Beruf stürzen und in Kauf nehmen, als Karrierist zu gelten.

Hella gab zu, daß ihr Vetter schon in Aachen, wo er sich ganz auf seine geliebte Aerodynamik konzentriert hatte, von Hitler begeistert war. Dr. Hermann würde es nie zugeben, wenn er das inzwischen als Irrtum erkannt hätte.

In seiner Stellung Zweifel am Endsieg zu zeigen, hätte schon lebensgefährlich sein können. Damit hatte Hella recht. Überall in Kantinen und Gängen hing das Plakat mit dem Schattenmann, der warnte: Psst, Feind hört mit. Schon Miesmacherei und «defaitistische Äußerungen» schwächten angeblich das Vaterland und konnten als Hochverrat ausgelegt werden. Ein Ingenieur, den ich durch Robert kannte, war verhaftet worden. Er hatte kurz zuvor eine Angestellte der Personalabteilung geheiratet. Es hieß, ein Kollege hätte ihn denunziert – aus Eifersucht. Er wurde nach Stettin gebracht. Nach Peenemünde kam er nicht zurück. Was mochte aus ihm geworden sein? Danach habe ich mir diese Frage nur heimlich gestellt.

Eine dem Rüstungsminister Albert Speer direkt unterstellte Gruppe, *die Baugruppe Schlempp*, hatte für ihre Architekten mit Familien eine ganze Holzhaussiedlung dicht am Strand errichtet und stampfte das Fertigungswerk aus dem Boden. Als wir zum ersten Mal KZ-Häftlinge in ihren blau-weißen Sträflingsanzügen auf einem Lastwagen entdeckten, von denen es hieß, sie kämen von einem Teillager des KZ Buchenwald, wurde geflüstert, es müsse schlecht um Deutschland bestellt sein, wenn für unseren so geheimen Betrieb Arbeitskräfte aus den Konzentrationslagern herangeholt werden müßten.

Als Gegensatz zu den geschundenen Häftlingen sah ich im Inselhof, der Oase am Achterwasser, die Frauen der Architekten, wie sie gepflegt und städtisch geschminkt in den Liegestühlen lehnten und sich benahmen wie Sommerfrischler. Dabei waren wir am Beginn des vierten Kriegsjahres. Im Werk wurde sechs Tage stramm gearbeitet, und an den Sonntagen machten wir freiwillig Erntehilfe, weil es für Garten-

und Feldarbeit kaum noch Arbeitskräfte gab. Die «Deutsche Arbeitsfront» hatte dazu aufgerufen, und wir, das war die «Werkfrauengruppe». Hella war die Vorsitzende, und ihr zuliebe hatte sich ein Häuflein unabhängiger Mädchen bereiterklärt mitzumachen. Ich hatte mich bei Lührsens im Inselhof *verdungen*, pflückte Bohnen und grub die ersten Frühkartoffeln aus. Mit meinen erdigen Händen stach ich natürlich besonders ab von den schmuckbehängten Großstädterinnen, die ich in ihrer etwas unangenehmen Arroganz dem Berliner *Ku'damm* zuordnete.

Den Ku'damm sah ich unerwartet schnell wieder. Die berühmte Bummelmeile war stark ramponiert. Ich konnte die leerstehende Wohnung meiner Cousine Käthe am Kaiserdamm nutzen. Als Sekretärin eines Wehrwirtschaftsführers war sie in Paris. Meine Peenmünder Gruppenleiterin Elsbeth hatte mich vorgeschlagen für einen zweiwöchigen Auftrag am Windkanal der Luftfahrtforschungsanstalt in Berlin-Adlershof. Ich war immer wieder erstaunt, wieviel Vertrauen mir entgegengebracht wurde, obwohl ich ohne Abitur zu der Rechnerinnengruppe gestoßen war. Der Strömungskanal in Adlershof konnte mit der Luftgeschwindigkeit – der Machschen Zahl –, die in Peenemünde erreicht wurde, zwar nicht mithalten, dafür fanden in der Meßkammer Flugzeugteile in Originalgröße Platz. Ich hatte das Protokoll zu führen über Meßreihen am Leitwerk des A4 und sogleich mittels Rechenschieber die erste Kontrolle vorzunehmen. Verglichen mit den zarten Modellen des A4 im Peenmünder Kanal, erschien mir so ein Leitwerk hinter der Sichtscheibe wie ein eingesperrtes Monster. Aber genau das war es, wofür ein Fertigungswerk entstand: Ein Monster an Waffe, ein Wunder an Reichweite und Treffsicherheit.

Adelheid, die mich einst nach Peenemünde geholt hatte, würde mir bald nicht mehr gegenübersitzen. Sie hatte in einem Ingenieur des Windkanals den Mann fürs Leben gefunden. Während ich mich in größerer Clique bewegte, Tennis gespielt hatte, gesegelt oder sonstwie herumgeflattert war, hatte sie, die ihrer Natur gemäß schon während der Schulzeit erste Erfahrungen mit Partnern gemacht hatte, ihren

Gefühlen keinen Zwang angetan. Bei sonntäglichen Paddeltouren zu zweit war ihr bald klar, daß Fritz Vollmer *der Richtige* war. Seit Adelheid sich in Zinnowitz ein Zimmer zur Untermiete gesucht hatte, waren wir in der Freizeit selten zusammengekommen, doch unsere alte Freundschaft hielt. Von Berlin aus machte ich einen Abstecher nach Torgau zur Hochzeit im Familienkreis.

Einer der Gäste erhob etwas unvermittelt sein Glas, um auf das siegreiche Kriegsende anzustoßen – und das Kriegsglück unseres obersten Feldherrn. Die Hoffnung vieler Deutscher auf Wunderwaffen wurde von der Propaganda eifrig geschürt. Aus dem Toast des Gastes war sie deutlich herauszuhören. Wir drei Peenemünder hatten Mühe, das Unbehagen, das uns dabei überfiel, nicht durch unser Mienenspiel zu verraten.

Die allabendlichen Fliegerarlarme in Berlin hatten mich schlaflose Nächte gekostet. Ich war froh, als mein Auftrag in Adlershof beendet war. In Peenemünde hatte es inzwischen auch einige Male Alarm gegeben, aber kaum jemand hatte das ernstgenommen. Ich traf Robert im Kasino. Er fand mich schlecht aussehend. «Hier kannst du wieder ruhig schlafen», sagte er. «Wir sind den Engländern offenbar unwichtig, sonst würden sie uns nicht so lange schon in Ruhe lassen.»

Andere Dinge, die innerhalb des Werkes geschehen waren, ließen allerdings aufhorchen. Ein Ingenieur aus dem engsten Kreis der Werkleitung war bei einem Autounfall ums Leben gekommen. Das sei kein Zufall gewesen. Ich hörte die Meinung von Robert wie auch von Elsbeth. Ingenieur Klaus Riedel gehörte zu der Gruppe der Raketenbesessenen, die vor Jahren auf einem Schießplatz bei Berlin mit ganz bescheidenen Versuchen begonnen hatte, und die von Ingenieur-Offizieren des Heeres-Waffenamtes entdeckt und gefördert worden war. Die *Kummersdorfer* zählten im Werk zu den Pionieren der Raketenentwicklung. Wenn dieser Autounfall wirklich inszeniert worden war, welche Kräfte steckten dahinter? Ging es um Machtpositionen? Niemand wagte es auszusprechen. Elsbeth antwortete auf meine Frage etwas rätselhaft: «Zwischen Grau, Blau, Braun und Schwarz kannst du wählen. Wer kennt sich da schon aus.»

Heer, Luftwaffe, Partei und SS – das war die Deutung des Farbenspiels. Rainer Fuchs sprang sofort an auf mein Bohren. Er war wie ein Seismograph, wenn es um politisch Fragwürdiges ging. Was er sich zusammengereimt hatte aus Beobachtungen der letzten Monate, hörte sich etwa so an: «Unser genialer von Braun hat beim Vortrag im Führerhauptquatier so großen Eindruck auf Hitler gemacht, daß der alle anderen Projekte zurückstellen läßt zugunsten der Peenemünder Rakete. Und nun ist das Gerangel im Gange: Himmler gönnt dem Heer nicht den großen Coup, den der größte Feldherr aller Zeiten vom A4 erwartet. Die Kerntruppe hier untersteht aber dem Heer. Nur von Braun hat SS-Offiziersrang. Der Kapitän – so sehe ich es – muß bleiben, doch sein Erster Offizier, der Praktiker sozusagen, der mußte fallen. Ein Signal. Ich hoffe, daß Braun das Spiel durchschaut und sein Werk nicht kaputt machen läßt.»

13
Götterdämmerung

«Karpfen polnisch in der Schweizerbaude zum Silvesterabend, vis-à-vis der Kirche Wang – wir sind richtig international.»

«Eine norwegische Stabkirche – wie unser Hotelier das betonte!»

«Der Wein könnte italienisch sein.»

«Oder aus der Wachau.» Carl strahlte mich an. «Haben wir das nicht gut hingekriegt – im vierten Kriegsjahr?» Ich nickte. «Aber wäre ich in Hirschberg nicht aus dem Zug gestiegen, was wäre dann …?»

«Nicht auszudenken. Du hättest mich in ein tiefes Loch gestoßen.»

«Es war wirklich nicht leicht mit meinen Eltern. Den knappen Weihnachtsurlaub auch noch abzukürzen, Geschenke einheimsen und dann – auf und davon zu Rübezahl.»

Carl ergriff meine Hände. «Daß alles geklappt hat, nehmen wir als gutes Zeichen fürs neue Jahr, ja?»

Mir klopfte das Herz. In wenigen Stunden beim Neujahrsfrühstück würde ich es ihm sagen müssen. Spätestens auf der gemeinsamen Fahrt zurück zur Insel. Die Hochstimmung wegen des gelungenen Abenteuers hatte mich ja auch erfaßt. Unsere Abmachung vor Weihnachten: Wir wollten den Eltern das Fest nicht verderben – er an der Donau, ich an der mittleren Elbe – dann aber, koste es, was es wolle, Skilaufen im Riesengebirge!

Es war das erste Mal, daß ich zum Jahreswechsel ausbrach. Mein Vater hatte unter Schwierigkeiten den Weihnachtskarpfen beschafft. Er fühlte sich regelrecht betrogen. Wer war dieser Mensch, mit dem ich mich im Riesengebirge treffen wollte? So, ein Österreicher. Also katholisch. Einsilbig hatte ich Vaters Fragen beantwortet und das Gespräch trotzig abgebrochen, als es um Beruf und Titel ging. In wenigen Wochen würde ich dreiundzwanzig sein. Was dachten sich die Eltern eigentlich? Meinten sie, ihre Älteste glaube noch an den Klapperstorch?

Carl gehörte zu den Erprobungsfliegern von Peenemünde-West. Er und sein Kollege Otto-Franz kamen von der TH Wien. Der gängigen Vorstellung vom Wiener Gemüt, wie sie wohl auch mein Vater hatte, entsprach Carl nicht. Die paßte eher auf seinen Kommilitonen. Otto-Franzl kannte alle Wiener Lieder und trug sie ohne Ziererei immer wieder zur Gitarre vor, mal nuschelnd wie Hans Moser, mal sentimental wie Paul Hörbiger. Auch in anderer Hinsicht unterschied sich Carl grundsätzlich vom immer liebenswürdigen Landsmann. Mit Hitlers Großdeutschland hatte Carl nichts im Sinn.

Wenn schon seiner Heimat ein Anschluß nicht hatte erspart bleiben können, dann hätte er sich lieber Italien gewünscht fürs alte K.-u.-k.-Reich. Sein jüngerer Bruder war als Jagdflieger über Norwegen abgeschossen worden. In Carls Zimmer hing sein Bild. Carl flog Erprobungen über der Greifswalder Bucht. Sie galten einer neuen Generation von Jagdflugzeugen, die ein noch schnelleres Aufsteigen ermöglichen, noch überraschender und genauer die einfliegenden Bomber abwehren sollten. Über Einzelheiten seiner Einsätze in großer Höhe sagte er nichts, aber wofür seine Arbeit gedacht war, darüber sprachen wir oft, meistens beim Segeln, wo wir unbeobachtet waren. Er meinte, viele Menschen in der Heimat könnten gerettet werden, wenn die neue Messerschmittmaschine bald zum Einsatz kommen würde. Aber er fürchtete, Hitlers plötzlich erwachte Vorliebe für die Boden-Raketen würde das Programm der Luftwaffe in den Hintergrund drängen.

Das Jahr 1943 hatte mit einem sonnigen Morgen begonnen. Erst oberhalb der Schlingelbaude holten uns die Wolken ein. Die schmale Abfahrt von der Hampelbaude fuhren wir bei dichtem Nebel. Carl war ein geübter alpiner Skifahrer und übernahm die Führung. Ich sah nichts als schemenhaft dunkle Tannen und die Spur, in die ich mich um alles in der Welt einzupassen hatte. Als sich der Wald endlich lichtete, erwartete Carl mich schon an der Teichbaude. «Ohne Sturz!» lobte er. Mit seinem großen *Sacktuch* wischte er mir die tauenden Schneeflocken vom Gesicht.

Der glücklich verlaufene Tag vertrug keine Eintrübung. Erst auf der Fahrt im Gang des überfüllten D-Zuges erzählte ich ihm von meinem Plan, Peenemünde zu verlassen. Ich hatte ein Angebot, in der Wehrkreisverwaltung Stettin auf sozialem Gebiet zu arbeiten. Als Referentin für dienstverpflichtete Jugendliche. Ich wollte es endlich wieder mit Menschen zu tun haben, statt mit Formeln und Zahlen.

Carl konnte es nicht fassen, er vermutete, daß mehr dahintersteckte. Wortreich suchte ich ihm meine Gründe klarzumachen: «Ich werde mit meiner Arbeit etwas bewirken können. Ich werde vielen jungen Mädchen, die viel zu früh aus ihrem Zuhause gerissen wurden, helfen können.»

Wir saßen auf unseren Koffern. Carl versuchte, in dem Gedränge meinen Arm zu streicheln. Er wollte ja so gern glauben, daß meine so stichhaltig klingenden Gründe die einzigen waren. Als er mir bei der Ankunft in Hirschberg einen Gruß von seiner Mutter bestellt hatte, konnte ich mir die Frage nicht verkneifen, ob er ihr etwas von mir erzählt hätte: «Nicht nur etwas,» hatte er erwidert, «sondern viel, sehr viel.» Manchmal, wenn ich seinen Zärtlichkeiten auswich, sagte er: «Du liebst nicht mich, du liebst meine Liebe.» An diesem Neujahrstag hatte er das Gespräch behutsam auf eine gemeinsame Zukunft gelenkt. Aber angesichts der Schneekoppe war ich für sein Land so weit südlich wenig aufgeschlossen. Mir ging Gerhart Hauptmann nicht aus dem Sinn. Wohnte er hier nicht in der Nähe? Carl war darüber hinweggegangen. «Die Weber», «Der Biberpelz», das alles sagte ihm nicht viel. Er wollte mich ins Wiener Burgtheater führen. Im Theater an der Wien würde ich Stücke von Nestroy kennenlernen. Als Student hatte er mitten in der Stadt gewohnt, ganz nahe bei der TH. Die Karlskirche und der herrliche Platz davor, der dem Platz vor dem Petersdom ähnelte, war für ihn der schönste Ort in Wien. Daß ich zu seiner Kirche überträte, erwartete er nicht. Aber wenn wir Kinder haben würden – deren Erziehung, das war etwas anderes. Die berühmte Gretchenfrage – war sie wirklich so entscheidend zwischen uns? Ich sah mich als Lutheranerin aus Tradition, und was wirkliche Gläubigkeit anging, war ich eher zweifelnd.

Aber paßten so weitreichende Pläne überhaupt in die Zeit? In meinem Peenemünder Büro vermißte ich Edith, mein Gegenüber. Sie war Adelheids Nachfolgerin geworden, denn die Freundin erwartete ihr erstes Kind. Ich hatte zu Edith, die durch den Kriegshilfsdienst nach Peenemünde gekommen war, kaum Kontakt gefunden. Sie tat gewissenhaft ihre Arbeit und wollte wohl in Ruhe gelassen werden. Von Elsbeth erfuhr ich nun, daß ihre Zurückhaltung tiefere Gründe hatte. Edith war durch ihre Abstammung mütterlicherseits Vierteljüdin. Erst jetzt, nach Beendigung des Kriegshilfsdienstes, waren die Papiere auf den Tisch der Gruppenleiterin gekommen. Edith bewarb sich, um als Angestellte übernommen zu werden. «Na und?» fragte ich. «Muß sie nun etwa gehen?» Elsbeth sah mich fest an. «Was meinst du? Sollte sie?» Natürlich nicht. Aber neugierig war ich doch, wie Elsbeth zumute war, als die stille *KHD-Maid* zu einem *Fall* wurde.
Edith hatte sich mit ihrem Anliegen zuerst an Elsbeth gewandt. Sie würde Bürgen brauchen, die für sie gutsagten. Elsbeth hatte sich daraufhin überlegt, wer von ihren Vorgesetzten für ein solches Ansinnen offen wäre. Je weniger Mitarbeiter den Fall kannten, um so besser für Edith. Es kam also darauf an, keine Absage zu riskieren. Der Leiter des Mathematischen Büros – er saß nebenan – nein, undenkbar. Der würde vielleicht nicht einmal wissen, wie diese Edith aussah. Dagegen würde Dr. Hermann, der Chef der Abteilung, sofort

begreifen, daß es um Wohl und Wehe eines jungen Menschen ging. Aber in seinem Rang als Referent des Heereswaffenamtes würde er wohl das Risiko scheuen. Außerdem widerstrebte es Elsbeth, den immer höflichen Chef, den Familienvater, der seinen vier Kindern in der Siedlung ein behagliches Nest geschaffen hatte, in Verlegenheit zu bringen. Sein Stellvertreter, der weltoffene, experimentierfreudige Aerodynamiker Dr. Kurzweg, war ihre Hoffnung. Und er hatte sie nicht enttäuscht.

«Und die zweite Bürgin bist du?» Für mich war es die logische Schlußfolgerung. Elsbeth nickte, bat aber um Stillschweigen. Nur Hella wußte noch davon. Sie hatte den Antrag an die Personalabteilung samt den Formularen für die Bürgschaftserklärungen getippt.

Abends zu dritt in Elsbeths Zimmer kamen wir von dem Thema nicht los. Ediths Wunsch, in das Stammpersonal der Versuchsstelle übernommen zu werden, hieß ja, an der Waffe mitzuarbeiten, die vielleicht den Ausgang des Krieges mit entscheiden könnte. Aber für sie und ihresgleichen wäre doch Hitlers Sieg eine Katastrophe. Hella spielte gedanklich alles durch: Was wäre und was würde sein? Durch ihren Umgang mit dem Soldaten vom VKN waren ihr diese Fragen nicht neu. Elsbeth knetete ihre Hände, als hätte sie mit ihrer Bürgschaft einen Teil der Verantwortung für Ediths Zukunft übernommen. Mit einer Geste, die alles hinwegzufegen schien, sagte sie: «Hier geht es erst mal ums Überleben. Ediths Vater war bei mir. Er ist Ingenieur. Man hat ihn ins Hermann-Göring-Werk zwangsverpflichtet. Von seiner Frau weiß er zur Zeit nichts. Zur Zeit – hat er betont. Da habe ich mich nicht getraut, weiter zu fragen. Ihm ist ein Stein von der Seele gefallen, daß seine Tochter hierbleiben kann. Gerade weil in unserem stinkgeheimen Stall niemand ein schwarzes Schaf vermutet.»

Wir saßen noch lange beisammen. Jede von uns hatte jüdische Mitschülerinnen gehabt oder jüdische Nachbarn gekannt. Die Erfahrungen waren unterschiedlich und ähnelten sich im Grunde doch. Weggezogen, untergetaucht, ausgewandert – Worte, die alle irgendwie nach *verschollen* klangen. Ich erzählte von der engen Schülerinnenfreundschaft meiner Schwester mit Eva Kuckurutz. Deren jüdischer Vater war zu stolz um abzuwarten, daß seinen Kindern verboten wurde, Schulfreunde zu besuchen. Nur weg aus der Stadt, wo den Zahnarzt plötzlich ehemalige Patienten nicht mehr kennen wollten. Er hatte noch auswandern können, allerdings ohne Familie.

Mitten in die Gespräche über das, was uns bedrückte, worüber wir aber selten redeten, platzte Hella mit einer ganz anderen Neuigkeit. Weihnachten war ihr Jugendfreund Manfred aus Afrika auf Urlaub gekommen, und sie hatten beschlossen, bei seinem nächsten Heimaturlaub zu heiraten. Hella errötete, als sie unsere Verblüffung bemerkte. «Ihr denkt an meinen Soldaten. Ich dachte, ihr wißt, daß er verheiratet ist. Vielleicht ist es gut so. Mit einem so schwierigen Mann zu leben – für immer?» Sie wirkte befreit, daß die Entscheidung gefallen war. Schon seit langem war sie Manfreds große Liebe. Was wollte sie mehr?

Ich hatte den Eindruck, als ginge es Hella ähnlich wie mir mit Carl. Die große Leidenschaft war einseitig. Immerhin war ich sechs Jahre jünger als Hella. Durfte ich mir da nicht noch Zeit lassen für einen Entschluß? Allerdings hatte Carl große Hoffnung auf meinen Geburtstag gesetzt. Gerade, weil es mein Abschiedsfest sein würde.

Sein Geschenk hatte ich mir bei einem Maler in Zempin selbst aussuchen dürfen: Ein zartfarbiges Aquarell – Reusenfischer am Morgen auf dem Achterwasser. Aber nun war gerade dieses Datum so belastet mit Schwermut, daß alles Persönliche in den Hintergrund trat. Am Morgen war die Nachricht durchs Radio gekommen, daß die bei Stalingrad eingeschlossene 6. Armee sich den Sowjettruppen ergeben hätte. Tausende deutsche Soldaten würden in Gefangenschaft gehen. Wie viele würden sie überleben? An das tägliche Sterben und Leiden an den Fronten ständig zu denken, hielt keiner aus, und jeder unterlag zuweilen der Verdrängung. Aber Stalingrad, das saß als Beispiel für soldatisches Heldentum bereits so tief in uns, daß die Kapitulation fast unglaubhaft wirkte. Die schwarze Schwinge des Todesengels über unserem Heer … Welcher Akt des deutschen Dramas hatte begonnen? Der Nibelungen Not? Oder bereits der Nibelungen Tod? Das mit Symbolik bepackte Heldenlied, seit der Quinta in meiner Phantasiewelt verankert, ließ mich an jenem Februartag nicht los. Ich hörte meinen Vater über den Krieg 1914/1918 sagen: «Im Felde waren wir unbesiegt. Deshalb war Versailles ein Schandfrieden.» Trotzig wollten die *Unbesiegten* 1939 den Beweis antreten. Der unversöhnliche Hagen von Tronje – das war Deutschland. Gefährlich und sentimental. Hatte Goebbels, der Rufer des Führers, nicht vor Fronturlaubern und vor Arbeitern der Heimatfront im Sportpalast gesprochen und die Frage ins große Rund hinausgeschrien: «Wollt ihr den totalen Krieg?» Worauf ihm ein vieltausendstimmiges «Ja» entgegengeschallt war.

Und jetzt Stalingrad. War das die Wende, das Ende des verlustreichen *Siegens*? Keiner in meiner Geburtstagsgesellschaft verlor darüber ein Wort, aber die Stimmung blieb gedämpft. Ich bekam viel Lob für meine reichhaltige Bewirtung. Das Paket von zu Hause war heil angekommen, was bei so empfindlichen Inhalt wie Weckgläser mit Mirabellen und Eiern in den von Vater gefertigten Holzkistchen nicht selbstverständlich war. Auch der Überraschungsgast, den Carl mitbrachte, wurde satt. Er, Heiner Lippert, auch ein Erprobungsflieger, war seit einigen Monaten weit östlich stationiert. Die Tucheler Heide, Jesau, lagen sie im ehemaligen Polnischen Korridor oder in Ostpreußen? Der Außenposten nannte sich «Heidelager». Über all diese ungenauen Begriffe hatte mir Carl nur verraten können, daß es um Abschußbasen ging, um Erprobungen von ferngesteuerten Luft-Erde-Geschossen. Das Unternehmen Heidelager befand sich in dünn besiedeltem Gebiet. Elsbeth saß auf der Couch neben Heiner. Sie wußte durch den Meßbetrieb auch Bescheid über Projekte der Luftwaffe wie «Wasserfall» und «Kirschkern». Halblaut unterhielt sie sich mit ihm. Ich schnappte eine ihrer Fragen auf: «Schießt ihr dort etwa über Land?» Statt zu antworten, legte Heiner den Arm um sie. «Bitte frag nicht weiter. Das ist nichts für euch.» Seine Augen wanderten mit einem geradezu flehenden Blick von Elsbeth zu Hella und mir, als läge es an uns, daß er wenigstens für ein paar Stunden eine ihn schwer drückende Last loswerden könnte.

An diesen Augenblick sollte ich nach Jahren wieder und wieder erinnert werden. Im Februar 1943 hatte ich noch nicht den Mut, Untertöne zu hinterfragen. Polnische Frauen und alte Männer, mit Gewehrkolben zusammengetrieben,

die ihre eigenen Gräber graben mußten – hätten wir es
damals überhaupt geglaubt? Das war es, was sich vor Heiners
Augen abgespielt hatte.

Mit diesem Wissen 1960 zum ersten Mal in Warschau,
weinte ich Tränen der Scham angesichts der Großmut meiner
polnischen Übersetzerin. Diese taktvolle Frau sagte nur:
«Wenn Sie allein spazieren gehen und jemanden etwas fragen müssen, sprechen Sie lieber Englisch. Deutsch hören die
Leute hier noch nicht so gern.»

14
Das Bollwerk an der Oder

Von meinem möblierten Zimmer mit Blick auf die Quistorp-
aue, einer Grünanlage nahe der Falkenwalder Straße, war
ich in wenigen Minuten in meiner Dienststelle. Abgesehen
vom Stadtteil Pommerensdorf, dem durch einen Luftangriff
getroffenen Arbeiterviertel, war Stettin 1943 eine fast unver-
sehrte, in viel Grün gebettete Stadt. Von der Innenstadt zum
Bollwerk, der Uferpromenade längs der Oder, war es ein Spaziergang. Am UFA-Palast neben dem Berliner Tor prangten
noch Filmreklamen, und am Paradeplatz, der den Berliner
Unter den Linden nachempfundenen Prachtstraße, über-
raschten Hotel Preußenhof und Geschäfte mit heilen Fenster-
scheiben.

In der Wehrkreisverwaltung war mein Vorgesetzter Herr
Moll. Ein untersetzter Mann mit einem Glasauge. Er war
Wehrmachtsangestellter, trug aber die braune Uniform eines
NS-Amtswalters. Für alles Soziale, wurde ich belehrt, sei die
Deutsche Arbeitsfront zuständig. Dafür gebe es beim Ober-
kommando der Wehrmacht ein besonderes «Amt». Ich befand
mich also bei der «DAF – Amt Heer», wobei wir jedoch – und
Moll legte großen Wert auf die Feststellung – direkt dem
Oberstintendanten des Wehrkreises II unterstellt seien.

In Molls Büro hing die Landkarte des Wehrkreises. Er
reichte von Wismar in Mecklenburg bis Schneidemühl und
Deutsch-Krone in Hinterpommern, nach Süden bis Schwedt

im Brandenburgischen. Stecknadeln kennzeichneten die Städte mit Heeresstandortverwaltungen. An ihren farbigen Kuppen war zu erkennen, wo es Sanitätsparks oder Lazarette gab, wo sich Zeugämter oder Munitionsfabriken befanden. In strammer Haltung stellte Moll sich hinter seinem Schreibtisch auf. Ich hatte Mühe herauszufinden, mit welchem Auge er mich fixierte. «Es wird Zeit, daß sich jemand um die Jugendlichen kümmert», sagte er. «Sie werden viel reisen müssen.» Standorte wie Stargard oder Neustettin könne ich in einem Tag erledigen, aber in Rostock, Güstrow oder Schwerin ständen mir Hotelunterkünfte zu. Wichtig sei für mich, daß ich mich bei jedem Antrittsbesuch beim Standortältesten als Beauftragte des Oberstintendanten einführe.

Ich hielt das für Wichtigtuerei, doch merkte ich bald, daß die Frauenwohnheime oder Arbeitslager nur dort in Ordnung waren, wo die Leiterinnen sich Respekt bei den Standortkommandanten verschafft hatten. In Güstrow gab es weder im Frauenlager der Munitionsfabrik noch im Heereszeugamt etwas zu beanstanden. Ganz anders im fernen Groß-Born, dem östlichsten Truppenübungsplatz. Dort hieß es für die Jungstabshelferinnen: Die Jugend an den Ostwall – schippen für den Schutz der Heimat! Im Westen hatte die Maginotlinie den Westwall herausgefordert. Worauf sollte der Pommernwall die Antwort werden?

In den Hydrierwerken nahe Stettin waren Sabotageakte entdeckt worden. Züge voller Treibstoff für Panzer und Fahrzeuge waren von der Front zurückgeleitet und wieder im Werk angekommen. Daß der Werkleiter im Range eines Obersten sich mir, der kleinen Referentin, anvertraute, als wir unter vier Augen sprachen, erstaunte mich. Wie einsam mußten diese orden- und litzengeschmückten Hoheitsträger sein, wenn ihnen derart der Mund überfloß.

Ein schlimmes Wort machte die Runde: «Genieße den Krieg, der Friede wird fürchterlich.» Die Leiterin der Stettiner Jungstabshelferinnenschule erlitt einen Nervenzusammenbruch, als sie die Nachricht vom Tod ihres Sohnes bekam. Ich mußte ihre Nachfolgerin einführen. Heide von Daszkowski, die sich beworben hatte, wurde von der zuständigen Abteilung der Wehrkreisverwaltung abgelehnt. Sie war Mitte Zwanzig und mit einem Baron polnischer Herkunft verheiratet. Wegen eines Lungenleidens war ihr *Daszko* vom Wehrdienst befreit worden. Sie war auffallend schön, gewandt und selbstbewußt, so daß sie eher einer «Mata Hari» glich als einer Mädelführerin. Ich hielt den Verdacht auf Spionagetätigkeit für den wahren Grund ihrer Ablehnung. Heide nahm die Absage gelassen und blieb in ihrer stupiden Standortdienststelle. Bei einer Schießübung, zu der ich einmal mit den Referentinnen von Marine und Luftwaffe beordert wurde, kam ich mit ihr ins Gespräch. Meine Schießkünste hatten ihr imponiert. Ich hatte seit den Übungen unter Anleitung meines Vaters auf dem heimatlichen Schießstand der Schützengilde kein Gewehr mehr in der Hand gehabt und war selber erstaunt, wie sicher ich über Kimme und Korn die Ringe auf der Scheibe traf. Wir hockten am Abhang des Schießgeländes und aßen die mitgebrachten Brote. Sie erzählte vom Gut der Familie im Rheinland und von ihrem Mann Daszko. Er lebe mit Musik und polnischer Literatur, sei einverstanden mit ihrer *offenen Ehe* und dem häufig wechselnden Freundeskreis seiner Frau. Ich müsse ihn bald kennenlernen.

Er war ein bleicher Mann mit leiser Stimme. Angeregt durch unsere Gespräche über Musik, frischte ich meine vernachlässigten Kenntnisse auf der Gitarre wieder auf. Als ich einmal von einer meiner Inspektionsreisen zurückkam, auf der mich eine schlampige Lagerleiterin fast zur Verzweiflung gebracht hatte, fand ich in meinem Zimmer eine Überraschung vor: ein Ungetüm von Laute. Das Kärtchen daran gab Auskunft über den Spender: St. v. D. erlaubte sich, die nordische Baßlaute Fräulein Ruth als verspätetes Geburtstagsgeschenk zu überreichen. Er hatte das mit Schnitzereien verzierte Instrument mit dem verlängerten, seitlich geknickten Hals in einem Antiquitätengeschäft entdeckt. Ohne Unterricht, das war mir klar, würde ich die zusätzlichen Saiten nie beherrschen lernen, aber das Geschenk veredelte mein schmales Zimmer bei Witwe Quodbach in der Friedrich-Carl-Straße ungemein. Und Heide gab den Ausschlag: «Tu es Daszko nicht an, sie zurückzugeben. Deine Anwesenheit tut ihm so gut!» Sie hatte den hinfälligen Mann gewiß nur seines klingenden Namens wegen geheiratet, doch ihre Fürsorge um ihn war vorbildlich.

Meine Vorstellung von Pflichterfüllung in Zeiten des Krieges stimmte mit der meiner Vorgesetzten nicht immer überein. Statt für die verwaiste Jungstabshelferinnenschule zur Verfügung zu stehen, mußte ich meinen Koffer packen für eine von höherer Stelle angeordnete Schulung. Im *Amt Heer* beim Oberkommando in Berlin befleißigte man sich, den an der Heimatfront tätigen Jugendreferentinnen alljährlich einmal den Rücken zu stärken. Die zuständige Referentin in der Berliner Zentrale war dieselbe, die mich in Peenemünde für das Stettiner Amt herausgefischt hatte. Sie hieß Gertrud Frank und stammte aus Thüringen. Eine couragierte kleine Person, die dafür sorgte, daß die Treffen an Orten stattfanden, die für uns, die wir aus Stettin, Königsberg, Hamburg, Krakau oder Wien angereist kamen, attraktiv und «alarmfrei» waren. Ich erinnere die malerische Universitätsstadt Marburg und zuletzt den idyllischen Ort Mattsee bei Mondsee in Österreich. Die Vorträge, die wir zu hören bekamen, strotzten von Durchhalteparolen und von Anspielungen auf die zu erwartenden Wunderwaffen. Gertrud Frank wußte als einzige etwas über Peenemünde. Sie sah mich manchmal verstohlen und – wie mir schien – mit bang fragendem Blick an.

Unvergeßlich geblieben ist mir die Wiener Kollegin, unsere Jüngste. Mit einem großen runden Kuchen war sie an den Mondsee gereist. Er schmeckte uns allen vorzüglich. Nein, es sei kein Guglhupf, beteuerte sie, sondern eine Sachertorte. Wir futterten sie ratzekahl auf und wollten schließlich das Rezept wissen. In ihrem schönsten Heimatdialekt sagte sie: «Ano, wos soll scho drien san: a Roggenmeehl und a Gewüüürz.» Beim Verschmausen des köstlich lockeren Gebäcks fühlte ich mich zurückversetzt in Carls Zimmer, wo wir vor dem offenen Paket seiner Mutter gesessen hatten: Hätscherlwein, Ribiselgelee und Guglhupf. Zucker und weißes Mehl, das ergab als erstes einen zünftigen Kaiserschmarren. Die einzige im Männerwohnheim vorhandene elektrische Bratpfanne hieß seitdem nur noch «Kaiserschmarrenmaschine».

Obgleich das noch gar nicht so weit zurück lag, schien es mir wie aus einem anderen Zeitalter. Der Einschnitt war der Luftangriff auf Peenemünde im August 1943. Die englischen

Bomber hatten in einer Nacht ganze Arbeit geleistet. Am Morgen danach war die Hiobsbotschaft per Fernschreiber in der Wehrkreisverwaltung eingetroffen. Mein erster Gedanke: Ich muß sofort hin, sie brauchen Hilfe, und ich kenne mich aus. Zum ersten Mal, so schien es mir, hatte ich eine Aufgabe, die mir niemand in der Wehrkreisverwaltung abnehmen konnte. Moll war voller Eifer und besorgte mir binnen weniger Minuten Dienstreiseausweis und Fahrbefehl.

Auf dem Bahnhof in Swinemünde herrschte ein solches Chaos, daß kein noch so dringendes Papierchen, sondern nur Geschick und Schläue weiterhalfen. Nicht der Ehrgeiz, die einmal begonnene Pflichtübung durchzustehen, trieb mich vorwärts, sondern die Sorge, wie ich sie vorfinden würde, die Freunde und Bekannten. Beim Aufenthalt in Berlin-Adlershof und inzwischen auch in Stettin hatte ich so viele Luftangriffe erlebt, daß ich nach dem Bombardement auf die offen im Gelände liegenden Wohnhäuser in Peenemünde und Karlshagen das Schlimmste befürchtete.

Ich brauchte drei Tage, bis ich die Gewißheit hatte: Meinen Freunden war nichts geschehen. Doch ich hörte grauenvolle Berichte, und unter den Opfern waren manche, die ich gekannt hatte. Dezentralisierung wurde zum Schlüsselwort. Es gab nur ein kurzes Durchatmen vorm Weitermachen. In größter Eile wurden wichtige Abteilungen verlagert. Von Hella bekam ich die nächste Post aus Oberbayern. Carl schrieb aus Ostpreußen. Robert zog mit seinem Projekte-Büro ins Hinterland der Insel. Rainer Fuchs war freigestellt worden für eine Aufgabe bei der Luftwaffe in Sachsen.

Rainer machte kurz Zwischenstation in Stettin. Es war ein warmer Spätsommertag, und da es keine Lokale mehr gab, in denen man unbeobachtet hätte miteinander reden können, ließen wir uns im Sportstadion auf den leeren Rängen nieder. Unter uns auf der Aschenbahn wurden Rekruten geschliffen. Rainer war zuversichtlich, daß ihm die Übernahme zur Luftwaffe so etwas ersparen würde. «Ich will mich nicht zuletzt noch zerreiben lassen», sagte er. «Bis jetzt habe ich Glück gehabt.» Er sah sich um, ob niemand in der Nähe war, dann erinnerte er mich an gewisse Bemerkungen, die er bei unserer Rast am Gnitz gemacht hatte. Mit seiner Arbeit am Kreiselzielgerät hätte er die Möglichkeit, durch ein Zehntel Grad

Feineinstellung die Treffgenauigkeit des Aggregats so zu ver-
ändern, daß es lebensrettend werden könnte, vielleicht für
Hunderte – in London oder anderswo. Tagelang hätte er mit
sich gerungen.. Er wäre des Todes gewesen, wenn ihm
jemand auf die Spur gekommen wäre. Ich habe ihm kein
Geständnis abgenötigt, weder auf dem Gnitz noch in Stettin.
Rainer hatte mir ein paar Bücher mitgebracht: «Lourdes» und
«Paris». Zola war einer seiner Lieblingsautoren. Wie sollte ich
sie ihm zurückgeben? «Klammere dich nicht an das Oder-
Bollwerk», sagte er. «Sieh zu, daß du rechtzeitig von hier weg-
kommst. Dann wird sich schon eine Gelegenheit finden.»

Die sollte sich wirklich finden, aber erst nach vielen Jahren.

Immer öfter kamen die Flieger nun auch am Tage. Wenn man
bei jedem Luftalarm alles stehen und liegen ließ, wäre man
gar nicht mehr zum Arbeiten gekommen. Die Hauptlast der
Bomber war für Berlin bestimmt. Obwohl ich schon einmal
wegen Teilschaden die Wohnung hatte wechseln müssen,
vertraute ich immer wieder auf mein Glück und griff erst
dann zum gepackten Koffer, wenn Einschläge beängstigend
nahe zu hören waren. Frau Quodbach ächzte bei jedem
Alarm die drei Treppen hinunter.

Noch war das Gründerzeitviertel nahe dem Stadttheater
verschont geblieben. Um so erschrockener war ich, als es
hieß, Theater und Schloß wären getroffen. Ich erfuhr es im
äußersten Zipfel Hinterpommerns, in Groß-Born. Auf der
eiligen Rückreise dachte ich fast zärtlich an das Zimmer in
der Friedrich-Carl-Straße, an den Biedermeierschreibtisch
am Fenster mit dem Blick über die Wipfel der Alleebäume.
Den Rat Frau Quodbachs, meinen Koffer im Keller zu depo-
nieren, wenn ich auf Reisen ging, hatte ich nicht befolgt. Der
stand in einer Ecke hinter dem Bett.

Doch die Ecke gab es nicht mehr. Die ganze Häuserzeile
war eine Ruinenlandschaft. Mein erster Gedanke war: Einmal mußte es ja passieren. Zu viel Glück zu haben, machte
im fünften Kriegsjahr schon ein schlechtes Gewissen. Der
Schock des Angriffs war mir erspart geblieben. Ob ich den
Keller überhaupt erreicht hätte? Zwischen den Mauerresten
steckten Nachrichten für Freunde und Verwandte. Frau

Quodbach teilte mir mit, Verwandte in Mecklenburg hätten sie aufgenommen. Mit dem Andenken an sie verband ich etwas von der Behaglichkeit in der Wohnung meiner Großeltern. Damenschreibtisch und nordische Baßlaute – ich hatte das Ensemble am Fenster immer mal fotografieren wollen. Daneben, von der Spitzengardine halb verdeckt, mein großer Strohhut mit dem Samtband.

Ich war noch einmal davongekommen. Aber es war knapp, dieses Mal. Wie lange würde es noch so weitergehen mit den Angriffen? Alles schien so sinnlos, auch meine Aufgabe im Wehrkreis.

In Groß-Born, dem Truppenübungsplatz im Kreis Schneidemühl, hatte mich der Standortkommandant verständnislos angeblickt, als ich ihm auftragsgemäß nahelegte, die hygienischen und arbeitsmäßigen Verhältnisse für die Jungstabshelferinnen zu verbessern. Ein noch junger Hauptmann in verschwitzter Feldbluse im östlichsten Zipfel Hinterpommerns – er war wohl zu gut erzogen, um es mir ins Gesicht zu sagen, aber ich erriet seine Gedanken: Jugendschutz? Regelmäßige Mahlzeiten? Umbau der Toiletten? Mädchen, wo lebt ihr denn? Am besten, Sie nehmen Ihre jungen Dinger, um die Sie sich sorgen, gleich mit. Am Stettiner Bollwerk scheint man sich ja noch recht sicher zu fühlen.

Von wegen – im Schutze der Flak auf dem Julo! Ein Gedankensprung von jener Dienstreise, die meine letzte sein sollte, zum Trümmerfeld im Zentrum Stettins. Flakoffiziere in schmucken Ausgehuniformen hatten mit mir am Tisch gesessen, vor wenigen Wochen im «Preußenhof» und hatten flott dahergeredet: «Wir sind auf dem Julo der Vorposten an der Oder und stehen bereit, wenn die schweren Jungs vom Oderdelta einschwenken.» Einer von ihnen hatte sich mir als Fast-Landsmann vorgestellt. Er kannte Torgau und vieles drumherum. Darauf mußte angestoßen werden. Felix schien im Preußenhof nicht unbekannt zu sein. Das hätte mit seiner Stellung zu tun: Verantwortlich für Materialbeschaffung. Musisch begabt sei er auch, er schnitzte, modellierte. Aus seiner Einraumbaracke auf dem Julo hätte er ein Schmuckstück gemacht. Sein Hauptmann könnte es bezeugen. Nach dem zweiten Glas Wein hatte ich die Einladung angenommen.

Das Beschaffungstalent des Oberleutnants war umwerfend. Weißer Burgunder, ein trockener Roter? Alles da. Ein sowjetischer Kriegsgefangener war sein Putzer. Der stand bereit zum Wechseln der Gläser. Er hörte auf den Zuruf «Iwan» und grinste. Natürlich hieß er ganz anders. Der Hauptmann wurde bald abberufen. Damit hatte ich nicht gerechnet und sah zur Uhr wegen der Straßenbahn. Felix winkte ab. Wenn keine Einflüge gemeldet würden, würde er mich mit der Beiwagenmaschine nach Hause bringen. Nur noch ein Glas! Er machte Pläne, was er alles beschaffen könnte: Bestes Fliegertuch für einen Rock? Kein Problem. Den Schneider gleich dazu. Ein Iltiskollier? Sähe fast aus wie Nerz. Erste Qualität, er war selber Jäger. Mir gingen die Augen über. An meiner Kleiderkarte waren längst die Punkte verbraucht. Iwan bekam einen Wink zu gehen. Eine neue Flasche war schon entkorkt. Mich riß es vom Stuhl hoch. Ich mußte weg – und zwar schnell. Von wegen Vorposten, Schutz für die Oderstadt! Nie wieder würde ich den flotten Sprüchen schneidiger Offiziere aufsitzen. Ohne Händedruck, aus Angst, ich könnte festgehalten werden, stolperte ich durch dunkles Gelände hinter Iwan her.

Während sich die Straßenbahn einspurig durch die engen Straßen des Hafenviertels wand, habe ich darüber nachgedacht, wie der Hauptmann, der sich wohl aus Taktgefühl zurückgezogen hatte, mich einschätzen würde. Wie ein «Blitzmädel», was sonst? Die Vorstellung ärgerte mich. – Fehlschluß, Herr Hauptmann! Ihr Beschaffungsgenie Felix träumt in seiner Baracke – allein! Ich spiele nordische Baßlaute und trage einen Strohhut. Die Hand am Käppi – nicht bei mir!

Vor den Trümmern der Friedrich-Carl-Straße rechnete ich insgeheim noch mal mit Felix ab: Ihr mit eurer Flak könnt mir gestohlen bleiben. Flugabwehr nennt ihr das? Ich habe gesehen, wie ihr lebt. Feine Art von Beschaffung! Ja, was die Kehle runterläuft und den Gaumen kitzelt …

Ohne Obdach, mit Zahnbürste und Bluse zum Wechseln, so meldete ich mich in der Dienststelle zurück. Da öffnete Molls Sekretärin die Tür, um etwas hereinzulassen, das aussah wie ein Riesenbündel auf zwei Beinen. Die Beine steckten in fliegergrauen Breecheshosen und schwarzen Stiefeln.

Das Bündel hatte eine Stimme, die ich kannte. «Mehr Zeit war nicht. Das ist alles, was ich greifen konnte.» Das Riesenbündel landete auf Molls Schreibtisch. Dann erst sah ich Felix in voller Größe. Er nahm die verrutschte Uniformmütze ab und guckte mich an, etwas schräg, aber mit unverhohlenem Triumph. Er hatte meine Kleider, noch auf Bügeln, aus dem Schrank gerissen und aufs Bett geworfen, dazu die Bücher vom Nachttisch und hatte die Daunendecke darüber zusammengeschlagen. Unter der Zimmertür sei er gerade noch durchgekommen, der einstürzende brennende Rahmen habe ihn nur am Ärmel gestreift. Wie er die drei Treppen hinuntergekommen sei, wisse er nicht mehr.

Mir verschlug es vor Rührung die Sprache. Ilse, die Frauenreferentin, stellte die entscheidende Frage: «Wie sind Sie denn in die Wohnung gekommen, Herr Oberleutnant?» Der Held stand mit verschränkten Armen am Fenster und sagte schlicht: «Ich wollte Ruth retten. Nicht ihre Sachen. Ich wußte, wie leichtsinnig sie ist bei Fliegeralarm. Bevor wir auf dem Julo Vorentwarnung bekamen, bin ich los.» «Mitten durch die Trümmer?» «Ja. Auf Umwegen. Überall qualmte und brannte es. In ihrem Haus kam ich aber noch bis oben hin. Ich habe ihren Namen durchs ganze Haus gebrüllt. Es konnte doch sein, daß sie irgendwo liegt, unter Balken, wo sie sich nicht rühren kann. Daß sie auf Dienstreise war, wußte ich ja nicht.» Er sah mich an, als wollte er sagen: So nahe stehen wir uns eben nicht. Mit einer Geste zu dem auseinanderfallenden Bündel verabschiedete er sich. «Immerhin – etwas hat's ja doch gebracht.» Schon im Sattel seines Motorrads, sagte er: «Wenn du was brauchst, ein paar Quellen hab' ich noch. Ansonsten komm' ich nur vorbei, wenn ich mal wieder mit einem anständigen Menschen reden möchte. Der Julo ist das reinste Irrenhaus. Bei uns hat's auch gekracht. Meine Baracke hat sich der Kommandeur unter den Nagel gerissen. Sie erinnert ihn an seine Jagdhütte in der Eifel.» Das letzte Wort fing mit «Sch» an und ging unter im Aufheulen seiner Maschine.

Meine Mutter war hingerissen über die Kühnheit jenes Oberleutnants *aus der Heimat*. Einen, der für andere durchs Feuer geht, solch einen Mann bräuchte man in dieser ungewissen Zeit. Ich stellte mir Mutter vor beim Schreiben ihres

Briefes. Mit Tintenfaß und Stahlfeder saß sie am Wohnzimmertisch unter der Hängelampe. Jede Woche ein Brief an die Töchter, in deutscher Schrift mit gleichmäßigen Buchstaben- und Zeilenabständen. Immer gab es etwas zu vermelden aus dem großen Familienverband. Meine Vettern, die Söhne ihrer Schwester Else, waren gleich nach der Ernte eingezogen worden. Tante Else hatte allen Grund zur Sorge. Beide waren unsportlich und etwas langsam. Knapp ausgebildet, waren sie nun schon auf dem Wege an die Front. Die Brüder hatten kürzlich noch geheiratet, doch Erben für den Hof waren nicht in Sicht. Elisabeths Kind, der vierjährige Hans-Dieter, war nun der behütete Mittelpunkt der Bauernfamilie.

15
Risse im Bollwerk

Was auf den Kampfplätzen in Ost, West und Süd wirklich geschah, das verrieten weder die Wochenschauen noch der Rundfunk. Fliegerstaffeln mit mutigen Einzelkämpfern wurden gezeigt, vereinzelt erfolgreiche Panzerkeilvorstöße, darauffolgende Auszeichnungen schlammbespritzter junger Panzerschützen. Das Leben wurde vom Krieg überschattet, aber es lief inzwischen ab nach bekannten Grundgesetzen. Hella heiratete ihren Manfred in der Heimatstadt und lud zu einer Feier im Familienkreis ein.

Adelheid bekam schon ihr zweites Kind. Es war wieder ein Junge. Ihr Mann war mit dem Peenemünder Windkanal nach Bayern verlegt worden. Unter strengster Geheimhaltung war die komplizierte hochempfindliche Anlage am Walchensee wieder aufgebaut worden. Adelheid war mit den beiden Kleinen zu ihren Eltern zurückgekehrt. Mit beiden Freundinnen war ich in Briefkontakt geblieben, doch mir fehlte ihre vertraute Nähe. Von Heide hatte ich mich zurückgezogen. Sie witterte überall Spionage, so daß ich den Verdacht nicht los wurde, sie wolle von Verstrickungen ablenken, in denen sie sich selber befand. Das beunruhigte mich schon sehr, aber es war leichter, so ein Gefühl zu verdrängen, als es zu analysieren.

An manchen Abenden gelang es mir, mich abzulenken. In meine Kunststoffkladde heftete ich ein, was mir aufhebenswert schien. Ein Gedicht über das Sterben der Besten widmete ich dem Andenken Oscar Reclams. Seine Eltern besaßen in Stettin eine Apotheke. Da Frau Reclam sich gern mit mir unterhielt – sie wußte wenig von ihres Sohnes Studentenleben zwischen den Japanern –, hatte ich sie ab und zu besucht. So erfuhr ich von Oscars Tod, als die Nachricht noch frisch war. Für mich war Oscar unter den Deutschen im Japanheim einer von den ganz Besonderen gewesen. Nun war ich erschüttert in doppeltem Sinn: Ich erlebte das Leid der Eltern unmittelbar. Der Apotheker, ein mittelgroßer, fast zierlicher Mann, schien völlig verstummt zu sein. Oscars Mutter indes versuchte, das Leben des Sohnes innerlich aufzuarbeiten, sie wollte immer mehr über ihn erfahren, auch wie er zu Frauen gestanden, ob er nicht manche enttäuscht hätte. Sie wußte wohl, daß er anspruchsvoll in jeder Hinsicht gewesen war, ob das um seine Doktorarbeit ging, um seinen Freundeskreis oder um Frauen. Nach dem Krieg lebte sie mit der Tochter in Scharbeutz bei Kiel. Sie hat den Kontakt zu mir bis zu ihrem Tod aufrecht erhalten.

In der Dienststelle war mir Ilse Bender, die Frauenreferentin, bei der Zimmersuche behilflich gewesen, und wir entdeckten gemeinsame Interessen außerhalb unserer Arbeitsgebiete. Sie stammte aus dem Rheinland und war gelernte Sozialpädagogin. Sie hatte ein Puppengesicht – kleine Nase, kleiner Mund und listig zwinkernde Augen beim Lachen. Aber das täuschte. Sie wußte, was sie wollte. Nur drei Jahre älter als ich, hatte sie sich aus einer Verlobung mit einem Arzt rigoros gelöst, als ihr klar geworden war, daß etwas ganz Entscheidendes fehlte. «Nie wieder eine Bindung ohne Liebe,» sagte sie. Sie hatte sich von ihren Verwandten beeinflussen lassen. Ein Mädchen Mitte Zwanzig, ohne Vermögen – aber nein, sie hätte ihn nicht lange ertragen. Bei ihm ging es nur ums Materielle. Eine Villa am Taunus war das Ergebnis, aber trotz allem – nein!

Die Teilnahme an Hellas Hochzeitsfeier in Plauen hatte Moll mir ermöglicht. Von da aus fuhr ich nach Halle. Mit Hilfe der Familie Lange – dem aus Schildau stammenden Schützenmajor –, war in der Universitätsklinik für mich ein Einzelzimmer vorgesehen. Meine immer wieder vereiterten Mandeln sollten entfernt werden. Mutter wohnte während meines Klinikaufenthaltes bei Langes am Kaiserplatz. Die Operation mit örtlicher Betäubung war scheußlich und das mühsame Schlucken danach noch ekelhafter. Ich konnte gerade wieder mühsam sprechen, als Mutter mir die neueste Nachricht von der Außenwelt brachte: Ein Attentat auf Hitler. «Ist er etwa …?» gurgelte ich. Mutter schüttelte den Kopf. Wir sahen einander vielsagend an, aber jede behielt ihre Gedanken für sich.

Ja, so war es. Bei meinen kurzen Besuchen zu Hause hatte ich wohl immer Optimismus zur Schau getragen. Nun hatten sich hohe Offiziere gegen Hitler, dem ich offenbar voll vertraut hatte, erhoben. Mutters Schweigen an diesem Julitag 1944 war einerseits Beklemmung und andererseits Rücksichtnahme auf meinen wunden Gaumen. Was mich betraf, so erinnere ich mich eines Gefühls, als hätte sich ein ungeheurer Stau aufgelöst. Ein Damm war gebrochen, ein Überdruck hatte Ungeheuerliches in Bewegung gebracht, nach dem etwas Entscheidendes geschehen müsse.

Der Tag hatte noch eine Überraschung bereit. Ein Besucher wurde gemeldet. Mit unsicherem Lächeln trat er ins Krankenzimmer und küßte mir beide Hände. Meine Mutter traute ihren Augen nicht. Dieser mittelgroße blonde Mann im grauen Ledermantel – das war also Carl, der irgendwo in Ostpreußen angeblich so gefährliche und wichtige Testflüge machte? Was hatte der hier mitten in Deutschland zu suchen, wo doch alles nach Ostpreußen schaute – in diesen Tagen? Sorge um die Tochter? Sollte sie deshalb gerührt sein? Ihn als Schwiegersohn begrüßen? Er war Österreicher und katholisch. Mutter blieb sitzen und ließ den Besucher keinen Augenblick mit mir allein.

Schlau war er ja. Hatte sich eine Dienstreise nach Berlin organisiert, per Flugzeug bis Tempelhof und dann vom Anhalter Bahnhof mit dem Zug nach Halle. Wenn das alles möglich war, konnte es ja mit dem Krieg gar nicht so schlecht stehen.

Ach Mutter! Ich las ihre Gedanken von ihrem fast unbewegten Gesicht ab. Daß Carl mehrfach zur Uhr sah, hing mit der Nachricht vom Führerattentat zusammen. Er mußte mit verschärften Kontrollen der Feldgendarmerie rechnen. Wenn er in Tempelhof die Fokke-Wulf-Maschine nicht mehr vorfand, war er erledigt. Trotzdem strahlte er noch beim Verabschieden. Etwas hatte er erreicht, was er schon immer wollte: sich meiner Mutter vorzustellen. Zum mißglückten Attentat auf Hitler sagte er nur: «Es hat wohl nicht sollen sein.»

Es dauerte eine Weile, bis meine Mutter wieder gesprächig wurde. Sie enthielt sich der Kritik an Carl, fragte aber recht unvermittelt: «Und was ist mit deinem Beschützer aus der Heimat?» Ich gurgelte mühsam an meiner kurzen Erklärung. Felix sei sechzehn Jahre älter als ich und verheiratet. Das war ein Schock für sie. «Davon wußte ich nichts.» Ich krächzte: «Dann weißt du es jetzt.»

Mutters Hartnäckigkeit, mit der sie mein kurzes Zusammensein mit Carl bewacht hatte, bewirkte das Gegenteil von dem, was sie beabsichtigt hatte. Ich bangte um ihn und verfolgte in Gedanken die Stationen seiner abenteuerlichen Rückreise. Erst als ich, wieder in Stettin, die Nachricht vorfand, daß sein Husarenstück gut ausgegangen sei, war ich beruhigt.

Herr Moll empfing mich mit einer Miene, als wären wir knapp dem Weltuntergang entkommen. Ilse flüsterte mir zu, seit dem Attentat auf Hitler bekäme er den Arm kaum noch herunter, und er wache im ganzen Hause darüber, daß der für die Wehrmacht angeordnete *Deutsche Gruß* mit gehöriger Achtung eingehalten wurde. Was hätte sich eigentlich verändert, wenn Hitler tot wäre? Ilse meinte, nicht viel. Die Kriegsmaschine wäre nicht mehr aufzuhalten. Sie müsse manchmal an den Golem denken, diese geheimnisvolle mystische Gestalt. So monströs sei der Apparat, den Hitler um sich aufgebaut hatte. Und hatten wir uns nicht auch da hineinziehen lassen?

Einige Wochen später konnte Carl wieder mal einen Sonntag für Stettin herausschlagen. Er brachte mir ein Buch mit. Gegenlektüre zu Zola? Die Autorin hieß Aja Rachmanowa und war vor den Bolschewisten nach Wien geflohen. «Milchfrau in Ottakring» gehörte zu einer Trilogie, die sie über ihr

Exil geschrieben hatte. Dahinter steckte Carls vorsichtige Warnung, ja seine inständige Bitte, mich rechtzeitig abzusetzen. Im Osten waren die Russen auf ostpreußisches Gebiet vorgedrungen.

Auch Rainer Fuchs hatte dem Bollwerk Stettin nicht getraut. War ich denn von lauter Pessimisten umgeben? Oder waren sie, die mir rieten, an meine Sicherheit zu denken, einfach Realisten? Ich hatte gerade einen Preis bekommen im *Wettbewerb junger Dichter*. Ja wahrhaftig, der Gauleiter von Pommern hatte ihn ausgeschrieben, und das bedeutete doch, auf Zukünftiges zu bauen.

Meine Naivität scheint mir heute unbegreiflich. Etwas absurd muß mir das Unternehmen aber doch vorgekommen sein, denn die Urkunde, die mir der Gauleiter überreicht hatte, zeigte ich Carl nicht. Vor Rainer hatte ich mich nicht geschämt, daß ich teilgenommen hatte. Bei unserem letzten Treffen im Sportstadion hatte er den Kopf zurückgeworfen und gelacht. «Von irgendeiner Seite braucht der Mensch eben Anerkennung, das ist ganz normal.» Zu Carl hatte ich das Vertrauen nicht. Er erschien mir nicht tolerant genug. Und hier saß der Haken. Uneingeschränktes gegenseitiges Vertrauen hielt ich für die Grundvoraussetzung für eine Ehe. Leider kam es mir nicht in den Sinn, mich mit Carls möglicherweise recht vernünftiger Denkweise auseinanderzusetzen. Als er mir ganz ernsthaft sagte, er habe in Halle eigentlich bei meiner Mutter um meine Hand anhalten wollen, dann aber den Zeitpunkt doch nicht für geeignet gehalten, pflichtete ich ihm bei. Und meine Genugtuung über den Preis für meine Gedichte und eine kleine Erzählung behielt ich für mich.

Angestachelt zur Teilnahme am Wettbewerb hatte mich natürlich Moll. In der Jury, wußte er, säßen prominente Leute, darunter der Schriftsteller Ehm Welk. Zu Anfang der dreißiger Jahre hätte er sich zwar recht unbeliebt gemacht, hätte als Chefredakteur der «Grünen Post» einen offenen Brief an Goebbels geschrieben – «auf ein Wort, Herr Reichsminister,» oder so ähnlich –, aber nach ein paar Jahren Schreibverbot habe Welk sich wohl besonnen. Er wohne unbehelligt in Neunkirchen bei Stettin in einem hübschen Landhaus mit Frau Agathe und vielem Getier.

Mir war Ehm Welk bisher nur dem Namen nach bekannt. Die Norddeutschen schätzten ihn wegen seiner Grambauer-Bücher. Den Preisträgern des Schreibwettbewerbs winkte eine Einladung nach Neunkirchen. Ehm Welk empfing uns, ein halbes Dutzend junger Leute, sehr freundlich. Da der Wettbewerb ohne Themenbeschränkung vonstatten gegangen war, interessierten den Gastgeber unsere literarischen Vorbilder. Beim Schlendern durch den weitläufigen Garten erkundigte er sich, welche Bücher wir lesen. Ah, mochte er denken, alle bildungsbeflissen! Rilkes «Cornett» war natürlich bekannt. Und Rudolf G. Binding, na ja! Von einem Primaner kamen die Schillerzitate nur so gepurzelt, Goethe weniger. Mich hatte Kurt Kluges «Der Herr Kortüm» fasziniert. Daß Welk den Roman nicht als Unterhaltungslektüre abtat, freute mich. Er kannte den Autor persönlich und mochte dessen hintergründigen Humor.

Welk besaß ja auch eine ganze Portion davon! Daß dieser Mann, dessen Vorfahren Wenden waren und dessen altersloses verschmitztes Gesicht uns so gütig anlächelte, in meinem Leben noch eine Rolle spielen sollte, ahnte ich damals nicht.

Mit der Urkunde gingen auch meine Manuskripte, getippt auf der Schreibmaschine der Wehrkreisverwaltung, verloren – im Koffer hinter meinem Bett. Doch die wenigen Worte von Welk, mit spitzem Stift handschriftlich am Rand meiner romantischen Geschichte um das untergegangene Vineta, saßen in mir fest: «Mädchen, schreiben Sie Prosa. Welk.»

Es war mir so, als sparten Carl und ich, wenn wir beisammen waren, die Gegenwart aus. Mein erster literarischer Erfolg paßte nicht in die Zeit, und für die Erfolge seiner eigenen Arbeit schien er sich fast zu schämen. Daß das erste sichtbare Ergebnis aus Peenemünde-West kam und als «Vergeltung Nummer 1» über den Kanal nach England flog, erfuhr ich nicht von Carl, sondern von Moll, der es in einer Sondermeldung gehört hatte. «Die Vergeltung – endlich! Und V1 ist erst der Anfang. Ich bin überzeugt, daß bald der Druck an der Ostfront nachlassen wird.» Die «Vergeltung Nummer 2» kam auch, aber da trafen schon die Flüchtlinge aus Ostpreußen scharenweise in Stettin ein.

Der Weihnachtskarpfen, den mein Vater wirklich noch einmal herangeschafft hatte, wollte diesmal nicht so recht schmecken. Der Offizier im Seitenflügel unseres Hauses, Kunstmaler und Hauptmann in einer Propagandakompanie, hatte schon Frau und Kind nachgeholt. Schlesien erschien ihm nicht mehr sicher. Im Rathaus standen die Bilder der Propagandamaler. Mein Vater hatte als Standesbeamter Zugang zum Saal, der als Atelier diente. Er gestattete mir einen Blick auf die Auftragskunstwerke. Großformatige Ölgemälde lehnten an den Wänden, auf Tischen häuften sich Skizzenblätter. Waren diese akademischen Maler und Zeichenlehrer wirklich an den Fronten gewesen, fragte ich mich. Vielleicht so, wie ich meine Dienstreisen an den Pommernwall oder nach Groß-Born gemacht hatte? Unser Hausgenosse war meinen Eltern dankbar, daß sie seine Familie auch noch aufgenommen hatten. Er schenkte ihnen ein Aquarell, das sich Mutter aussuchen konnte. Sie wählte einen lichtdurchfluteten Birkenweg. Er erinnerte an unseren Kobershainer Weg. Die Farben waren kaum getrocknet. Vater zog seine Schlüsse daraus: «Helden sind nicht mehr gefragt, also Rückzug in die Idylle.»

Der Wehrkreis Stettin war immer mehr zum östlichen Vorposten geworden. Mutter wollte mich zum Bleiben bewegen. Doch ich fuhr zurück. Auch Ilse traf wieder ein. Wir begrüßten uns seufzend. Uns war nicht zu helfen. Moll verbarg seine Niedergeschlagenheit über die militärischen Niederlagen hinter geschäftigem Gehabe eines Organisators. Jetzt galt es, Hilfe zu leisten. Die Flüchtlinge kamen in Massen und verstopften den Bahnhof. Moll fand es zwar unvernünftig, daß Familien aus Pommern und Westpreußen «türmten», wo doch die Vergeltung angelaufen wäre, aber da hätte eben eine Rückzugsbewegung an der Ostfront eine Lawine in Gang gebracht. Die war offensichtlich nicht mehr aufzuhalten. «Übers Stettiner Bollwerk wird sie nicht schwappen», behauptete er. «Ich habe eben den Standortältesten gesprochen, General von Stülpnagel. Der meint auch, Stettin wird gehalten.»

Ilse und mich ließ das Elend der Flüchtlinge nachts nicht mehr schlafen. Wir halfen alten Leuten weiterzukommen, unterstützten Mütter mit Kindern, die im Bahnhofstunnel einen Platz suchten, wenn sie Stunden oder sogar eine Nacht lang auf Anschluß warten mußten. Die Fahrpläne galten nicht mehr, Züge wurden ausgerufen und von der Menge gestürmt. Als der erste Geschützdonner von jenseits der Oder zu hören war, befahl Moll seine Bahnhofsamariterinnen wieder in die Büros. Stettin war *Frontstadt* geworden. Das Generalkommando sollte nach Güstrow und die Wehrkreisverwaltung nach Schwerin verlagert werden. Für uns stände die Moltkekaserne bereit. Von dort werde man weitersehen. Vor allem gelte es, Zeit zu gewinnen. Vom Hof her roch es nach verbranntem Papier. Die Aktenschränke waren leergeräumt. Moll verlor darüber kein Wort.

Am letzten Tag duftete es aus dem Keller nach Gänsebraten und Kohlrüben. Herr von Bodmer, der Kasinochef, hatte die eisernen Reserven freigegeben. Er schritt durch die Tischreihen des Kasinos, als wäre das Menü aus Gänsefleisch und pommerscher Ananas – wie die Steckrüben spöttisch genannt wurden – sein persönliches Abschiedsgeschenk. Der üppigen Henkersmahlzeit hingegeben, bemerkten nur die an der Tür Sitzenden den Fremdling, dessen Blicke suchend umhergingen. An seinem grauen Fliegermantel erkannte Ilse ihn. «Du – ist er das?» Ich wandte mich um. Er war es. Als Carl mit uns am Tisch saß, sah ich Tränen in Ilses Augen: Was für ein Geschenk – so eine Liebe!

In einem Handkoffer hatte Carl seine ganze Habe. Der Standort in Ostpreußen war aufgegeben worden. Doch statt mit Entlassungspapieren reiste er mit neuem Auftrag. In Dresden sollte er die Außenstelle der Junkers-Flugzeugwerke übernehmen. Bestenfalls würde er sie auflösen und ins Stammwerk nach Dessau überführen müssen, vermutete er. Es klang, als wolle er sich selber Mut zusprechen.

Uns blieb nicht mehr viel Zeit. Auf dem Bahnhof erklomm er im letzten Moment einen Güterwagen. Er stand in der weit offenen Tür, die wegen der vielen Gepäckstücke gar nicht mehr zu schließen war – und das im Februar! Er sah schutzlos aus, der Zivilist, einsam zwischen den vielen in dem Waggon sich drängenden Frauen und Kindern. Mißtrauisch beäugt von den Kettenhunden, den Feldgendarmen, die auf dem Bahnsteig zurückblieben. Tapfer lächelte Carl bis zuletzt. Sprechen konnten wir beide nicht mehr. Nach seiner Bitte – «Geh weg.

Bevor sie über die Oder kommen. Denk auch ein bißchen an mich ...» – blieb nur noch die Sprache der Augen.

Es war ein Abschied für immer. In Dresden gab es nach dem 13. Februar keine Junkerswerke mehr.

Genaueres erfuhr ich beim ersten Postempfang in der Schweriner Moltkekaserne. Der Brief kam aus einer Kaserne nahe Magdeburg. Carl war nun Grenadier der Infanterie und hatte als Absender eine Feldpostnummer. Wie lange sie galt, habe ich nie genau erfahren.

Seine Mutter hoffte noch viele Jahre, er sei als Spezialist in Gefangenschaft geraten. Lange nach Kriegsende half ich ihr bei einer Suchaktion über die Rückkehrzentrale Frankfurt/ Oder. Ohne Erfolg. In den neunziger Jahren habe ich Carls geliebtes Zuhause, die Wasserburg Steinabrunn in Niederösterreich, kennengelernt. Auf dem Grabstein seiner Eltern sind sein Name und der seines jüngeren Bruders festgehalten. Carl hat weder Sterbedatum noch Sterbeort.

Vermißt 1945.

16
Absetzbewegung

«Von wegen Verlagerung der Dienststelle! Wir sind auf der Flucht, wie die Trecks da draußen.» Ilse lag dicht neben mir auf einem Notlager in einem Fahrzeugschuppen. Der traurige Rest unseres gut ausstaffierten Verwaltungsapparates war bis Malchin gekommen, einem kleinen Standort etwa auf halber Strecke nach Schwerin. Die hochbepackten Wagen und Karren der flüchtenden Menschen draußen zogen noch im Dunkeln weiter. «Sie wollen alle zu den Engländern», sagte Ilse. «Und wir? Wir sollen vielleicht noch als Werwölfe das Vaterland retten helfen. Guck dir mal unseren Pg. Moll an, der sieht aus, als hätte er die Panzerfäuste für uns schon neben seiner Pritsche.»

Ilse war völlig desillusioniert und ließ sich von keiner Rundfunkmeldung über erfolgreich eingesetzte V1 oder V2 irritieren. In Schwerin bekam sie als eine der wenigen Zivil-angestellten noch einen festen täglichen Auftrag: Diszplin-kontrolle, regelmäßige Rundgänge durch die Frauenunter-künfte. Zu verwalten gab es nichts mehr, nur die Schreib-kräfte wurden ab und an zum Diktat gerufen. Von einem ihrer Rundgänge kam Ilse ganz vergnügt zurück in unsere Ecke. Sie hatte das Bett unter mir. «Weißt du, was die Mäd-chen im Schlafsaal nebenan machen? Sie zerschneiden Decken und nähen sich Trainingshosen draus.» Eigentlich müsse sie es melden, aber sie denke nicht dran. Es wären ja genügend unbelegte Betten da, also würden auch die Decken nicht knapp. Die Ausweitung dieser Art Selbsthilfe wurde ebenfalls von Ilse toleriert: Nach der Hose der Ruck-sack, alles aus den schweren, filzigen, graubraunen Wehr-machtsdecken mit dem eingewebten Rand des Eigentümers – Wehrmacht-Heer. Die Mädchen arbeiteten bald ganz öffentlich, zeigten einander die passenden Stiche, den Hexenstich, den überwendlichen, die Kappnaht. Groteske Modenschauen spielten sich ab in den Gängen zwischen den Doppelstockbetten. Zum Zuschneiden wurden die Eßtische abgeräumt. Papierscheren und Lineale waren begehrtes Handwerkszeug, Stopfnadeln und Zwirn aller Farben wur-den weitergereicht. Ilse und ich bekamen bei Mutter Zinke am Moltkeplatz aus dem Nähkästchen alles, was wir brauch-ten. Sogar einen Fingerhut.

Bei den Eltern einer Betriebsfürsorgerin, die Ilse vom Heeres-zeugamt Neustettin gut kannte, hatten wir vom ersten Tag unseres Schweriner Aufenthalts an freundliche Aufnahme gefunden. In vielen freien Stunden wanderten wir stadtein-wärts. Die mecklenburgische Residenzstadt hob sich immer noch recht angenehm von dem nervösen halbzerstörten Stet-tin ab. An den Wochenenden wurde sogar noch Theater gespielt: Volksstücke auf plattdütsch. Mariechen Zinke über-setzte, was wir nicht verstanden. Die Hauptsache war das Fluidum – aus der Kaserne in eine Loge des Großherzogli-chen Theaters. Und die praktische Mutter Zinke sorgte für ein bekömmliches Abendessen vorher: «Ich mach euch Deerns ne scheene, eebene Broutsuppe. Die bläht nich so wie euer ewiger Kohl.»

Die scheene, eebene Broutsuppe blieb als unverlierbarer Erinnerungsfetzen in meinem Gedächtnis haften, mein ganzes Leben lang. Auch Ilses rheinländischer Humor, mit dem wir über die untätigen Wochen des Vorfrühlings 1945 hinwegkamen, behielt seinen Platz. Was taten wir eigentlich den ganzen Tag? Nachrichten hören, Zeitungsschau mit Moll, die Schlafsäle sauberhalten, auf den Wiesen Löwenzahn rupfen, den wir kauten als Vitaminspender, und im Grunde: warten, warten. Wo die Front wirklich verlief, wußte niemand genau. Bei unserem Aufbruch aus Stettin war eine der Sekretärinnen gerade vom Heiratsurlaub zurückgekommen. Etwas verlegen erzählte sie von ihrer Kriegstrauung. Ein Stahlhelm und das «Deutsche Kreuz in Gold» hatten auf dem Tisch des Standesbeamten gelegen. Wo ihr Bräutigam gerade war, wußte nicht einmal sie.

Bei unseren Ausflügen zu den Zinkes kamen wir am Schleifmühlenbach vorbei, wo ein kleines Wehr rauschte. Am Ostermorgen war das unser Ziel. Ilse hatte in ihrem Gepäck ein winziges Keramikkrüglein. Das hatte sie auf die Idee gebracht, Osterwasser zu holen. Als Gegenstück zu ihrem Minikrug nahm ich das Oberteil eines Kochgeschirrs. Ich kannte den Brauch auch. Man mußte das geschöpfte Wasser völlig stumm nach Hause tragen, sonst wurde es Schlabberwasser, und der Zauber als Schönheitsmittel war dahin.

Abends vor dem Einschlafen mußte ich oft an meinen Vater denken. Er hatte manchmal vom Stellungskrieg gesprochen, den er 1916/17 an der Westfront mitgemacht hatte. War das jetzt auch so etwas? Wollten die Alliierten die Deutschen zermürben? An der Elbe bei Boizenburg standen die Engländer und vor Güstrow die Rote Armee, seit Wochen schon, und nichts bewegte sich.

«Morgen ist Führers Geburtstag.» Moll gab mit eiserner Miene bekannt, daß sich alle auf dem Kasernenhof zu einem Appell einzufinden hätten. Der Oberstintendant würde eine Rede halten. Mir ist von der Ansprache wenig in Erinnerung geblieben, wohl aber das Gesicht vom Chef des Wehrkreises II. Es wirkte auf mich, als würde er am liebsten in den Boden versinken. Seine Zuversicht war schlecht gespielt. Moll stand neben ihm und riß ruckartig den rechten Arm hoch. «Unser aller Führer, Heil ...» Und noch mal und noch mal, und allen, auch dem Redner, blieb nichts anderes übrig, als es ihm nachzutun.

An diesem Abend mußte der Chef beschlossen haben, nur noch seinem Gewissen zu folgen. Es gab am nächsten Morgen einen *Standortbefehl*. Zwei Lkws wurden bereitgestellt, um die weiblichen Angestellten aus der Umklammerung der Armeen Ost und West herauszubringen. Schleswig-Holstein war noch unbesetzt. Wer wollte, konnte auch sofort entlassen werden.

Unsere handgenähten Rucksäcke waren knapp fertig geworden. Was nicht hineinging, brachten wir zu Zinkes. Jeder Lkw bekam einen Stabsintendanten als Begleiter mit. Moll, immer noch in brauner Amtswalteruniform, stand an der offenen Wagenklappe und schüttelte Hände, sichtlich bewegt und wortlos. Was hätte er auch sagen sollen? Offenheit in privaten Angelegenheiten hatte es zwischen uns nie gegeben. Ihm war zuzutrauen, daß er längst schlimme Nachrichten über seinen einzigen Sohn bekommen hatte, ohne ein Wort darüber zu verlieren. Für ihn galt: bis zum letzten Atemzug ...

Von Hitlers letztem Atemzug erfuhren wir nach der ersten Nachtfahrt von unserem Begleiter. Der Stabsintendant ließ befehlsmäßig in Lübeck bei der Stadtkommandantur halten und bekam die Nachricht frisch aus dem Fernschreiber: Adolf Hitler sei tot. – Ach, gefallen? Er war doch immer an der Seite seiner Soldaten? – Nein, in Berlin. Keine weiteren Fragen. Achselzucken, alles sei noch unklar. Den Oberbefehl über alle Truppenteile habe er seinem Vertrauten, Großadmiral Dönitz, übergeben. «Und ich dachte, damit wäre der Krieg endlich aus.» Ilse war nicht die einzige, die es in sich hinein murmelte.

Daß es immer noch weiterging, erlebten wir auf dem Weg nach Norden in den folgenden Tagen hautnah. Der unbesetzte Korridor Holstein schien eine Sogwirkung zu haben. Zeit genug war zum Nachdenken, als der Fahrer vor Kiel haltmachte und erst am nächsten Morgen weiterzufahren wagte, denn die Stadt brannte. Welcher Sturmwind war es denn, der all die flüchtenden Menschen in die enge Düse hineintrieb? Wir gaben uns selbst die Antwort: Angst vor der Vergeltung. Und die Hoffnung, daß es noch irgendwie ein Entweichen gäbe. Nach einer Irrfahrt im Morgengrauen durch die Gespensterstadt Kiel, wo es noch brannte, wo Mauern dicht vor uns einstürzten, brach die Hölle los. Aus klarblauem Himmel stießen die Flieger herab, oft so tief, daß wir im Schutz der Straßenböschung die Bordschützen erkennen konnten. Daß es dem Lkw-Fahrer immer wieder gelang, uns rechtzeitig abspringen zu lassen, war erstaunlich. Bei jedem Wiederaufsteigen gab es Verzweiflungsausbrüche: «Ich kann nicht mehr – es ist Wahnsinn!» Als wir die Brücke über den Kaiser-Wilhelm-Kanal, wo sich alles staute, endlich passierten und unser Begleiter uns an einem ruhigen Flecken zur Beratung zusammenrief, war Ilse am Ende ihrer seelischen Kräfte. Sie blieb weinend auf ihrem Platz. Dem Stabsintendanten mochte ähnlich zumute sein. Er hatte uns mitzuteilen, daß das Benzin noch bis Husum reiche, dann müsse jede sehen, wie sie weiterkäme. Weiter? Wohin denn? Niemand wußte eine Antwort.

Husum – Theodor Storms graue Stadt am Meer! Wie gern hätte ich sie einmal kennengelernt, aber nicht jetzt, als Obdachsuchende unter Tausenden. Nördlich davon lagen Schleswig und Flensburg, wo Großadmiral Dönitz die letzte Bastion halten wollte. Ein paar junge Soldaten, die wir bei unseren unfreiwilligen Aufenthalten am Straßenrand getroffen hatten, fragten uns, was wir denn auf dem Kerbholz hätten? Sie wiesen auf die schweren Motorräder, meist mit Beiwagen, die das Kennzeichen von Heer, Luftwaffe oder Marine hatten – oder gar keins. Die Soldaten wußten Bescheid: «Die sind von der SS.» Die kannten keine Hindernisse. Rücksichtslos schrammten sie knapp vorbei an umgekippten Wagen der flüchtenden Familien, schonten gestürzte Pferde nicht, fuhren Slalom, ohne sich umzublicken. Mit den Kennzeichen hatten die Uniformträger auch ihre Rangabzeichen abgelegt. Die, ja die hatten es nötig, über die Grenze nach Dänemark zu entwischen.

Nein, zu denen gehörten wir nicht. Ich fühlte mich betrogen, ja – aber nicht schuldig. Das Bild *Krieg,* mit dem Vetter Rudolf sein ängstliches Cousinchen im verdunkelten Kinderzimmer vor der Laterna magica einst erschreckt hatte, tauchte aus meinem Unterbewußtsein auf. Die Wirklichkeit war noch viel schlimmer.

Auf dem Eingangsschild der Stadt, die wir gerade durchfahren hatten, stand Rendsburg. Nach hier wollte sich meine Kollegin Inge durchschlagen, wenn es in ihrem Standort Krakau brenzlig werden sollte. Da auch Stettin zu den östlichsten Wehrkreisen gehörte, hatte sie mir vorsorglich die Adresse ihrer Schwester gegeben. Ein Treffpunkt für die allerhöchste Not. Und in der steckten wir. Ilse warf einen Blick auf den Zettel und wurde sofort wieder aktiv.

Als der Lkw ohne uns weiterfuhr, blieben mit uns noch zwei zurück: Dora, ehemals in Peenemünde Sozialarbeiterin, und Ella, Molls Sekrtärin. Sie stammten aus Hinterpommern und Ostpreußen und wollten sich nicht noch weiter von ihren Familien entfernen, erklärten sie verlegen.

Uns blieb nichts anderes übrig, als zu viert an die Tür einer fremden Frau zu klopfen, legitimiert nur durch meine Bekanntschaft mit deren jüngerer Schwester. Die Rendsburgerin war völlig unvorbereitet, sie hatte schon lange keine Nachricht mehr von Inge. Wegen ihrer drei kleinen Kinder sollte sie mit anderen Familien die Stadt verlassen, denn Rendsburg sollte verteidigt werden. Daß wir trotzdem in der Wohnung bleiben durften, erschien uns wie ein Geschenk des Himmels. Nach dem ersten Erschöpfungsschlaf allerdings wurde sie zur unheimlichen Herberge. Ilse hatte Visionen. Die kahlen Alleebäume, ein Trupp Hitlerjungen mit Panzerfäusten auf der ansonsten menschenleeren Straße – alles erinnerte an das brennende Kiel, das sich auch nicht hatte ergeben wollen. Wir verbrachten eine angstvolle Nacht mit dreimaligem Luftalarm, doch bis zum Morgen passierte nichts. Aber noch mal so eine Nacht? Nichts wie weg aus der Stadt.

Die Bänder der selbstgenähten Rucksäcke dehnten sich und ließen die schweren Säcke wie Klumpen bis in die Kniekehlen rutschen. Wir hatten gerade erst Büdelsdorf erreicht, die Stelle, wo wir am Vortag den Lkw verlassen hatten, als mir die Träger vollends von der Schulter glitten. Im Niedersinken auf einen Zaunsockel hörte ich aus dem Garten hinter mir: «Die

Engländer sind schon in der Stadt!» Der Feind hatte uns eingeholt. «Wir müssen runter von der Straße.» Ilse sah sich
suchend um. Ein Mann in blauer Leinenjacke und Arbeits-
schuhen hatte uns Wegelagerinnen wohl von der anderen
Straßenseite aus beobachtet. Er kam auf uns zu. «Ihr wißt
wohl nicht wohin? Na, dann kommt mal.»

Im Anbau über der Waschküche seines Siedlungshauses
durften wir uns einrichten. Einstieg vom Giebel über eine
Leiter. Als die Sonne hinter einer grünen Wiesenlandschaft
unterging, hatten wir schon das Strohlager mit unseren
Schlafsäcken bedeckt, und jede hatte auf ihre Weise ein
Dankgebet zum Himmel geschickt. Jahre später würde ich
über die sechs Wochen im Büdelsdorfer Quartier eine Erzählung schreiben: «Die Farben des Mai.»

17
Die Männer aus Stutthof

Die Tulpenpracht in den Büdelsdorfer Gärten haben mir den
Titel für meine Erzählung gegeben. Ich ließ mich von ihnen
verführen, doch symbolisch für die Ereignisse in jenem
schicksalsträchtigen Frühling 1945 waren sie nicht. Allenfalls
ein Widerschein unseres Gefühls der Erleichterung, das
Inferno zwischen Kiel und Rendsburg überstanden zu haben.
Die Hitlerjungen hatten keine Panzerfäuste werfen müssen.
Besonnene Männer hatten wohl die Lage richtig eingeschätzt.
Beim Schlangestehen nach Brot sahen wir die ersten Besatzer. Die Stadt gehörte den Engländern. An ihren Jeeps
prangte groß ihr Kennzeichen: ein weißer Stern.

Ilse schloß von der zur Schau getragenen Hochnäsigkeit
der *Tommys* auf das, was auf uns zukäme: Kasernenschrub-
ben und ähnliches. Dem müßten wir zuvorkommen. Wir
meldeten uns beide beim Arbeitsamt. Ilse stellte sich vor, sie
sei gelernte Krankenschwester und wolle wieder pflegen. Im
Kreiskrankenhaus war ein solches Angebot willkommen. Ich
konnte nur schüchtern Büroarbeit angeben. Nicht mal per-
fekt Maschineschreiben. Der Leiterin des Aufnahmebüros

kam ich trotzdem gelegen. Sie hatte ihre Mitarbeiterin an ein Aufnahmelager für Flüchtlinge abgeben müssen, das in der Kolonialschule untergebracht war.

Beglückt, Arbeit zu haben, kehrten Ilse und ich auf unser Strohlager zurück. So primitiv wir auch lebten, als Strandgut des Krieges fühlten wir uns nicht mehr. Das Kriegsende war inzwischen in Berlin-Karlshorst besiegelt worden. In der Küche unserer freundlichen Wirtsleute, wo wir Radio hören konnten und wo wir regelmäßig einen Obergefreiten trafen, der vom gegenüberliegenden Lazarett —einer ehemaligen Schule – herüberkam, wurden die neuesten Ereignisse erörtert.

Der Soldat war aus Leipzig und hatte in einem Schulbuchverlag gearbeitet. Von ihm erfuhr ich, daß es an der Elbe bei Torgau die erste Berührung der Armeen aus Ost und West gegeben hätte. Ich zeigte auf der Karte, wie dicht bei diesem plötzlich bekannt gewordenen Torgau mein unbekanntes Heimatstädtchen lag. Der Frieden war in greifbare Nähe gerückt. Unser verschmitzter Hauswirt kam mit einer Flasche Holunderschnaps aus der Speisekammer, und wir stießen auf das Ereignis an.

Nach dem ersten Aufatmen, daß keine Bomben mehr fallen würden, versanken Dora und Ella in stumpfes Brüten. Ihre Gedanken kreisten ständig um die Flüchtlingstrecks, zu denen wir während unserer Flucht selber gehört hatten. Die beiden konnten sich nicht vorstellen, daß es bei dem unabsehbaren Ost-West-Strom – es war wie eine Völkerwanderung – je ein Wiedersehen mit ihren Angehörigen geben könnte. Ich fragte mich, wie mir wohl zumute wäre, wenn ich meine Eltern, heimatlos geworden, auf irgend einer Landstraße vermuten müßte. Aber Ilse riß die beiden energisch aus ihren Sorgen heraus. Sie sollten froh sein, gesund zu sein, und jetzt, bitte schön, gebe es etwas zu tun, dem sie sich nicht entziehen durften. Aus dem Wehrmachtslazarett gegenüber waren die letzten deutschen Soldaten entlassen worden, und für eine Neubelegung müßten Strohsäcke gestopft werden. Die ganze Turnhalle werde gebraucht als Krankensaal.

Die Eile, mit der auch eine Diätküche vorbereitet wurde, ließ darauf schließen, daß es sich bei dem Hilfskrankenhaus

Büdelsdorf um eine Art Rettungsstation handeln würde. Ilse bekam die Oberaufsicht, und ich wurde eines Tages von meiner Büroleiterin mit einem Packen Formularen hingeschickt, nicht ohne Vorbereitung, welche Art von Patienten ich vorfinden würde. «In der Kolonialschule sind Überlebende aus Stutthof eingetroffen», sagte sie. «Das war ein Konzentrationslager bei Danzig. Die Kranken und Schwächsten nehmen wir in Büdelsdorf auf. Ganz gleich, in welcher Verfassung Sie die Patienten vorfinden, Sie müssen von Bett zu Bett gehen und ihre Personalien feststellen. Wappnen Sie sich. Mitleid hilft da nicht.»

Ilse war von der ersten Stunde der Einlieferung dabei. Sie empfing mich, aufgelöst vor Entsetzen und Mitleid. Selbst der Arzt hatte solche ausgemergelten Gestalten, solche erloschenen Augen noch nicht gesehen. Er war außer sich über die Unvernunft der Engländer, die an die KZ-Insassen so schwer Verdauliches wie Kondensmilch und Ölsardinen verteilt hatten. Im Hof stapelten sich Decken und Wäschestücke, stinkend nach Durchfällen und Erbrochenem.

An jedem Bett bekam ich denselben Ortsnamen zu hören: Stutthof. Die Befragten wollten nicht glauben, daß ich noch nie etwas von dem Konzentrationslager bei Danzig gehört hatte. Sie reichten mir abgegriffene, schwer lesbare Lagerausweise. Polnische, französische, russische, auch holländische Namen. Die beiden jüngsten von ihnen waren noch Kinder. Vor den haßerfüllten Augen des Fünfzehnjährigen erschrak ich. Widerwillig gab er seinen Namen preis. Er hieß Levinson und sein jüngerer Freund Cohn. Nach meiner Frage: «Familienangehörige» legte er alle Kraft in seine Stimme und schrie mich an: «Ermordet! Ermordet!» Seine Blicke spürte ich wie einen physischen Schmerz.

Nebenan wartete Ilse auf mich. «Nie wird uns jemand glauben, daß wir davon nichts gewußt haben», sagte sie. Als einziger hatte ein Holländer Vertrauen zu ihr gefaßt. Er war schwer lungenkrank, und sie hatte ihm ein Bett am Fenster gegeben. Stolz hatte er ihr erzählt, er habe «unterminiert». Es war wieder an der Zeit, ihn neu zu betten. Ich half ihr, den schwachen Körper zu stützen. Danach ließ das Rasseln in seiner Brust etwas nach. Er sah mich dankbar an. «Sie auch Deutsche?» Ich nickte. Seine tiefliegenden Augen wanderten zwischen Ilse und mir hin und her: «Wie können deutsche Frauen so gut sein?» Draußen sagte Ilse tonlos: «Was muß einer gelitten haben, der so etwas sagt. Deutsch – das ist ein Schimpfwort geworden.»

An einem der nächsten Abende kam Ilse verspätet vom Dienst. Wir hockten in der Küche am Radio. Über Deutschlands weiteres Schicksal sollte eine Kommission der Siegermächte entscheiden. Ilse war wie abwesend. Mit erstickter Stimme sagte sie: «Zwei von den Russen, die schwächsten, sind heute gestorben. Sie konnten schon tagelang nichts mehr bei sich behalten. Nun machen die anderen Hungerstreik. Sie denken, wir hätten ihre Kameraden umgebracht.»

Der Soldat aus Leipzig war das letzte Mal bei uns, er wollte sich nach Hause durchschlagen. Er sagte: «Um die Frage der Mitschuld kommen wir nicht herum. Die Alliierte Kontrollkommission wird es schwer haben, wenn es darum geht, die Verantwortlichen herauszupicken.» Ella, die Ostpreußin, wies das Wort Mitschuld weit von sich. «Was haben wir denn verbrochen? Wir haben unsere Pflicht getan, jawohl. Und nun sollen wir bezahlen – wo wir schon so viel Opfer gebracht haben. Ob ich meine Leute wiedersehe, ob sie überhaupt noch leben ...» Sie brach in heftiges Schluchzen aus. Ich hätte ihr gern Recht gegeben, aber die Worte des Leipzigers ließen mich nicht mehr los.

Die Sorgen um unsere Familien waren unterschiedlich, doch alle Vier litten wir darunter, auf nicht absehbare Zeit ohne Nachricht zu sein und selber keine geben zu können. Am Nord-Ostsee-Kanal standen nun schon über einen Monat die Wachen der Engländer. Der Fluchtweg war zugeschnürt, und wir steckten in dem Sack drin.

Ich wurde im Büdelsdorfer Hilfskrankenhaus nur noch selten gebraucht. Meine Bürovorsteherin schlug mir vor, mich um einen festen Anstellungsvertrag zu kümmern. Sie würde mich gern behalten. Und für meine Freundin sei die Oberin zuständig.

Ilse ließ mich kaum ausreden. Sie würde sich auf den Weg machen, sobald die Tommys die Brücke freigäben. Ihre verwitwete Mutter, die in Frankfurt bei Verwandten lebte, würde sie nicht im Stich lassen. Und Kranke pflegen könne sie überall. Etwas beschämt, was die Sorge um die Eltern betraf, schloß ich mich ihrer Meinung an. Torgau war in aller Munde gewesen. Die Alliierten aus Ost und West hatten sich an der Elbbrücke getroffen, hatten ein Zeichen gesetzt für den künftigen Frieden. Nur ein bißchen abwarten wollte ich noch, um Gewißheit über den Grenzverlauf zu bekommen.

Was mochte an dieser Nahtstelle der Besatzung Deutschlands in meinem Heimatstädtchen geschehen sein? Ich sah die Bilder der Propagandaleute vor mir, wenn ich nachts wach lag. Reichte die Verlogenheit dieser Pseudokunst nicht bis in unser Haus? Im großen Zimmer hatte sich eine elegante temperamentvolle Frau mit zwei Kindern einquartiert, wußte ich von meinem Weihnachtsbesuch her. Das wäre keine Offiziersfrau, wie sie angegeben hätte, verriet mir Cousine Käthe. Ihr Mann wäre SS-Führer in hohem Rang bei der Standarte «Das Reich». Da brauchte nur ein Denunziant aufzutreten, und es war nicht abzusehen, was dann meinem Vater unterstellt werden könnte.

Es war schon Juni, als sich die Nachricht wie ein Lauffeuer verbreitete: Der Kanal ist freigegeben, die Brücke passierbar. Allerdings, hieß es, in Hamburg ließen die Engländer keinen über die Elbe. Nur wer drüben arbeitete, besäße einen Passierschein für die Fähre. «Ich wage es», sagte Ilse. Für Dora und Ella stand fest, daß sie blieben. Das Rote Kreuz hätte sich bei der Suche nach vermißten Angehörigen eingeschaltet. In Büdelsdorf hätten sie beide wenigstens eine feste Adresse. Ich brachte es nicht fertig, Ilse allein ziehen zu lassen. Doch der tiefere Grund war: Das vieltausendfache Leid der aus den deutschen Ostgebieten Ausgewiesenen, das ich schon beim Bahnhofsdienst in Stettin hautnah erlebt hatte – es brachte mich zu ganz neuen Einsichten, was mein Zuhause betraf. Ein Dach zu wissen, ein Haus, in dem man erwartet wurde und wo ein Stück Kindheit noch lebte – das erschien mir als kostbares Gut. Wir packten zu zweit.

18
Das Jahr Null

Später wurde die Zeit unmittelbar nach dem 8. Mai 1945 oft mit dem Begriff *Stunde Null* bezeichnet. Rückerinnernd sah ich mich dann in Hannover am Straßenrand hocken, unweit des Bahnhofs. Eine fremde, in Trümmern liegende Stadt. Daß ich so weit gekommen war, über Nord-Ostee-Kanal und Elbe, das war schon ein Wunder, aber nun stand der Abschied von Ilse bevor. Es wurde mir schmerzlich bewußt, wie stark wir aufeinander eingespielt waren, und Ilse erging es ähnlich. Sie sagte: «Du hattest immer den nächsten Punkt mit einer Anlaufstelle vor Augen, erst Rendsburg, auf der Rückreise Hamburg. Und ich sorgte dafür, daß wir uns aufrafften, immer wieder Kopf hoch und weiter. Wir haben uns wunderbar ergänzt.»

Eine zuverlässige Gefährtin neben sich zu haben, das war in jenen Tagen fast wichtiger als das tägliche Brot. So erschien es mir in dem Augenblick, da ich Ilse, gebeugt unter ihrem unförmigen Rucksack, im Bahnhof entschwinden sah.

In ähnlicher Haltung war sie vor zwei Tagen in Hamburg den Kontrolleuren an der Elbe bei Blankenese unter den abwehrend ausgebreiteten Armen durchgeschlüpft, mich hinter sich her ziehend. Ihre Rotkreuzhaube ins Haar gedrückt, murmelte sie etwas von einem Notfall jenseits der Elbe.

Zwei Tage Aufenthalt in Hamburg hatten ausgereicht, uns zu erfrischen. Ich hatte diesmal von einer Adresse aus der Peenemünder Zeit Gebrauch gemacht. Tatsächlich war Christel Lerp, eine besonders sympathische Kollegin, schon zu Hause angekommen, als wir vor ihrer Tür standen. Das Fabrikantenhaus im Nobelviertel Blankenese war heil durch die Kriegszeit gekommen. Nur der Sohn fehlte noch. In seinem Zimmer mit Bad und Balkon durften wir nächtigen. Christel kannte die Abfahrtzeiten der Barkasse zum anderen Elbufer. Zu früher Stunde drängte sich eine Menschentraube an der Anlegestelle, und nur wenige besaßen den gelben Schein für die Passage. Kopf nach vorn gestreckt und durch, Ilse war gewandt wie eine Eidechse. Auf dem Schiff deckte die Menge uns vor den kontrollierenden Blicken der Wachhabenden.

Drüben an Land – sofort weg vom großen Haufen. An der Landstraße nahm ein Pferdefuhrwerk uns auf. In Harburg in der *Lämmertwiete* wurden wir mit Wurstbroten gestärkt. Der leicht süßliche Geschmack verriet unseren Gastgeber: ein Roßschlächter.

Von Harburg fuhr ein Güterzug bis Lüneburg. Hermann Löns – es tickte in unseren Köpfen. Wir hockten in einem offenen Güterwagen. Bei Uelzen ergoß sich ein nächtlicher Gewitterregen über uns, da verging uns alle Heideromantik. In Lüneburg kamen wir gerade zurecht, um mit einem Personenzug weiterfahren zu können.

Der nächste hilfsbereite Mensch war eine Hannoveranerin. Sie las uns, in klammen Kleidern frierende Wanderer, am Waterloo-Denkmal auf. Für eine Nacht könnten wir ihr Schlafzimmer benutzen. Ihr Mann, auf den sie täglich wartete, würde ja nicht gerade heute kommen. Es klang, als wolle sie mit einer guten Tat etwas für ihr eigenes Glück tun. Sie machte uns aufmerksam auf Anschläge mit Hinweisen von Transportunternehmen. Viele Großstädter holten ihre ausgelagerten Möbel und Wertgegenstände vom Lande zurück. Der Harz war nicht weit, ein Möbelwagen bot Platz an bis nach Harzburg. Damit hatte ich mein nächstes Ziel vor Augen: Tante Hanna in Ballenstedt, Mutters Cousine.

Für Ilse war das Weiterkommen einfacher. In Richtung Frankfurt fuhren schon regelmäßig Züge. An der Waterloo-Säule hatten wir Hand in Hand gestanden und uns vorzustellen versucht, der Krieg wäre anders ausgegangen. Dann würde man unseren Soldaten solche Denkmäler setzen. Ilse blieb bei dem Gedanken nicht stehen: «Ob ein Sieg besser gewesen wäre für die Menschheit? Ich glaube nicht.» Sie dachte wohl über Deutschland hinaus. Seit der Begegnung mit dem Holländer hatte sie sich oft elend gefühlt. Als er starb, trauerte sie um ihn, der doch gegen unser Land gekämpft hatte, wie um einen Freund.

Die Aufnahme bei Tante Hanna an meinem nächsten Ziel konnte liebevoller nicht sein. Baden, saubere Wäsche, ausschlafen! Ihr Haus bot Zuflucht für drei Generationen ihrer großen Familie. Auch ich hätte bleiben können, doch die Unruhe trieb mich nun erst recht weiter, je bekannter mir die Gegend wurde. Bis nach Leipzig in die amerikanische Zone würde ich leicht kommen. Ein mit Majoran hochbepackter Lkw nahm mich ab Aschersleben mit. Sein Ziel war der Leipziger Schlachthof. An irgend einer Brücke der erste Amerikaner: ein Neger. Breites Lächeln, tadellose Uniform, das Gewehr über der Schulter. Halb eingesunken in meine Kuhle zwischen dem Säckeberg, konnte ich am Brückenpfeiler ein Schild gerade noch erkennen: *Take it easy!* Mitleid mit den Besiegten oder Zynismus?

In Leipzig am Floßplatz hätten sich die Besetzer keineswegs mitleidig aufgeführt – fand Fräulein Helmecke. Ein Haus, in dem die drei ehemaligen Achsenmächte präsent waren, allerdings kein Wunder. Im Erdgeschoß das italienische Konsulat, im ersten Stock ein deutscher Arzt und darüber das Japanheim – ein dicker Brocken für die Amis. Ich fand, Fräulein Helmecke konnte froh sein, daß der amerikanische Captain von den Kunstgegenständen, die ihre Gäste im Laufe der Jahre dem Heim geschenkt hatten, nur das Samurai-Schwert mitgehen ließ. Aber das Schwert gönnte sie ihm als Trophäe am allerwenigsten. Es stammte aus dem Film «Die Tochter des Samurai». Wie eine Mutter trauerte Fräulein Helmecke um einige ihrer langjährigen Heimbewohner. Vor allem um Oscar Reclam und Burkhard Winter. Die Stettiner Reclams hatte sie nie kennen gelernt, ich mußte ihr meine Besuche im Apothekerhaus genau schildern. «Wäre Oscar bloß mit Ooga-san nach Japan gegangen», seufzte sie. «Er wäre bestimmt eine Kapazität auf seinem Gebiet geworden.»

Was sich hinter der Mulde, dem Flüßchen bei Wurzen und Eilenburg, abspielte, wußte sie nicht. In Eilenburg endeten die Züge. Das Japanheim war unter ihrer Leitung in eine Privatpension umgewandelt worden, ich hätte also bleiben können. Aber so kurz vor meinem Ziel? Ich dachte an Ilse: Kopf hoch und weiter!

Es war früher Nachmittag an einem Sonntag, als ich Schildau endlich erreicht hatte. Die Straßen waren menschenleer. Ich klopfte an unser Wohnzimmerfenster. Durch die halboffene

Gardine sah ich das bekannte Bild: Mein Vater schlafend im Schaukelstuhl. Er schreckte hoch, kam auf das Fenster zu, mit einer Miene, als hätte er ein Phantom vor sich. Sollte ich lachen oder losheulen – ich sagte: «Ich bin es wirklich.» Dann begriff ich: Zu Fuß durch die Wälder – in diesen Zeiten – als Mädchen allein – das war tollkühn. Ja, ja, ich hatte ein paar Russen getroffen auf dem fünfzehn Kilometer langen Weg von der demolierten Muldebrücke bei Eilenburg bis Kobershain. Aber da waren Dorfbewohner aufgetaucht, vielleicht waren die mein Glück.

Vater war allein zu Hause, ich berichtete erst einmal das Wichtigste. Schon an der Muldebrücke hatte ich Glück gehabt. Von der russischen Bewachung wurde gerade einer abgelöst. Für den jungen Soldaten war ich einsame Grenzgängerin wohl das erste Ereignis des Tages. Nur mit Mühe hatte ich die Flasche Wodka abwehren können. Deutsche Frauen tränken ihn gerne, behauptete er.

Der Kommandant im Dorf empfing mich weniger freundschaftlich. Er hatte soeben einige Grenzgänger unter Bewachung ins nächste Auffanglager geschickt. Was sollte er nun mit mir anfangen? Er wollte endlich seine Sonntagsruhe haben. Mürrische Geste, zum ersten Mal hörte ich «dawai», und ich durfte weiterziehen.

Mein innerer Kompaß hatte funktioniert. Das nächste Dorf war Kobershain. Hier wohnten Dürrs, die Eltern unserer langjährigen Haushilfe Inge. Durch sie würde ich endlich erfahren, was sich im letzten Vierteljahr in meiner Familie zugetragen hatte. Erleichtert sank ich bei den Dürrs auf den ersten besten Stuhl. Inge war zu Hause. Sie strahlte. Ja, ja, alle wären gesund. Die beiden Häuser voll bis unters Dach – noch immer die Berliner Verwandtschaft, dazu zwei Arztfamilien – und die Russen.

Gerade wollte ich meinem Vater schildern, wie ich «hoch auf dem gelben Wagen» ins Städtchen eingezogen war, als Mutter völlig außer Atem ins Zimmer gestürmt kam. Beim Spaziergang am Schildberg hatte ein Paar aus Kobershain sie angesprochen: «Was, Sie laufen hier herum, Frau Kraft? Ihre Tochter muß doch längst zu Hause sein. Herr Rosch hat sie in seiner Kutsche mitgenommen. Der war gerade zu Besuch – nebenan von Dürrs.» Mutter war die zwei Kilometer vom

Wald bis nach Hause nur gerannt. Die Jüngeren hatten ihr kaum folgen können. Nun tauchten sie hinter ihr auf – Schwester, Cousinen, sogar die dreijährige Elke. Das Glücksgefühl, das mich schon erfaßt hatte, als der Mann im Jägerhut mir den Platz in dem offenen Jagdwagen angeboten hatte, durchströmte mich nun ganz und gar. Hier war ich «Krafts Große» geblieben, hier galt ich noch als zugehörig.

«Wir sind die Evaks», sagte jemand und schob sich mit zwei Kindern und einer hochgewachsenen alten Dame ins Wohnzimmer. «Und wir sind die vom Hinterhaus», hörte ich von der anderen Tür, die zur Hofseite führte. Die Schildauer Arztfamilie hatte auch die ostpreußische Flüchtlingsfamilie mitnehmen müssen, als der sowjetische Ortskommandant in ihrem schönen großen Haus das Kasino einrichten ließ. Da die Frau des SS-Offiziers sich fluchtartig abgesetzt hatte, waren unser großes Zimmer, dazu die Stube hinter dem Laden die erste Zuflucht für drei Frauen, einen Mann und vier Kinder geworden.

Aber wie lebte es sich mit den Russen? In den ersten Tagen kam ich mir vor wie auf einer Drehbühne. In der Küche, die nur auf dem Umweg durch den Laden zu erreichen war, wimmelte es von Frauen. Dann – sobald ein großer Blondschopf in der Tür erschien – verschwanden alle gleichzeitig. Für die nächsten Stunden werkte Wassili, der ukrainische Koch des ‹Potpolkownik›, an unserem großen weiß emaillierten Kohleherd. Zu den Bediensteten des sowjetischen Ortskommandanten gehörten außerdem Kostja, der Chauffeur, und Iwan, der Bursche. Der Offizier, er war Oberstleutnant, hatte sich im ersten Stock über dem großen Zimmer eingerichtet. Das Geschäftshaus mied er, ebenso Hof und Garten, wo sich die vielen Hausbewohner trafen. Bis zur Kommandantur an der anderen Giebelseite des Rathauses war es für ihn ein kurzer Weg.

Sein dreiköpfiges Gefolge bewohnte unser ehemaliges Kinderzimmer im Erdgeschoß zwischen Wohnzimmer und Küche. Auf dem breiten Fensterbrett hatten wir einst mit Puppen und Bauklötzchen gespielt. Jetzt diente das große Fenster zum Hof nachts als Ausstieg, wenn es mal *dringend* war, denn sobald es dunkel wurde, schloß mein Vater die drei Männer ein. Die Soldaten ließen es sich grinsend gefallen. Die englischen Besatzer, die ich erlebt hatte, wären nicht annähernd so bescheiden gewesen.

Dafür nahmen auch wir, die unfreiwilligen Gastgeber, einige Merkwürdigkeiten in Kauf. Für das Schmieröl zur Autopflege bediente sich Kostja der großen Salatschüssel aus der Küche. Beim Mittagessen überraschte er unsere Familienrunde, indem er mit eingeseiftem Gesicht erschien und sich vor dem großen Wohnzimmerspiegel rasierte, als wären wir nicht vorhanden.

Die Lieblinge der Soldaten waren die Kinder. Wir hatten fünf im Hause zwischen drei und acht Jahren. Mein Berliner Patenkind, die dreijährige blondgelockte Elke, ritt mit Vorliebe auf den Schultern des glatzköpfigen Sibiriers Iwan. Büdi, der jüngste Arztsohn, mußte täglich mehrmals von Marmelade- oder Kakaobärten gesäubert werden, die von Wassilis Freigebigkeit zeugten. Bei Verständigungsschwierigkeiten half Gilda, eine zwangsverpflichtete Polin. Sie wartete auf ihre Rückführung in die Heimat. Eines Tages ließ Wassili mich fragen, warum «Cichanka» – also ich – immer so traurig sei.

Mit meinem fast schwarzen Haar war ich für die Russen die Zigeunerin. Traurig – war ich das? Ich konnte froh sein, noch so ein Zuhause zu haben. Ernst war ich, oh ja, und vor allem nachdenklich. Auf unserer Drehbühne änderte sich ständig etwas. Als die beiden Arztfamilien wieder einen Teil ihres Hauses nutzen durften, kamen Fremde ins Haus, mit denen wir nicht gerechnet hatten. Der antifaschistische neue Bürgermeister, ein ehemaliger Vorarbeiter aus dem Steinbruch, wurde der Flüchtlingsströme an manchen Tagen nicht mehr Herr. Völlig aufgelöst kam ein Mann mit seiner gebrechlichen Mutter in den Laden, als mein Vater gerade abschließen wollte. Der Bürgermeister hätte sie abgefertigt, sie sollten wieder dorthin gehen, wo sie hergekommen wären. Sie zogen erst einmal in unsere Ladenstube. Nein, an ein ruhiges Eckchen zum Ordnen meiner Gedanken war für mich noch lange nicht zu denken.

Innerlich fühlte ich mich eigentlich noch nicht richtig angekommen. Der Koch Wassili hatte gut beobachtet. Ich wußte für mich keine Antwort auf ein Wie-weiter? Ich war fünfundzwanzig, ein Anknüpfen an die Zeit vor sechs Jahren, als ich weggegangen war, erschien mir unmöglich. Die Erlebnisse von Büdelsdorf saßen in mir fest, und dazwischen schoben sich schemenhaft die Bilder der Tiefflieger über den Trecks von Schleswig-Holstein. Alles lief auf eine zentrale Frage hinaus: die Schuld. Hinter Vaters Ladentisch zurückzukehren, kam mir vor wie ein Verkriechen, ein Verstecken vor dem wirklichen Leben.

Aber erst einmal mußte jeder im Haus, der essen wollte, etwas dazu beitragen. Die Berliner Cousine hatte wie ich kein Kind zu versorgen. Das bedeutete für uns, auf dem Bauernhof unserer Tante Else zu helfen. Jeden Morgen trafen wir uns mit Flüchtlingen aus Schlesien zur Feldarbeit. Am schwersten fiel uns die Arbeit auf den Rübenäckern: Hacken in halbgebückter Stellung, reihauf, reihab, stundenlang. Das gut belegte Vesperbrot war unser täglicher Lohn. Am Wochenende etwas Weizenmehl, ein paar Eier, ein Stück Speck. Im Herbst würden wir ein paar Säcke Runkelrüben bekommen zum Muskochen, ebenso von den Zuckerrüben zum Siruppressen. Dazwischen lag noch mancherlei andere Feldarbeit: Kornpuppen umsetzen, beim Dreschen helfen, wonach die Grannen lange in unseren Kleidern stecken blieben und juckten. Als Bruno, Tante Elses Faktotum – geschickt trotz eines amputierten Armes –, die Pferdeleine unter den Armstumpf geklemmt, sich auf den Sitz der Kartoffelerntemaschine schwang, sagte Tante Else seufzend: «Ich sehe noch, wie Ulrich voriges Jahr den Bleß vor die Maschine spannte. Zwei Tage später mußte er fort.» Elisabeths Kind, der fünfjährige Dieter, reichte schon an den Pferdehals heran. Der Enkel war der Trost meiner Tante.

Die Hoffnung auf Heimkehr der Söhne war eines Tages zu Ende. Beide waren umgekommen – beim Beschuß ihrer Transportzüge! Fünf Kinder hatte Tante Else geboren, drei davon großgezogen, und keins war über Mitte dreißig geworden. Auch den Bauernhof, der stattlicher war als die meisten bäuerlichen Anwesen in unserer Gegend, sollte sie noch verlieren. Nicht einmal die Trennung vom einzigen Enkel blieb ihr erspart. Sein Vater hatte den Krieg überlebt. Sie konnte es ihm, dem ehemaligen NSDAP-Ortsgruppenleiter, nicht verübeln, daß er nach der Kriegsgefangenschaft in der englischen Besatzungszone blieb.

Der Blut-und-Boden-Mythos, an den sie einst so hohe Erwartungen geknüpft hatte, spiegelte sich in ihrem Schicksal wider als ein tragischer Irrtum.

In meinem Erinnerungsspeicher haben sich manche Abläufe aus der dramatisch überfrachteten Zeit derart vermischt, daß ich nicht mehr sagen kann, was eher war – die Salzknappheit oder Vaters Vorladung. Nur wenige Meter waren es bis zur Kommandantur und doch eine Riesenstrecke. Verstört kam mein Vater zurück, am Rathaus vorbei, wo er einst im Standesamt Trauungen vollzogen und zuweilen als stellvertretender Bürgermeister Sitzungen geleitet hatte, alles ehrenamtlich, über viele Jahre. Er hatte es gern gemacht, es gehörte in unserem Landstädtchen zur Reputation. Aber dem eigenen Geschäft war es abträglich gewesen. Nun kehrte sich das, was er fürs Gemeinwohl getan hatte, gegen ihn. «Du Nazi! Du Partei!» So hatte ihn der Potpolkownik beschimpft, derselbe, der mit uns unter einem Dach lebte. Mit Papieren hatte er gewedelt, die die Unterschrift *Fritz Kraft* trugen, deutlich lesbar in schön geschwungenen lateinischen Buchstaben. Natürlich waren diese Dokumente gestempelt mit dem Hoheitszeichen der Nazis. Seit 1933 trugen alle Siegel und Briefköpfe dieses Zeichen. Er – der Kaufmann – hatte anfangs gar nicht viel von Hitler gehalten. Als Kriegsteilnehmer 1914/1918 hatte er Schwarz-Weiß-Rot geflaggt und erst auf Drängen seines Neffen Rudolf das Hakenkreuz im weißen Feld aufnähen lassen. Für ihn war der böhmische Gefreite erst durch Hindenburg, den Helden von Tannenberg, legitimiert worden. Dem Holzhändler, dem Großschlächtereibesitzer und etlichen anderen Bürgern auch erging es damals ähnlich. Bei meinem Vater kam noch hinzu, daß der Ziegeleibesitzer, der schneidige SA-Sturmführer, ihn ganz direkt ins Visier genommen hatte: «So schwarzes Haar und die Hakennase – ob bei den Krafts nicht doch eine jüdische Großmutter dahintersteckt?» Übrigens gebe es ja Hoffnung für die selbständigen Gewerbetreibenden. Der neue Molkereibesitzer sei vorgesehen für das Bürgermeisteramt, der sei Jurist und vital genug, um Leben, also geschäftlichen Aufschwung, ins verschlafene Städtchen zu bringen.

Das alles war zwölf Jahre her. Jener Tausendsassa war tot. Erschossen aus Eifersucht unmittelbar bei Kriegsbeginn von eben jenem Molkereibesitzer-Bürgermeister. Und die National-Sozialistische-Partei, die der greise Hindenburg in der Potsdamer Garnisonkirche inthronisiert und damit für viele national-konservative Bürger wählbar gemacht hatte, die hatte Deutschland letztlich in den Krieg gestürzt, Millionen in den Tod getrieben, Millionen ermordet und das große Deutschland an den Rand des Abgrunds gestoßen. Der Kommandant mit dem roten Stern an der Mütze hatte mit Erschießen gedroht, so hatte mein Vater jedenfalls die auf dem Tisch liegende Pistole gedeutet. Vater vermochte nur noch mühsam zu sprechen. Seine Unterlippe wurde schlaff.

«Man müßte Strophantin spritzen», sagte die Ärztin. Aber die Schildauer Apotheke hatte keine Ampullen mehr. Ich ließ trotzdem ein Rezept ausstellen. Brunis Bruder hatte in Wurzen eine Apotheke übernommen. Vielleicht konnte er helfen. Und er tat es.

Alles lebte von der Substanz. Und die schmolz dahin. Im Laden wurde das Salz alle. Wer Vieh im Stall hatte, bekam keine Fleischmarken, also war das Abschlachten des mühsam gefütterten Schweins lebensnotwendig. Manche nahmen schon Viehsalz zum Pökeln. Seit kurzem – nach den Verträgen von Jalta und Teheran – waren Sachsen und Thüringen zur sowjetisch besetzten Zone gekommen, im Austausch zu Teilen von Berlin. Offiziell war seitdem der Übergang über die Mulde frei und die Salzstadt Halle wieder erreichbar. Der Bürgermeister mußte sich gewiß einen Ruck geben, als er zu meinem Vater schickte. Von der Schützengilde her hatte Vater die besten Beziehungen zur *Pfännerschaft* in Halle. Eine Gruppe dieser alten *Salzwirkerbrüderschaft Halloren* war alljährlich mit dem feierlichen Schwenken ihrer Traditionsfahne auf dem Marktplatz aufgetreten, dank des Renommés des Schützenmajors Albert Lange, Ehrenbürger Schildaus und Fabrikbesitzer in Halle. Meine für Kriegszeiten komfortable Mandeloperation in der Universitätsklinik hatte ich ja auch Langes zu verdanken. Über diese Beziehung also sollte Salz frisch aus den Siedepfannen der

Halloren in die Pökelfässer der Schildischen gelangen, die, wie es bei den Streichen im Schildbürgerbuch hieß, nach dem Aussäen ihrer letzten kostbaren Körnlein Brennesseln geerntet hätten.

Ein Lkw mit Fahrer wurde mit einer Fahrgenehmigung der sowjetischen Kommandantur ausgerüstet. Trotzdem erschien es meinem Vater wie ein Abenteuer, dem er sich nicht gewachsen fühlte. Die Mutigste war Käthe, die Berlinerin. Ohne sie wäre wohl die Fahrt nicht so erfolgreich verlaufen. Bei jeder Kontrolle hatte meinem Vater die Angst im Gesicht gestanden. Fast an jeder Abzweigung Posten und Prüfung aller Papiere. «Sie wollten uns einschüchtern», sagte Käthe, «man brauchte schon Nerven.»

Wie gewöhnlich, saßen wir, ein halbes Dutzend junger Frauen, am Abend in Käthes Zimmer, unserer ehemaligen Mehlkammer, die ihre Bewohnerin mit ihren Berliner Möbeln vollgestellt hatte. Vater war so erleichtert über die gelungene Fahrt, daß er eine Flasche Hochprozentigen spendierte. Wie man Sprit aus Kartoffeln gewann, dieses Verfahren hatten die Russen als Import mitgebracht. Vater hatte eine entsprechende Quelle entdeckt und den *Klaren* mit Kroatzbeer-Muttersaft, einem Rest aus seiner einst firmeneigenen Destillation, verfeinert. Brot und Salz braucht der Mensch und ein bißchen Mut. Wir feierten Cousine Käthe, und ein winziges Fünkchen Freude wärmte uns in der ungeheizten Kammer.

An solchen Abenden tauschten wir Bücher oder lasen Stellen vor, die uns besonders beeindruckt hatten. Ich hatte Wilde und Dickens für mich entdeckt. Käthe hatte sich von den Evaks, unseren zeitweiligen Mitbewohnern aus dem Arzthaus, «Die Buddenbrooks» geliehen. Oh, wieviel hatten wir nachzuholen! Nur bis zur Sperrstunde – um zehn – war Zeit, dann mußte die Leipzigerin Erika, die mit ihrem kleinen Jungen nach Schildau zu Verwandten geflüchtet war, davoneilen. Wir anderen wohnten im Hause.

Diese Erika ermunterte mich eines Abends, etwas vorzulesen, was mir in Peenemünde und Stettin aus der Feder geflossen war. Ihrem Zuspruch verdanke ich den ersten Kontakt zu einer Gruppe von Schriftstellern, die sich neuerdings regelmäßig in Leipzig trafen. Einmal im Monat kämen sie in

Auerbachs Keller zusammen. Erikas Bekannter, ein Übersetzer, würde sich dort meiner annehmen. Sie hätte schon vorgefühlt.

Von jenem ersten Ausflug in die *literarische Welt* sind mir nur Bruchstücke in Erinnerung geblieben. Das düstere Gewölbe des *Faßkellers,* ein tiefer gelegener, nicht sehr großer Raum des berühmten Leipziger Lokals, geschmückt mit Wandbildern aus Goethes «Faust». Mephisto blickte auf hagere Männer herab, die in Wolle und dicke Mäntel gehüllt in dem ungeheizten Gewölbe hockten. Fast keine Frauen darunter. Von mir nahmen nur diejenigen Notiz, zu denen ich mich an den Tisch setzte. Der Übersetzer kannte sich ziemlich gut aus. Schriftsteller seien die wenigsten, erfuhr ich. Ein paar Journalisten, vor allem aber Lektoren der Leipziger Verlage. Auch ein paar Schauspieler und Komponisten dazwischen. Die wollten Kabarett machen, hatten aber noch keine Lizenz. Und die schreiben wollten, hatten kein Papier. Oder die Zeitungen wollten ihre Artikel und Gedichte nicht haben, weil beim Entnazifizieren etwas an ihnen kleben geblieben wäre. Alte Nazis eben. Ziemlich trostlos für diese Leute. Aber sie kamen immer wieder, froh darüber, daß der Journalist Dr. Richert, von dem man wußte, daß er politisch links stand, diesen Treffpunkt organisiert hatte. So behielt man wenigstens den Kontakt untereinander und erfuhr, daß es anderen nicht besser ging.

Ernst Richert hatte einen Draht zu intellektuellen Kreisen im viergeteilten Berlin, er wollte sich demnächst dort mal umsehen und uns berichten. Vom Heißgetränk, das nach Kräutertee, Sacharin und Rumaroma schmeckte, wurde allen etwas wärmer. Verlage und Autoren, alle warteten auf Lizenzen von der Militäradministration. Die sowjetischen Kulturoffiziere hätten was auf dem Kasten, hieß es, doch es dauerte eben seine Zeit.

Von diesem Tage an war Leipzig für mich nicht mehr die Stadt, wo Vater Einkäufe tätigte für seine Eisenwarenabteilung, nicht mehr die Achse Leipzig-Kyoto – es war das Mekka der Literatur. Reclam, Insel, Brockhaus, Velhagen & Klasing, Kiepenheuer, das waren magische Namen. Würde ich je zu einem Verlagshaus Zugang finden? Fräulein Helmecke, bei der ich regelmäßig übernachtete, machte mir Mut. «Besuch doch mal den alten Geheimrat Reclam. Erkundige dich nach seinem Sohn Heino. Der hat seinen Vetter Oscar oft im Japanheim besucht.»

Zunächst mußte ich wieder mal nach Hause. Jetzt hatte ich den Kopf voller Pläne. Meine Mutter empfing mich ganz verstört. Vater sei in Bitterfeld. Eingesetzt zur Demontage eines Betriebs. Die ehemaligen NS-Parteimitglieder wurden abgeholt zum Gleiseabbauen und zum Verladenhelfen. Keiner wußte Genaues. Mit einem kleinen Koffer, im Winterüberzieher, mit Stock, so hätten sie ihn auf den offenen Lastwagen gehievt. Mutter befürchtete das Schlimmste. Sein Rheumatismus, die Angina pectoris! Und er war doch von der Kommission als *minderbelastet* eingestuft worden.

Zwei Tage später war er wieder da. «Weil ich zu nichts mehr zu gebrauchen bin, haben sie mich gehen lassen.» Noch im Überzieher sank er in seinen Schreibtischsessel.

Dieser Platz war nur so lange seine Sicherheitszone, solange ihm das Geschäft gehörte. Das war ja nicht nur der Laden mit den Verkaufstischen, das waren auch die Niederlagen – Lagerräume, die sich im Anbau über den halben Hof zogen. Es waren die eigene Wasserversorgung, der große Keller, Holzschuppen und Garage. Eines Tages war es so weit: Einer Verordnung gemäß bekam die Konsumgenossenschaft für die Versorgung der Bevölkerung mit Lebensmitteln den Vorrang vor den Privatgeschäften. Das seit fast 75 Jahren gültige Firmenschild hatte ausgedient. Damit alles auch rechtens zuging, mußte der Kaufmann für die Übergabe jede Sorte Nägel einzeln abwiegen, jede Schraube zählen.

Mein Vater kam mir mit seinen vierundsechzig Jahren uralt vor. Er hatte noch immer sein dichtes Haar, graumeliert nun, aber seine Gesichtszüge waren schlaff geworden. Daß sich die linke Gesichtshälfte verschoben hatte und die Unterlippe oft zitterte, hing wohl mit dem Besuch der Leute aus Torgau zusammen, die das Geschäft nun führen würden. Sie hatten meinem Vater verboten, nach der Übergabe das Geschäft wieder zu betreten. Der Maurer, der die Verbindungstür vom Laden zu unseren Wohnräumen zumauern sollte, war schon bestellt. Bald würden auch die Strophantinampullen, die ich herbeigeschafft hatte, nicht mehr helfen. Ich ging längst an seiner statt zu Informationsabenden und las die amtliche Post.

Die sowjetische Ortskommandantur war aufgelöst und in die Kreisstadt verlegt worden. Wir hatten nun mehr Platz im Haus, aber der Bürgermeister als Vollstrecker der aus Torgau kommenden Befehle war unnachgiebig. Die Bauern hatten mit ihren Erzeugnissen ein festgelegtes Soll zu erfüllen. Wer es nicht aufbrachte, geriet unversehens in den Verdacht der Sabotage. Einsperren , wenn auch nur für kurze Zeit, das war die wirksamste Form der Einschüchterung. Mancher Hof stand allerdings kurz darauf leer. Haus und Vieh im Stich zu lassen! Gab es denn keinen anderen Ausweg? Für manche dieser Familien brachten erst die Nachkriegsereignisse die Tragödie. Es kam die Redensart auf: Man ging schwarz über die grüne Grenze in den goldenen Westen.

19
Der Rundfunk

Wie komme ich zu einer Schreibmaschine? Die geliehene Continental mußte ich zurückgeben. Ich schrieb mit der Hand weiter an der Erzählung, die ich Dr. Richert vorlegen wollte. Die Treffen mit dem Leipziger Kreis waren mir wichtig geworden. Mir genügte es, daß einige vom Kern der Gruppe mich gern an ihrem Tisch sahen. Einer von ihnen war Ferdinand May. Er galt als eingeschworener Hitlergegner und war ein eifriger Debattierer. Regelmäßiger Teilnehmer war auch der Cheflektor des List-Verlags. Mit jungen unbelasteten Autoren versprach er sich einen baldigen Neuanfang des renommierten Verlags. Die Aufgeschlossenheit der sowjetischen Kulturoffiziere ließ hoffen.

Um die Osterzeit 1946 zeigte sich ein Hoffnungsschimmer. Einer der markanten Älteren – er schrieb ironische Artikel unter mehreren Pseudonymen wie sein Vorbild Kurt Tucholsky – galt als Verbindungsmann zur Besatzungsmacht. Triumphierend verkündete er, er sei beauftragt, die

Autoren zur Mitarbeit beim Rundfunk aufzurufen. In Gohlis in der Springerstraße würde der Sender Leipzig als *Mitteldeutscher Rundfunk* wieder eröffnet. «Das ist unsere große Chance», bekräftigte er. «Auf den Büchermarkt kommen wir so schnell nicht. Der SMAD-Verlag läßt sich das Heft vorläufig nicht aus der Hand nehmen. Er bevorzugt Autoren wie Scholochow, Gorki, Anna Seghers. Mit denen können wir es nicht aufnehmen.»

Erst das Mündliche, dann das Schriftliche, dachte ich. Aber auch fürs Hören mußte etwas zu Papier gebracht werden: Sechs Maschinenseiten für fünfzehn Minuten Sendung. Am 17. Juni, fast auf den Tag genau ein Jahr nach meiner Heimkehr, wurde mein erstes Hörspiel ausgestrahlt, eine Kinderfunksendung «Der Jasmin-Elf». Wir besaßen noch kein Radio wieder, nachdem wir unseren Volksempfänger hatten abgeben müssen, und ich hörte mir die Nachmittagssendung bei den Mietern im ersten Stock unseres Wohnhauses an. Vor kurzem noch hatte dort der sowjetische Kommandant gewohnt.

Für ein Radio brauchte man einen Berechtigungsschein. Als freie Mitarbeiterin des Rundfunks, so hoffte ich, würde man mir ein kleines Radio zugestehen. Doch um den Antrag überhaupt stellen zu können, mußte ich erst als freie Mitarbeiterin bestätigt werden. Der Mitteldeutsche Rundfunk aber verlangte eine Unbedenklichkeitserklärung von mir, in der beglaubigt wurde, daß ich politisch tragbar sei. Ich gehörte gerade noch zu den jugendlichen Jahrgängen, die nicht die Entnazifizierungsprozedur durchmachen mußten.

Zuständig für eine solche Erklärung war der *Antifaschistische Ausschuß der Blockparteien* in meiner Kreisstadt. Ich fand den Antifa-Ausschuß in demselben Haus, wo einst die Kreisdienststellen der Hitlerjugend und des Bundes deutscher Mädel gesessen hatten. Der diensthabende junge Torgauer wußte das natürlich und weidete sich an meiner Verlegenheit. Nach kurzer Befragung bescheinigte er mir, daß auf Grund meines früheren Jungmädeldienstranges eine Verseuchung durch nazistischen Geist nicht zu befürchten sei. Er selber trug das Abzeichen der *Liberal-Demokratischen-Partei,* die aufgehende Sonne. «Wollen Sie nicht bei uns Mitglied werden?» Aufnahmescheine lagen bereit. Unterschrift gegen Unterschrift? Demokratie wollte ich uneingeschränkt, und liberal lag mir näher als die Programme der Linksparteien und der Christlichen. Ich unterschrieb.

Die Bescheinigung verhalf mir außer zu einem Radio – einem aus Sperrholz grob gezimmerten Kasten, auf dem man zwei Sender empfangen konnte – zu weiteren Aufgaben im Funkhaus: Junge Funkgruppe, Jugendfunk, Schulfunk.

Schreibmaschinen galten wohl als besonders gefährliches Handwerkszeug, sie waren eingezogen worden mit Rundfunkapparaten und Jagdwaffen. Die Rettung kam schließlich über eine alte Freundschaft. Hella schrieb mir aus Kochel, wo sie durch die Verlagerung des Peenemünder Windkanals gelandet war, daß sich in Naumburg an der Saale einige Gegenstände befänden, die ihr Mann bei Kriegsbeginn Freunden zur Verwahrung gegeben hatte. Falls die *kleine Erika* noch vorhanden sei, könne ich sie gern haben.

Was war schon eine Reise in überfüllten Zügen, wenn es um ein so unentbehrliches Arbeitsmittel ging. In Naumburg fuhr sogar die Straßenbahn wieder, ratternd und immer im Kreis. Wenn man nicht aufpaßte, kam man wieder am Bahnhof an. Nach zwei Stadtumrundungen fand ich die gesuchte Straße. Den größten Teil meiner Rundfunkmanuskripte schrieb ich auf der kleinen Erika meiner hilfsbereiten Freunde.

Einer anderen Freundin konnte ich helfen. Adelheid hatte Nachricht von ihrem Mann aus der französischen Zone. Sie aber saß mit ihren zwei kleinen Kindern auf dem Dorf – in Beckwitz. Das ehemalige Ferienhaus bei Torgau war zum ständigen Wohnsitz ihrer Eltern geworden. Adelheid wollte erkunden, wie und wo ihre junge Familie ihr künftiges Zuhause finden würde. Sie nahm es auf sich, die weite Reise bis zum Breisgau zu machen. Im Rangierhäuschen hat sie gesessen, auf offener Plattform gestanden und sich immer noch besser gefühlt als andere Mitreisende, die, sich an Puffer klammernd, Angst geschwitzt haben. Ihren Jüngsten, den noch nicht zweijährigen Manfred, holte ich zu mir, zu Fuß durch die Wälder, mit vollbepacktem Kinderwagen.

Bei meinem Vater nahm die innere wie äußere Zerrüttung beängstigende Formen an. Er blieb fast teilnahmslos, als mein Vetter Adalbert, der Vater der kleinen Elke, aus der Kriegsgefangenschaft kam und den Umzug seiner Familie nach Berlin vorbereitete. Uns anderen ging der Abschied nahe, wir waren in schwerer Zeit zusammengewachsen. Die vierjährige Elke wurde von Arm zu Arm gereicht. Aus ihrem winzigen Rucksack guckte die Puppe *Kohlenklau,* ein handgenähter Ausbund an Häßlichkeit, aber heißgeliebt von Elke. In Berlin-Karlshorst lag die Neubauwohnung längst in Trümmern. Rückkehr hieß Unterschlupf finden bei den Großeltern in Schöneweide.

Der aus Beckwitz herbeigeholte Winzling, Adelheids Jüngster, wurde von meinem Vater nur wahrgenommen, wenn er im Wege stand. Und stehfest war der kleine Knabe eben noch nicht. So gab es Geschrei und Ärger. Ich mußte mich beeilen, wieder nach Hause zu kommen, wenn ich beim Rundfunk zu tun gehabt hatte. Einen schönen Auftrag für den Jugendfunk in der Tasche – die Romantiker, speziell Bettina, Arnim und Brentano –, saß ich in Eilenburg fest. Mir graute vor drei Stunden Wartezeit auf den nächsten Zug. In meinen schweren Skistiefeln machte ich mich wieder einmal zu Fuß auf den Heimweg. Ziemlich erschöpft, aber den Ablauf der Hörfolge fast fertig im Kopf, kam ich zu Hause an. Vater empfing mich völlig verstört. Ein Telegramm in den zitternden Händen, stand er vor mir. «Machst du jetzt Schwarzmarktgeschäfte?» Ich las: Schwarze Henne einverstanden. Welk. Es dauerte einige Sekunden, bis ich Text und Vaters Verdacht zusammenbringen konnte, dann prustete ich los. Vater hatte in der schwarzen Henne einen Code gesehen, hinter dem sich ein unlauteres Geschäft verbarg. Dabei handelte es sich um nichts anderes als um die Kurzform eines Kapitels aus dem Roman «Die Heiden von Kummerow» von Ehm Welk. Aus der Presse hatte ich erfahren, daß er in Schwerin die Volkshochschule ins Leben gerufen hatte. Forsch hatte ich bei ihm angefragt, ob er mir zutraue, das Kapitel «Ei der schwarzen Henne» als Ostersendung für die Zehn- bis Vierzehnjährigen zu bearbeiten. Seine Zustimmung hatte meinen Vater so erschreckt. Viele Jahre später sollte ich in Welks Haus in Bad Doberan Gelegenheit haben, ihm und seiner Frau von diesem Mißverständnis zu erzählen.

Im Leipziger Funkhaus wechselte häufig das Personal. Den Auftrag für eine Hörfolge über den jungen Goethe – das Wolferl der Frau Aja in Frankfurt – bekam ich von einer Frau Rothacker, einer temperamentvollen Redakteurin. Kurz darauf, als ich das Manuskript abgeben wollte, saß in ihrem Büro ein Mann. Der Kollege Schumann hatte weder Rundfunkpraxis noch literarische Vorbildung. Er trug ein Blauhemd und konnte Gitarre spielen. In seinem Lieblingslied hieß es: Ein neuer Frühling wird in die Heimat kommen ... Ich kam gut mit ihm aus, zumal er mit meinen Manuskripten nicht viel Arbeit hatte. Für jede meiner Reportagen über die Premieren des *Theaters der jungen Welt* erntete er Lob seitens der Abteilung *Jugend und Erziehung,* was er treuherzig an mich weitergab.

Frau Rothacker wäre als zu bürgerlich auf ihrem verantwortungsvollen Posten nicht mehr lange tragbar gewesen, erfuhr ich. Sie hatte sich rechtzeitig abgesetzt. Das passierte damals häufig. Und nicht nur in den Redaktionen. Auch unsere Evaks, die Arztfamilie, ging westwärts, woher die vorige Generation einmal gekommen war. Cousine Käthe nannte es «nach Amerikanien gehen». Manche schlichen auch nur mal aus Neugier über die grüne Grenze und kamen wieder. Auch dort sei nicht alles Gold, was glänzt.

Für mich war Göttingen eine Art Nahziel. Die aus Ballenstedt stammende Johanna wohnte jetzt dort mit ihrem Mann. Das Sichdurchschlängeln an mäßig bewachten Grenzen hatte ich ja geübt in Hamburg und an der Mulde. Nun würde es mir im Harz auch gelingen.

Mein Anfang beim Mitteldeutschen Rundfunk war so erfolgreich verlaufen, daß ich Lust hatte, mich umzusehen, was in diesen wilden Jahren anderswo noch wuchs und sich entwickelte. In Leipzig, das hatte ich schon herausgehört, war ich fest eingeordnet für Kinder- und Jugendsendungen. «Puh der Bär» in sechs Folgen – das hatte mir Spaß gemacht, aber allmählich wurden meiner Phantasiewelt recht enge Grenzen gesetzt. Es wehten allzu viele blaue Fahnen im neuen Frühling des Redakteurs Schumann. Dem Schulfunk verdankte ich größere Aufgaben mit mehr Sendezeit, hatte aber auch mehr Konkurrenz durch ehemalige Lehrer, die mir im Pädagogischen voraus waren. Zu meiner Sehnsucht nach Weite kam hinzu, daß ich Ilse, die Gefährtin der Stettiner Zeit, in Frankfurt wußte. Und wenn ich Glück hatte, würde ich dort auch Robert treffen. Er hatte mir geschrieben, daß er bei seiner alten Firma Holzmann zwar einen Schreibtisch und zwei Telefone, aber nichts zu tun hätte. Er liebäugelte nun mit Amerika, wo sein ehemaliger Gruppenleiter sich mit Familie schon eingelebt hatte.

Im Frühjahr 1947 machte ich mich auf den Weg über die grüne Grenze nach Göttingen. Cousine Johanna hatte einen recht geselligen Mann. Er war noch im Studium, wollte zum Theater: Regie und Schauspiel. Während er nebenbei an einem Stück schrieb, um gleich auf angemessener Ebene den Einstieg ins Kunstleben zu schaffen, verdiente meine liebe Johanna als Stationsschwester im Krankenhaus das Geld. In ihrer Zwei-Zimmer-Wohnung geschah das Unerwartete: Ein Zusammentreffen mit dem Altmeister der Quantenmechanik, dem Physiker Pascual Jordan, und Rainer Fuchs, dem Peenemünder Freund. Wie das zustande kam, weiß ich heute nicht mehr. Die Wiederbegegnung hat mich aber damals stark berührt. Ich nahm sie als gutes Vorzeichen, daß nicht alle Fäden, die mir einst wichtig gewesen, abgerissen waren. Dabei erfuhr ich, daß sich auch die Westalliierten in ihren Besatzungszonen Zeit ließen mit der gesellschaftlichen Neustrukturierung, was mich bei einem so prominenten Wissenschaftler wie Jordan verwunderte. In welchem Institut er seine Forschungen würde fortsetzen können, war noch ungewiß.

Und der Physiker Rainer Fuchs, der seine Aufgabe in der Raketenschmiede auf Usedom nur mit großen Vorbehalten ausgeführt hatte, war mit sich auch nicht im reinen. Den Debatten entnahm ich, daß es politisch ganz unterschiedliche Meinungen gab. Auch was das Kriegsende betraf. Mein Vetter, Johannas Bruder, war schwerverwundet worden und beinamputiert, er begriff den Kriegsausgang als unverdiente Niederlage. Die anderen setzten auf den SPD-Mann Kurt Schumacher und einen demokratischen Weg. Viele Jahre später erfuhr ich, daß Rainer Fuchs noch Psychologie studiert und als Hochschullehrer erfolgreich gearbeitet hat.

Von der englischen in die amerikanische Zone zu gelangen, war einfach. In Frankfurt gab es schon wieder Gartenlokale mit *Äppelwoi*-Auschank. Ilse arbeitete als Fürsorgerin. Sie sympathisierte mit einem Kreis Anthroposophen und empfand das Jahr 1945 schon deshalb als Befreiung, weil man nun freimütig diskutieren konnte. Sie schwor auf die Demokratie.

Von dieser Form der Demokratie hielt ein Redakteur im Frankfurter Rundfunkhaus nicht viel. Ich hatte mich nach der Kulturredaktion durchgefragt. Ein Herr Schneider empfing die freie Mitarbeiterin des Mitteldeutschen Rundfunks freundlich und nahm im Gespräch kein Blatt vor den Mund. Seine Tätigkeit bestand im wesentlichen darin, aus den USA importierte Bänder abzuspielen. «Lauter Konserven», sagte er. «Wir werden amerikanisiert, lückenlos. Das gilt für alle Redaktionen im Haus.» Über die Einflußnahme der sowjetischen Kulturoffiziere wußte er Bescheid. «Die haben vor der deutschen Kultur mehr Achtung als die Amis.» Er gab mir seine Privatadresse, falls ich ein interessantes Thema hätte, er wolle sich jedenfalls bemühen. Wenn ich mich nicht irre, wurde ihm der Boden in Frankfurt bald zu heiß, und er wechselte nach Ost-Berlin über ins neue Funkhaus in der Nalepastraße.

Bevor ich meine Rundreise fortsetzte, ergab sich noch ein Treffen mit Robert. Ich hatte den Eindruck, daß mir ein tief verunsicherter Mann gegenübersaß. Es ginge so nicht weiter mit ihm und seiner alten Firma, sagte er. Aber die Nachrichten aus Alabama, wo die Angeworbenen der *Operation Paperclip* sich zu etablieren suchten, klängen auch nicht verlockend. Beklommen fragte ich mich auf der Weiterfahrt nach Freiburg im Breisgau, was ich denn erwartet hatte? Unseren Ausflug nach Rügen und Stralsund hatte Robert genauso wenig vergessen wie ich. Er hatte mir damals gesagt, ich liebte zu sehr mit dem Verstand. Mußte er nicht annehmen, auch jetzt käme mein Verlangen, ihn wiederzusehen, weniger aus dem Herzen als vielmehr aus dem Bedürfnis heraus, in diesen unsicheren Zeiten nicht allein zu sein? In meiner Abenteuerreise vermutete er wohl, daß ich alte

Verbindungen, von denen es mir, wie er wußte, in Peenemünde nicht gefehlt hatte, abtasten wollte. Aber er selber steckte ja in einem Zwiespalt. Ach, er hatte ja so recht! Ich war uneins mit mir selbst. Hätte mein Wunsch nach einem Halt bei einem Kameraden denn ausgereicht für die Neubelebung einer alten Liebe?

Eine beständige Liebe mit festem Boden unter den Füßen fand ich in Emmendingen bei Freundin Adelheid. Die Vollmers bestaunten mein Geschick, ohne *Laissez-passé* in die französische Zone durchgeschlüpft zu sein. Die Franzosen hielten sich noch zurück, als die Amerikaner und Engländer ihre Besatzungsgebiete längst in die Bizone umgewandelt hatten. Auf dem *Schauinsland* sah ich die Franzosen patrouillieren, aber da waren wir als Familie mit den beiden kleinen Jungen für sie uninteressant. Anders auf meinem Ausflug allein am vorletzten Tag.

In der Schwarzwaldbahn zwischen Freiburg und Hinterzarten ereilte mich das Schicksal. Der kontrollierende Franzose konnte es gar nicht fassen – eine Deutsche ohne Laissez-passé und noch dazu aus der sowjetisch besetzten Zone! Zweifache illegale Grenzüberschreitung. Also zurück nach Freiburg zur Kommandantur. Dem Soldaten schien meine Unverfrorenheit zu imponieren. Er vermutete, daß ich, der aus dem Osten zugeflogene seltsame Vogel, Fuß fassen wollte in dem schönen Landstrich am Oberrhein. Er bot mir seine Hilfe an. Pflichtgemäß müsse er mich zwar zum Kommandeur bringen, aber danach sei er gern bereit, mich beim Rundfunk in Baden-Baden zu empfehlen.

Ein hochgewachsener eleganter Elsässer maß mich spöttisch und glaubte erst recht nicht, daß ich übermorgen wieder abreisen wolle. Er könne mich in Haft nehmen, betonte er, beließ es dann aber bei einer Geldstrafe ohne Quittung.

Wieder empfing mich mein Vater mit vorwurfsvoller Miene. Ihn hatten böse Ahnungen geplagt. Warum ich nicht geschrieben hätte. Er wollte nicht wahrhaben, daß die Post von den Westzonen zu uns unberechenbar lange unterwegs war. Es machte mich beklommen, wie abhängig meine Eltern von mir waren. Wenn der *Ausklingler* sich ankündigte, der von der Geflügelzählung bis zur x-ten Verordnung alles bekannt gab, verkroch Vater sich in seinem Sessel, und wo er Schlimmes heraufziehen sah, erwartete er, daß ich etwas unternahm, um es abzuwenden. «Du kannst doch ganz anders auftreten», sagte er dann, «du bist doch in der Kunstkammer.»

Tatsächlich war der erste Ausweis, der mich als Schriftstellerin legitimierte, ausgestellt von der Kammer der Kunstschaffenden, Sektion Literatur. Das Papier war wichtig wegen der Lebensmittelkarten. Kulturschaffende bekamen die Arbeiterkarte. Darauf gab es erheblich mehr Zuteilungen als auf die Grundkarte. Aus diesen ersten Zusammenschlüssen der Kunstsparten entstanden die Künstlergewerkschaften und letztlich die selbständigen Künstlerverbände.

Mein Interesse an *Drüben* war immer noch groß, trotz unerfreulicher Erfahrungen im Schwarzwald und beim Sender in Frankfurt. Hella lebte mit Mann und Kleinkind bescheiden zur Untermiete im idyllischen Kochel, wo noch einige der ehemaligen Mitarbeiter des Windkanals geblieben waren. Ich sollte mein Patenkind kennenlernen. Im Herbst wagte ich noch einmal eine Reise. Während meines Aufenthalts kam von Hellas Vetter, dem ehemaligen Windkanalchef, ein *Care-Paket* aus Amerika. Im bayerischen Kurort Kochel fehlten den *Zugereisten* jegliche Beziehungen, so wurde jede Büchse Cornedbeef, jede Dose Ölsardinen, jedes Päckchen Milchpulver freudig begrüßt. Zur gleichen Zeit flatterte für Hella eine Einladung nach Landshut ins Haus. Eberhard Rees, der Stellvertreter Wernher von Brauns, war aus den USA noch einmal gekommen, um seine *Doktorin,* die ehemalige Zinnowitzer Zahnärztin, zu ehelichen und sie dann in die Neue Welt zu verpflanzen. In Landshut befanden sich inzwischen die Familienangehörigen der in die USA engagierten Spezialisten der Operation Paperclip und standen auf Abruf bereit für die Übersiedlung.

Wegen ihres Babys konnte Hella nicht fahren. Ich sollte sie vertreten. Eberhard Rees hatte ja zu unserem gemeinsamen Freundeskreis in Peenemünde gehört.

Tatsächlich traf ich in Landshut viele alte Bekannte. Neu für mich waren die schwäbischen Verwandten und Sigismund von Braun, der Älteste der von-Braun-Brüder. Er war in der deutschen Botschaft beim Vatikan Attaché gewesen.

Ob es in seiner diplomatischen Laufbahn einen Knick gegeben hatte, konnte ich nicht erfahren.

Die Landshuter Hochzeitsgesellschaft erschien mir wie eine Gruppe Auserwählter, die sich auf einen Weltraumflug vorbereitete. Ich empfand mich nicht mehr so recht dazugehörig. Nach einem weiteren Treffen im ganz engen Kreis bei Kirchheim an der Teck verstärkte sich dieses Gefühl.

Die Schwäbische Alb war das alte Zentrum der Segelflieger. Einer der Peenemünder Flieger hatte sich in der Nähe des Altmeisters Wolf Hirth niedergelassen. Ich erinnere ein Gespräch mit dem Pionier des Segelfliegens, einem weißhaarigen, noch immer sportlich wirkenden Mann, der lieber über die Erfolge seiner einstigen Flugschüler sprach als über seine eigenen zahlreichen Rekorde. Meine Rundfunkarbeiten zu populärwissenschaftlichen Themen interessierten Hirth. In der sowjetischen Zone läge die Rhön. Die Wasserkuppe sei ein ebenso bekanntes Zentrum der Segelfliegerei wie die Teck. Seine Beziehungen dorthin seien unterbrochen, was er sehr bedauerte. Von dem Drang ins Ausland, dem auch etliche seiner Schüler folgten, hielt Hirth nichts. Er schrieb an einem Buch über die Geschichte des Segelflugs. Die junge Generation hoffte er damit zu erreichen. Leider habe er nicht das poetische Talent Saint Exupérys, dem mit «Wind, Sand und Sterne» ein großer Wurf gelungen sei.

In Leipzig erwarteten mich schöne Aufträge. Der Schulfunk hatte ein paar Themen zurückgestellt bis zu meiner Rückkehr. Ein Kalenderblatt über den Philosophen Ludwig Feuerbach – das eine. Das andere, was mir mehr am Herzen lag: Die Erneuerung des deutschen Theaters durch die Neuberin und den jungen Lessing. Dafür saß ich an manchen Tagen von früh bis spät im Zeitschriftenlesesaal der Deutschen Bücherei. Der große Lesesaal war wegen der Schäden im Dach noch immer nicht zu benutzen.

In Frankfurt bereitete sich Robert auf die Reise nach Huntsville in Alabama vor. Er schrieb, er wolle zunächst sondieren, ähnlich wie Rees es gemacht hätte. Robert war ein Mann mit Verantwortungsbewußtsein. Er wollte sich eine Grundlage schaffen. Unwillkürlich verglich ich ihn mit Carl, dem österreichischen Freund. Carl hätte in ähnlicher Situation geschrieben: Komm, wag es mit mir, wir schaffen das schon. Robert dagegen schrieb in seinem ersten Brief von drüben: Ich habe heute ein Care-Paket an Dich abgeschickt. Und wenn Du sonst noch etwas brauchst … Das Care-Paket kam am gleichen Tage an, als die Währungsreform in Kraft trat. Alle Guthaben waren gesperrt und pro Kopf wurden fünf Mark zum Sofortumtausch freigegeben. Dieser Vorschuß reichte gerade, um das Paket bei der Post einzulösen. Eine Firma hatte den Inhalt zusammengestellt. Das war wohl so üblich. Persönliches folgte im Brief. Robert – auf Fotoschnappschüssen auf der Ranch eines Freundes am Rande der Wüste in Neu-Mexiko bei ersten Reitversuchen. Er schien sich anzufreunden mit *diesem heißen Land*.

20
Schmerzpunkte

«Auswandern – das tust du uns doch nicht an.» Meine Mutter verfolgte das Wiederbeleben meiner alten Beziehungen argwöhnisch. Vater hatte gerade einen akuten Herzanfall überstanden.

Der Bürgermeister war unangemeldet erschienen und hatte sich in unserem großen Zimmer benommen, als befände er sich in einer Möbelhandlung, wo er nur auszuwählen brauchte. Beim Holzhändler und in der Sommervilla des Teppichfabrikanten hätte er schon einiges gefunden, was brauchbar wäre für sein Sitzungszimmer oder den Kindergarten. An unserem Klavier schlug er ein paar Tasten an. Daß es für das ehemalige Schützenhaus, aus dem ein Kulturhaus werden sollte, in Frage käme, drückte er so aus: «Vier Oktaven – ein gutes Instrument.» Das Lachen blieb uns im Halse stecken. Requirieren, unter Sequester stellen – mit allem hatten wir zu rechnen auf Grund von Vaters einstigen Ehrenämtern. Ich wäre wirklich manchmal gern davongelaufen um die Jahreswende 1947/48, doch ich tat das Gegenteil.

Mein Vater saß im Sessel, schlaff die Züge, mit abwesendem Blick, als ginge ihn das alles nichts mehr an. Euretwegen habe ich doch alles getan, mochte er denken. Als Geschäftsmann hätte er sich den Ehrenämtern gar nicht entziehen können. In der Kleinstadt gehörte es zur Reputation. Und wir, seine beiden Mädels, sollten das Geschaffene, die fast hundertjährige Firma, einmal weiterführen …

Ich war die ältere, und ich war an der Reihe. Hatte er nicht alles getan, um aus mir einen Kaufmann – genauer, eine Geschäftsfrau – zu machen? Umsichtig war ich, auch wagemutig, und das Lernen von der Pike auf hatte noch keinem geschadet. Ich fühlte mich angesprochen: Tu' etwas, erspar' uns die Blamage. Wenn du auch keine Geschäftsfrau geworden bist …

Er hatte ja recht, immer wieder hatte ich mich herausgemogelt aus seinen Plänen. War es nicht an der Zeit, ihm zu beweisen, daß ich, wenn es darauf ankam, auch ein *Schlaumeier* sein konnte? – Einer seiner Lieblingsausdrücke – du Schlaumeier –, wenn einem etwas Besonderes eingefallen war.

Das Besondere in diesem Fall war, Mittel und Wege zu finden, um den neuen Machthabern ein Schnippchen zu schlagen. Sie hatten uns schon das Geschäft genommen, nun sollte Schluß sein. Ich ergriff die erste sich bietende Gelegenheit für den Schachzug, mit dem ich das moderne Nußbaumbuffet, die ererbte Biedermeiervitrine und noch einiges andere retten zu können glaubte. Er ging völlig daneben. Die Vorgeschichte begann als Zufallsbekanntschaft in Leipzig in der Straßenbahn kurz vor der Deutschen Bücherei.

Ich war versunken in die Lektüre des Dramas «Nora» von Ibsen. Ein junger Mann, der mir gegenübersaß, hatte auf dem Reclamheft den Titel erkannt. Er stieg mit mir aus und sprach mich an. Er sei Däne, das heißt, seine Mutter sei in zweiter Ehe mit einem Dänen verheiratet, und er dürfe sich deshalb by Hansen nennen. Ich sei ihm aufgefallen, weil es ungewöhnlich sei, sich mit einem nordischen Dichter zu befassen, in einer Zeit, da es den meisten nur um das Materielle ginge.

Aha, ich arbeitete für den Rundfunk – im Augenblick an einer Sendung über Martin Andersen Nexö. Deshalb also mein Interesse an skandinavischer Literatur.

Er war ein überschlanker schmalgesichtiger junger Mann

mit hellen scharf beobachtenden Augen. Er hätte einige Jahre im Konzentrationslager Mauthausen verbracht, erzählte er. Nein, er wäre kein Jude, auch kein Kommunist, aber schon von Haus aus gegen Hitler und die Braunen gewesen.

Für jeden, der in einem KZ gesessen hatte, empfand ich tiefes Mitgefühl. Ich sagte zu, mit ihm zur Kleinmesse zu gehen. Den bei den Leipzigern so berühmten Rummel hatte ich als Kind nur einmal mit den Eltern besucht. Ob die Achterbahn wohl wieder fuhr? Von allem, was gefährlich aussah, hatten meine Eltern uns damals ferngehalten.

Hans by Hansen, wie er sich nannte, war zu allem aufgelegt. An einer Bude gab es etwas zu trinken, was ein bißchen nach Alkohol schmeckte. Er wollte mir zeigen, wie er wohnte: Ein kurzer Weg nur. Untermiete mit freundlicher Wirtin. Ich freute mich, wie gelöst er war. Doch in seinem Zimmer meldete sich seine Vergangenheit wieder. Auf dem Tisch mit Häkeldecke stand ein kleines Banner, wie es Vereine an ihren Stammplätzen haben. Die Inschrift: Mauthausen. Die ehemaligen Häftlinge träfen sich noch regelmäßig, sagte er. Mauthausen liege in den österreichischen Alpen. Die Häftlinge hätten Gesteinsbrocken über steile Felstreppen bergauf schleppen müssen. Manchmal hätten die Kräfte nicht gereicht. Seine Zehen waren verkrüppelt und teilamputiert.

Ich war erschüttert. Das Elend der Büdelsdorfer Patienten stand mir wieder vor Augen. Zu jenen Männern aus Stutthof hatte ich kein persönliches Verhältnis gehabt, hier jedoch stand einer vor mir, der auch für mein Leben Verständnis hatte und sich berichten ließ. Er ordnete die Fakten ganz nüchtern ein: Meine Familie hatte zur Seite der Nazis gehört, und die Eltern saßen nun in der Klemme. Einem ehemaligen KZ-Häftling konnte die Antifaschistisch-demokratische Ordnung mit ihren drakonischen Maßnahmen bei der gesellschaftlichen Umschichtung nichts anhaben. Er würde, schlug er vor, die Möbel, um die meine Eltern bangten, pro forma kaufen. Er würde eine Liste aufsetzen, die von beiden Seiten zu unterschreiben wäre, wie bei Verträgen üblich. Im Zimmer seiner Wirtin fänden Buffet und Vitrine Platz. Klavier und Ausziehtisch würde er in sein eigenes Zimmer nehmen.

Nach der schrecklichen Zeit im KZ freue er sich darauf, wieder Klavier spielen zu können. Und später, wenn er seine Übersiedlung nach Dänemark zu Mutter und Stiefvater geregelt hätte, herrschten in Deutschland auch wieder Recht und Ordnung.

Der Plan erschien mir und meiner Familie der einzige Ausweg. Doch beim Verladen der Möbel prophezeite mein Vater, das alles würden wir nie wiedersehen.

Er behielt recht. Verbissen pflegte ich die Verbindung zu dem *Dänen,* obwohl mir vieles an ihm bei näherem Kennenlernen nicht gefiel. Er entwickelte immer neue Berufspläne, ohne daß je einer verwirklicht wurde. Argwöhnisch geworden, besuchte ich ihn ab und zu, auch wenn es zuvor Meinungsverschiedenheiten gegeben hatte. Eines Tages stellte er mir seine Freundin vor, ein rosiges üppiges Mädchen. Sie spiele leidenschaftlich gern Klavier. Bei meinem nächsten Besuch war er verschwunden. Nach Dänemark natürlich. Und mit Möbeln.

Ich war wie versteinert. Auf den Antifaschisten, der im KZ gelitten hatte, war ich hereingefallen. Zu spät hatte ich erfahren, daß auch Kriminelle mit den politischen Gefangenen zusammengelegt worden waren. Einer seiner Freunde, den ich später durch Zufall wieder traf, hatte den Schwindel durchschaut, aber auch zu spät. Nur hatte er seine anfängliche Gutgläubigkeit nicht so teuer bezahlen müssen.

Ich nahm noch einmal alle Energie zusammen und beauftragte einen Detektiv. Nach Meinung der Vermieterin hatte by Hansen die Möbel nicht nach Dänemark geschafft. Der Detektiv hatte Erfolg. Doch mir nützte er nichts. Das Ehepaar, das die Möbel gekauft hatte, ahnte nichts von ihrer wirklichen Herkunft. Sie hatten dem Herrn die Ausreise nach Dänemark finanziert. Auf dem Schwarzmarkt hatten sie ihn kennengelernt. Nur dort trafen sich in diesen Zeiten zahlungskräftige Leute. Ein Handel wie jeder andere.

Ich habe gewissermaßen in *unserem Zimmer* gestanden und konnte diesen fremden Leuten nicht einmal böse sein, als sie meine Behauptung, es wären die Möbel meiner Eltern, zurückwiesen. Sie hatten in Schlesien ihre Habe zurücklassen müssen und nun ihren Geschäftssinn dafür genutzt, um die leeren Räume ihrer Leipziger Wohnung zu möblieren. Sie

144

ließen keinen Zweifel daran, daß sie gern mit mir tauschen würden – ein eigenes Dach, ein festes Haus, was ich wohl noch besaß – gegen die Ausstattung eines Zimmers.

Mir blieb nichts anderes übrig, als mit mir selber ins Gericht zu gehen. Vaters Bemühungen, mich zur Kaufmännin zu erziehen, waren fehlgeschlagen. Man hält eben einen Geldschein erst gegen das Licht und beißt auf die Münze, um die Echtheit zu prüfen. Ich dagegen hatte bei einem Fremden emotional reagiert, hatte mich bluffen lassen von dem schmalgesichtigen blonden Mann mit der Akne-Haut und den verkrüppelten Füßen. Das Wort *Mauthausen* hatte bei mir jeden Zweifel an seiner Ehrlichkeit und Rechtschaffenheit hinweggefegt.

Nie würde ich es in Geschäften irgendwelcher Art zu etwas bringen, das wußte ich nun. Hätte es noch weiterer Ernüchterung bedurft, so war es das Honorar für den Detektiv. Es fraß mein Erspartes aus den Rundfunksendungen völlig auf.

Wenige Wochen danach starb mein Vater.

Im Redaktionsbüro des Schulfunks holte ich mir das hektographierte Belegexemplar zur Neuberin-Lessing-Sendung. Auf dem Deckblatt las ich zwei neue Namen. Als Regisseur Hans Bussenius, als eine der Sprecherinnen Gisela May. Sie war Schauspielerin am Leipziger Theater und die Tochter Ferdinand Mays. Sie wurde eine der bekanntesten Brecht-Interpretinnen, als Diseuse wie als Schauspielerin am Berliner Ensemble.

21
Autoren im Land Sachsen

Kann eine Autorin aus ihrem vertrauten Sprachgebiet ausbrechen? Und wenn sie es aus Liebe tut, wie lange wird es dauern, daß ihr etwas ganz Entscheidendes fehlt? Diese Fragen konnte nur ich mir beantworten. Als ich vom Mitteldeutschen Verlag in Halle den Vertrag in der Tasche hatte für ein Kinderbuch – ein bescheidenes Heft in einer Reihe populärwissenschaftlicher Themen –, dazu eine Vorabsprache für eine Sammlung von Liedern aus meinen Kinderfunksendungen, wurde mir klar, daß ich mich entscheiden mußte. Ich hatte bei Hans Bussenius Sprechunterricht genommen. Die Liebe zur Literatur und zum Theater führte uns zusammen.

Ich schrieb Robert, ich würde mich Weihnachten verloben. In seinem Antwortbrief stand das, was ich seit unserem Treffen in Frankfurt gern deutlicher von ihm gehört hätte, daß er, sobald er in der Neuen Welt Fuß gefaßt hätte, mich bitten würde, zu ihm zu kommen. Er schrieb: ... Ich mußte, als ich Deinen Brief gelesen hatte, unbedingt mit jemandem sprechen, der Dich kennt. Ich bin zu Eberhard gegangen mit einer Flasche Whisky. Wir haben von Dir gesprochen, bis die Flasche leer war. Eberhard konnte gar nicht begreifen, warum wir zwei nicht schon auf der Insel geheiratet hätten ... Ich begriff es plötzlich auch nicht mehr so recht.

Noch war ich nicht verheiratet. Aber nun wollte ich nicht mehr zurück.

1949 war Goethejahr. Bei der Feier am Denkmal des jungen Goethe am Naschmarkt stellte ich Freunden aus dem Leipziger Autorenkreis meinen Mann vor. Also nun – Bussenius? Nein, ich hatte es mit meinem Mann abgesprochen, als Autorin blieb es bei meinem Mädchennamen. Er als Regisseur und ich als Autorin – beim Abspann nach einer Rundfunksendung zweimal der gleiche Name – das hätte sich nach Familienbetrieb angehört.

Die Pension in Prerow, wo wir als Nachholhochzeitsreisende freundliche Spätsommertage verlebten, beherbergte gleichzeitig einen großen, schlanken, höflich-distanziert wirkenden Mann. Hans wechselte ab und zu ein paar kollegiale Worte mit ihm. Es war Horst Tappert. Er mußte wegen Filmaufnahmen vorzeitig abreisen. Als ich ihn viel später auf dem Bildschirm als *Kommissar Derrick* wiedersah, fand ich ihn kaum verändert.

Aus der Antifaschistisch-demokratischen Ordnung, wie sich die sowjetische Zone definierte, war nun ein Staat geworden. Mein Mann – vierzehn Jahre älter als ich – hatte als Kind noch zu Kaisers Geburtstag schulfrei gehabt. Er sagte abwartend:

146

«Wir werden sehen, wie das zusammengeht – Demokratie und Sozialismus.» Unsere Stadtspaziergänge endeten nicht selten in den Antiquariaten bei der Thomaskirche. Die Bücherregale in unserer Zweiraumwohnung in Untermiete mit Küche- und Badbenutzung füllten sich rasch. Ich stand damals noch etwas ratlos vor den Stapeln vergilbter Bücher in den Schatzkammern des Geistes. Was wußte ich schon von den Aufmüpfigen der zwanziger, dreißiger Jahre, was vom Friedrichshagener Kreis?

Bei den Leipziger Autoren gehörte ich immer noch zu den jüngsten und hielt mich beim Diskutieren zurück. Der *Kulturbund zur demokratischen Erneuerung Deutschlands* hatte in Leipzig ein eigenes Haus bekommen, und der Schriftstellerverband gehörte als Sektion dazu. Unter derselben Verwaltung bildeten sich in den Landeshauptstädten *Arbeitsgemeinschaften junger Autoren*. Schriftsteller, die aus der Emigration gekommen waren, hatten Patenschaften übernommen. Besonders emsig war in Thüringen die Gruppe um Walther Victor. Rudolf Leonhard, aus der französischen Emigration zurückgekehrt, kümmerte sich um die jungen Schreibenden in Sachsen.

Ich freute mich immer auf die Wochenendtagungen der AJA. Regelmäßig trafen wir uns im Kulturbundhaus in Dresden-Blasewitz. Die Tagesstunden reichten für das Vorlesen und Diskutieren meist nicht aus, und wir zogen abends ein paar Häuser weiter ins Waldparkhotel. Da tauten auch die stillsten auf. Ich hatte schon etwas aufzuweisen und konnte die älteren Kollegen, von denen die meisten in der Emigration gewesen waren, mit meinen Kinderbüchern beschenken. «Lutz und Frosch und wie sie alle heißen» überreichte ich Auguste Wieghardt-Lazar, der Autorin von «Sally Bleistift in Amerika». Ihre Meinung über mein Buch bestand im wesentlichen aus einem Satz, den ich später noch öfter hören sollte: «Gut geschrieben, aber deine Geschichte könnte zu jeder beliebigen Zeit spielen. Schade!» Angeregt zu meiner Geschichte aus der Kinderwelt hatte mich «Winnie the Pooh» – meine Puh-der-Bär-Rundfunkserie. Ich hatte nun zu lernen, daß Literatur, in der das gesellschaftliche Umfeld nicht erkennbar wurde, eine Flucht in die Idylle war – und schädlich.

Die Älteren, die sich unserer annahmen und uns die Augen öffnen wollten, hatten allen Grund, unseren kritischen Blick auf die Vergangenheit zu schärfen. Unsere Generation war durch die Hitlerzeit so stark geprägt – in Schule, Arbeitsdienst und Wehrmacht –, daß selbst jene, deren Eltern Nazigegner gewesen waren, sich dem nicht gänzlich hatten entziehen können. Rudolf Leonhard, der als Jude und Kommunist die ganze Zeit des *Tausendjährigen Reiches* hindurch gefährdet und schlimmster Verfolgung im besetzten Frankreich ausgesetzt war, zeigte bewundernswerte Toleranz. Später mußte ich feststellen, daß nur wenige, die ähnliche Erfahrungen gemacht hatten, zu solcher Größe fähig waren. Einmal schilderte Rudolf Leonhard, wie ihn nach seiner Flucht aus dem berüchtigten Internierungslager Le Vernet die Feldgendarmerie gejagt hatte. Er sprach schlicht, fast nüchtern, und wir waren alle verstummt. Doch aus Götz Richter, dem ehemaligen Leutnant, brach es heraus: «Rudolf, wenn ich mir vorstelle, ich wäre zu der Zeit in Frankreich gewesen, ich hätte dich doch auch gejagt!» Diesem gequälten Aufschrei setzte Rudolf entgegen: «Aber ihr Jungen, ihr habt es doch nicht anders gewußt.»

Auch Ludwig Renn gehörte zu jenen, die für ihre Überzeugung Gefahren auf sich genommen hatten. Er war der Sproß eines alten sächsischen Adelsgeschlechts. Seinen Namen Arnold Freiherr Vieth von Golßenau hatte er abgelegt und seine Erfahrungen als Stabsoffizier von 1914/18 in den Dienst der Kämpfer gegen den Franco-Faschismus gestellt. Ein anderer, der oft an unseren Zusammenkünften teilnahm, war Max Zimmering. Er war auf einem Auswandererschiff durch die halbe Welt geirrt, bis sich ein Land bereitfand, die jüdischen Flüchtlinge aufzunehmen.

Eine besondere Stellung unter den Dresdener Antifaschisten hatte der Romanistikprofessor Victor Klemperer. Er war in Dresden geblieben und hatte dank seiner *arischen* Frau die Nazijahre überlebt. Daß ihm das gelungen war, schien ein solches Wunder, daß er in den eigenen Reihen auf Argwohn gestoßen war. Wer nicht auswanderte, mußte sich doch anpassen! Klemperer, ein manischer Tagebuchschreiber, hat die Jahre genau protokolliert. Aber erst einmal legte er ein Buch vor, das ihn als hervorragenden Sprachwissenschaftler auswies: «LTI» – eine Untersuchung der Verluderung der deutschen Sprache während des *Dritten Reiches*. Lange nach seinem Tod, kurz vor dem Jahrtausendwechsel, rückten seine Tagebücher in die vorderste Reihe dokumentarischer Literatur.

Ich sehe ihn vor mir mit seinen traurigen Augen, ein Mensch, den die durchlittenen Jahre ungeheuer verletzlich und mißtrauisch gemacht hatten.

Im Kreis der Leipziger, so schien es mir, gab es keine so herausragenden Persönlichkeiten, die nach Herkunft oder Gesinnung sich Nazideutschland entgegengestellt hatten. Da war es schon etwas Besonderes, als in der Schriftstellerrunde ein Mann erschien, der das KZ Buchenwald überlebt hatte. Von dem unscheinbaren stillen Bruno Apitz hieß es, er schriebe an einem Buch über das KZ, in dem Ernst Thälmann ermordet worden war. Es handle von einem Jungen, den die Häftlinge vor den Aufsehern versteckt und dadurch gerettet hatten. Den Roman, der später ein Bestseller und Schullektüre wurde, nannte er «Nackt unter Wölfen».

Der erste von den jüngeren, der sich heraushob, war ein eigenbrötlerischer Typ. Er legte schon ein Buch vor, als wir anderen uns noch mit dem flüchtigen Wort im Rundfunk begnügten. Es war Erich Loest. Seine Erzählungen nannte er: «Jungen, die übrig blieben». Aus der Arbeitsgemeinschaft in Dresden hielt er sich heraus. Er war ein besessener Schreiber und hatte schon das nächste Buch fertig, als andere noch über Papierknappheit der Verlage murrten.

Je mehr ich meiner Erzählfreude freien Lauf ließ, wie es mir Ehm Welk mit seinen Worten «Mädchen, schreiben Sie Prosa» geraten hatte, um so mehr bewunderte ich Autoren, die sich mit Lyrik einen Namen machten. Georg Maurer, in Siebenbürgen gebürtig, war ausgezehrt aus der Kriegsgefangenschaft zurückgekommen. Er hatte vor dem Krieg in Leipzig studiert und war den Älteren des Autorenkreises kein Unbekannter. Für seinen schmucklos, auf schlechtem Papier gedruckten Band «Gesänge der Zeit» erhielt er 1948 den Literaturpreis der Stadt Weimar. Seine Lesung im Gohliser Schlößchen lockte viel Publikum an. In einer Zeit, da noch gehungert wurde, ein Beweis, wie groß auch der geistigästhetische Hunger war.

In Dresden war es eine Frau, die als erste der jungen auf sich aufmerksam machte: Annemarie Reinhard mit dem Roman «Treibholz». Auch in Leipzig schaffte es bald eine Frau, bekannt zu werden: Hildegard Maria Rauchfuß. Sie stammte aus Breslau, und der Verlust ihrer Heimat war ihr Grunderlebnis.

Beide Frauen hatten schriftstellernde Partner an ihrer Seite, aber keine Kinder. Ich war, als ich mich für den Regisseur Bussenius entschied, auf Familie eingestellt. Als hätte sich durch die Anerkennung meiner Schreibversuche von Anfang an meine lange angestrebte Selbstfindung bestätigt, war ich endlich – spät, aber mit Ende zwanzig nicht zu spät – offen für die andere Seite meines Frauenlebens.

22
Der Sohn und anderer Leute Kinder

1951 wurde unser Sohn geboren. Kaum daß der Knabe sitzen konnte, schleppte mein Mann ihn mit ins Funkhaus. Die Mitarbeiter der Schul- und Jugendfunkgruppe hatten ihren Spaß an dem Blondkopf in blauer Wolle, und das Sprecherkollektiv begrüßte ihn im Regieraum als Kollegen in spe.

In diese Richtung ist er zwar beruflich nicht eingeschwenkt, obgleich er in Kloster auf Hiddensee von Gerhart Hauptmanns Pfarrer-Freund getauft wurde und mit knapp vier Jahren seine erste Filmrolle gespielt hat. Es handelte sich Mitte der fünfziger Jahre um einen populärwissenschaftlichen Film über gutes Kinderspielzeug und Kinderbücher, wofür ich das Szenarium geschrieben hatte. Der Streifen lief zu unterschiedlichen Spielfilmen im Beiprogramm.

Zuvor aber wollte ich meine Erfahrungen mit der Sprechergruppe der Rundfunkkinder für ein Kinderbuch nutzen. Seit meiner Heirat nahm ich möglichst oft am Entstehen der Sendungen teil. Es gab ja kaum Aufzeichnungen, alles ging *live* über den Sender. Kleine Versprecherpannen, zähes Ringen bei den Proben gegen das Sächseln - es gehörte zum bunten Tagesablauf in der Springerstraße. Manche der jugendlichen Sprecher haben auf diesen Grundlagen ihren späteren Beruf aufgebaut. Das trifft zu für Klaus Piontek, langjähriges Mitglied des Deutschen Theaters in Berlin. Das kann man sagen von Klaus Feldmann, dem Nachrichtensprecher des DDR-Fernsehens. Von der begabten Eva-Maria Werth hat sich für uns später die Spur verwischt. Nach der Schauspielschule Hilde Körbers in Berlin-Grunewald debütierte sie erfolgreich an einem Theater in der Bundesrepublik.

Im Leipziger Funkhaus gab ihr Hans Bussenius erst einmal die Hauptrolle in einem Hörspiel *Ein leichter Beruf.* Der Höhenflug einiger jugendlicher Sprecher, die sich bereits auf der Erfolgsleiter zum Bühnenruhm sahen, machte meinem Mann Sorgen. Er hatte schon Anzeichen von Neid und überzogenem Ehrgeiz zwischen den Kindern beobachtet. Im Abspann der Abendhörspiele wurden stets alle Namen genannt, auch wenn ein Kind lediglich zwei Sätze zu sagen hatte. Dafür ausgewählt zu werden, war das Höchste. Ich griff das Thema auf, wollte aber dem so leicht erscheinenden Beruf des Schauspielers den Tanz beiordnen. Fast auf jedem kulturellen Abend in den Zoosälen trat damals eine etwa zehnjährige Tänzerin auf. Starrummel um Kinder und die Gefahr für ihre Entwicklung beschäftigten mich aus direkter Anschauung. Die Ausdruckstänzerin Mary Wigman hatte gerade die Oper *Orpheus und Eurydike* ganz vom Tänzerischen her inszeniert. Ich war begeistert, wollte sie interviewen und bei der Gelegenheit ihre Meinung zu meinem Problem hören. Es war meine erste Begegnung mit einer berühmten Künstlerin. Mary Wigman gilt heute noch als die Begründerin des Ausdruckstanzes. Ihre Natürlichkeit und nicht zuletzt die Tatsache, daß ihre Meinung mit der meinen übereinstimmte, stärkten mein Selbstwertgefühl. Ich wollte mich nun nicht mehr auf Funkarbeit allein beschränken.

Mein Mann bestärkte mich darin. Er wußte auch gleich Rat, wie ich Zeit finden könnte, ein Buch zu schreiben, ohne daß er auf seine Bequemlichkeit verzichten mußte. Er nahm Urlaub, und wir fuhren mit unserem quicklebendigen zweijährigen Knaben zu meiner Mutter. Wir hatten nur nicht bedacht, daß meiner Mutter in dem einst so geräumigen Doppelhaus kein Raum verblieben war, in dem ich abgeschirmt von Familie und Mietern arbeiten konnte. Da half die Jugendfreundin Eri. Schräg über den Markt ging ich den altbekannten Weg. Im ersten Stock der *Privilegierten Mohrenapotheke* schrieb ich den größten Teil von «Janni vor dem Mikrofon», einem Roman für Mädchen, wie die *Tägliche Rundschau* das Buch begrüßte.

Ich wurde vom Markt her nicht mehr begrüßt vom bronzenen Feldmarschall, dem ich als Dreijährige von der gegenüberliegenden Seite des Marktes ins Auge geschaut hatte. Noch im letzten Kriegsjahr hatten Durchhaltefanatiker unseren Gneisenau vom Sockel geholt. Die alten Schildauer trauerten ihm nach, nicht aber der neue antifaschistische Bürgermeister. «Wir wollen keinen Militaristen auf dem Markt», sagte er zu meinem Mann. Der gab zu bedenken, immerhin habe Gneisenau zusammen mit der russischen Armee gekämpft. In Leipzig-Möckern wurde unsere Straße wieder in Blücherstraße umbenannt. Aber der Schildauer Genosse blieb stur. Magdalene, eine meiner Cousinen, die ins Geburtshaus Gneisenaus eingeheiratet hatte und eine *Gneisenau-Rothmann* geworden war, hatte das Gneisenaubild von der Wand im Flur abgenommen und erst einmal verschwinden lassen, als die Vertreter der neuen Ordnung sich aller Erinnerungen an militärische Vergangenheit entledigten.

Das ging bis zum Fällen der Gneisenaueiche, dem Entfernen der Gedenktafel am Geburtshaus und zur Umbenennung der Gneisenaustraße in Karl-Marx-Straße. Um genau zu sein, muß ich hier einfügen, daß ich mein Mädchenbuch nicht am Markt meines Heimatstädtchens schrieb, sondern am *Platz der deutsch-sowjetischen Freundschaft.* Die Umbenennungen waren in vollem Gange.

«Bei jedem Umbruch wird hier und da über die Stränge geschlagen», sagte Georg Maurer. Und der weltgewandte Wieland Herzfelde, gerade aus den USA zurück und frisch ernannter Professor für Journalistik an der Universität Leipzig, lächelte über den Schildbürgerstreich. «Immer noch verständlicher als Plakate am Waldrand mit der Losung: Senkt die Waldbrände um fünfzig Prozent. So was gibt's nämlich auch.»

Wieland und Trude Herzfelde gaben in ihrem schönen Leipziger Haus mir zu Ehren ein Fest. Mein Abschied von

152

Leipzig. Mein Mann hatte sich nach einer neuen Aufgabe umgesehen, nachdem in Leipzig fast nur noch Musiksendungen produziert wurden. In Berlin-Schöneweide war das große Funkhaus fertig geworden, und alles, was zum Künstlerischen Wort zählte, sollte künftig in der Nalepastraße inszeniert werden. Hans, der sich gerade auf Kammerspielsendungen eingestellt hatte, grauste es vor dem Massenbetrieb in dem Monsterbau. Ein Wettrennen war zu erwarten mit – oder eigentlich gegen – das alte Berliner Funkhaus in der Masurenallee. Ost gegen West. Dem wollte sich der geborene Berliner aus dem Wedding, dessen Mutter noch in Charlottenburg lebte, nicht aussetzen. Aber in Leipzig gab es für ihn nichts mehr zu tun. Nach zwei wenig glücklich verlaufenen Zwischenstationen – zuerst Staatliche Kunstkommission, dann Schauspielschule – hatte er Fuß gefaßt beim DEFA-Studio für Spielfilme. Als Gelegenheit zum Einarbeiten wurde ihm das Lektorat innerhalb der Dramaturgie angeboten. Dazu eine geräumige Wohnung in der Filmstadt. Die Wochenendpendelei sollte endlich ein Ende haben. Für mich war verlockend, daß wir in dem mehrstöckigen Reihenhaus in der Hermann-Maaß-Straße auch Platz haben würden, Gäste zu empfangen. Allerdings würden unsere Gastlichkeiten nicht das üppige Gepräge haben können wie das der freundlichen Herzfeldes.

Beim Anblick der kalten Platten gingen uns, der Autorenschar, an jenem Abend die Augen über. «Ein Lebenskünstler, dieser Wieland», staunte Georg Maurer und schmauste mit Behagen Eierbrote und kalten Braten. Meinen Dank für so eine Ehrung für mich, die Kinderbuchautorin, deren Buch mit Widmung man freundlich entgegennahm – aber ob man's auch las? – konterte Herzfelde so: «Man braucht eben manchmal einen Anlaß für ein Fest, und den hast du uns gegeben.» Handkuß für mich. Und die mir von einem jungen Kollegen geschenkten Chrysanthemen legte Trude Herzfelde, als wir aufbrachen, in ihren Kühlschrank. «Da halten sie sich länger.»

Es machte uns nichts aus, weit nach Mitternacht quer durch Leipzig zu wandern, nach einem so anregenden Abend. Eigentlich schade, daß ich fort mußte.

Kurz vor meinem Weggang von Leipzig machte mich Wieland Herzfelde noch mit seinem Bruder John Heartfield – dem Meister der polit-satirischen Fotomontage – bekannt. Es ginge um ein Foto, erfuhr ich, für eine zu gründende unterhaltsame Monatszeitschrift. «Eine Art Magazin, wie es sie in Amerika dutzendweise gibt», erläuterte mir Herzfelde. Die beiden Brüder hatten die dafür nötigen unternehmungslustigen Mitarbeiter zusammengetrommelt, darunter Hilde Eisler als künftige Chefredakteurin. Im ersten Heft sollte ein Artikel über das nahe Leipzig gelegene Städtchen Schildau mit den ihm nachgesagten Narrenstreichen erscheinen, sozusagen die heitere Seite der neuen Zeitschrift belegend. John Heartfield beäugte mich von allen Seiten, fand mein Kleid passend für den Zweck, meinen Haarknoten altersgemäß ebenfalls und drückte mir mein gerade erschienenes «Schildbürgerbuch von 1598» in die Hand. Er montierte die Seite so, daß ich das Buch dem Schildauer Bürgermeister entgegenhalte, dem die Narreteien nicht ganz geheuer scheinen. An jenem Tage sollte zwischen den Geburtshelfern des Magazins auch der Titel des neuen Druckerzeugnisses ausgehandelt werden. Aber kein Vorschlag fand eine Mehrheit. Und es blieb bei dem Namen *Das Magazin*. Es wurde das wohl meist begehrte Blättchen im DDR-Blätterwald. Zu einer passenden eigenen Geschichte für eins der vielen Hefte habe ich es nicht gebracht, aber mit *meinen Schildbürgern* habe ich die Bestsellerreihe im Heft 1 mit eröffnet.

23
Büchermacher

Ehe ich mich in meiner Rückschau aus der Buchstadt Leipzig verabschiede, ist ein Blick auf jenen Berufsstand angebracht, dem DAS BUCH schlechthin Lebensaufgabe ist.

Noch bevor ich lesen konnte, hatte ich vor allem, was sich zwischen zwei Buchdeckeln vor mir auftat, größten Respekt. Geschichten zu erfinden, schien mir in meiner kindlichen Einfalt noch das leichteste zu sein, ich steckte ja selber voll davon. Doch wie fanden die Erzähler jemanden, der ihre

Geschichten zu Büchern machte? Der *Buchmacher,* mit dem mein Vater vor dem Kriege verhandelt hatte wegen eines gebrauchten Autos, weil unser Opel «es nicht mehr lange machen würde» – dieser Mann aus Leipzig machte gar keine Bücher, sondern besaß ein Büro, in dem Wetten für Pferderennen abgeschlossen wurden. «Das sind alles Gauner», sagte mein Vater, «die verdienen, wenn ihre Kunden verlieren.» Diejenigen, die wirklich Bücher machten, hießen Verleger, erfuhr ich damals.

Ich stellte mir vor, daß auch Goethe und Schiller einmal als unbekannte Anfänger mit ihren handgeschriebenen Gedichten oder Stücken zu einem Verleger gegangen waren. Sie mußten sich anbieten. Einen anderen Weg gab es wohl nicht.

Als ich mich eines Tages aufgemacht hatte, um den Besitzer des Reclam-Verlages zu besuchen, fühlte ich mich nicht als Bittsteller, denn meine Märchen und Kindergeschichten paßten nicht in den renommierten Verlag *Philipp Reclam jun.,* das wußte ich. Ich suchte 1946 allenfalls einen Ratgeber auf dem mir noch unbekannten Feld der Literatur. Meine ersten Rundfunksendungen hatten mich ermutigt.

Den Kontakt zu den Stettiner Reclams hatte ich gerade wieder aufgenommen, so ging ich unbefangen in das Verlagshaus im Leipziger Buchhändlerviertel.

Ich erinnere mich nicht, ob ich warten mußte, bis ich empfangen wurde, ich erinnere nur die Atmosphäre, in der das knapp einstündige Gespräch stattfand. Fräulein Helmecke hatte immer vom *Geheimrat Reclam* gesprochen, wenn sie ihn erwähnte, und so erschien er mir auch: Ein weißhaariger mittelgroßer Mann mit gütigem Gesicht. Die Augen wirkten müde, und er lenkte bald auf Familiäres über. Von seinem Sohn Heino hatte er Nachricht. Daß sein Neffe Oscar gefallen war, tat ihm sehr leid. Immer wenn Oscar seinen Vetter Heino besucht habe, hätte es interessante Gespräche über Japan gegeben. Ich hatte beim Verabschieden das Gefühl, als täte es dem alten Herrn leid, mir nicht mehr Hoffnung für meine Zukunft mit auf den Weg geben zu können.

Der erste Verlag, mit dem ich es als Autorin zu tun hatte, war der *Mitteldeutsche Verlag* in Halle. Keiner der Mitarbeiter dieses Volkseigenen Verlagshauses entsprach meinen Vorstellungen eines Büchermachers. Aber es war wohl zu viel verlangt, daß sich ein Verleger speziell meiner anzunehmen hätte. Debütanten wie ich waren die Autoren für eine Reihe Erzählungen, in denen Werner und Peter, zwei wißbegierige Jungen, auf Entdeckungsreisen gehen. Nicht etwa in die weite Welt, sondern ganz brav in unserem eigenen Land. Als ich meinen Vertrag bekam, im Jahr 1948, war Heft 13 dran. Werner und Peter waren schon in Salinen gewesen, im Steinkohlenbergwerk, hatten beim Entstehen einer Zeitung zugeschaut, und von mir sollten sie nun erfahren, wie aus Rüben Zucker gewonnen wird. Ich wußte es auch nicht, also auf in die Zuckerfabrik nach Altranstädt am Rande von Leipzig. In diese Erzählung konnte ich meine Erfahrungen aus den Reportagen mit der Jungen Funkgruppe einbringen. «Rüben, Säfte und Kristalle» nannte ich die Broschüre, ein bescheidenes Heft, aber mein erstes Gedrucktes. Beim gleichen Verlag folgte bald darauf eine Sammlung meiner für den Rundfunk geschriebenen Kinderlieder, vertont von Herbert Baumann. «Dumdideldei» war schon in feste Buchdeckel gebunden und wurde von der damals jungen Grafikerin Ursula Neustädt illustriert, die später den Maler Mattheuer geheiratet hat.

Erster Verleger für meine eigenständigen Kinderbücher war eine Frau. Sie hatte selbstbewußt dem von ihr 1945 gegründeten *Altberliner Verlag* ihren Namen hinzugefügt. Ich glaube, Hermann Oschatz, der ebenso wie ich für die Redaktion *Jugend und Erziehung* Rundfunksendungen schrieb, riet mir, mit meinem Kinderbuchmanuskript zu Lucie zu gehen. Der *Altberliner Verlag Lucie Groszer* befand sich in Berlin-Mitte nahe dem Hackeschen Markt in der Neuen Schönhauser Straße. Im Erdgeschoß die Buchhandlung – im kleinen Schaufenster nur Kinderbücher –, im ersten Stock in drei oder vier Zimmern, die ineinander übergingen, der Verlag mit dem Lager.

Nichts ähnelte hier der hundertjährigen Gediegenheit des Reclamschen Verlagshauses. Statt schwerer Bücherschränke gab es leichte Regale, und das Büro, das ich als erstes betrat, war zugleich das Arbeitszimmer des Lektors Johannes Bobrowski. Er war kaum größer als ich. Seinen Kopf zwischen den hohen Schultern trug er leicht nach vorn geneigt. Vielleicht vom vielen Lesen, dachte ich.

Sehr aufrecht dagegen kam Lucie Groszer aus ihrem Büro. Mein erster Eindruck: eine stattliche Frau. Die Energie, mit der sie schon 1945 die Lizenz für ihren Verlag durchgesetzt hatte, war ihr anzusehen: Kräftige Figur, rote Wangen, straffgekämmtes Haar mit dickem Nackenknoten – eine Prinzipalin. Sie hatte mein eingesandtes Manuskript gelesen und wollte es drucken. Gegen den ziemlich langen Titel *Lutz und Frosch und wie sie alle heißen* hatte sie nichts einzuwenden.

Von unserem Gespräch ist mir vor allem in Erinnerung geblieben, wie offen sie mir gegenüber war, was ihren Alltag betraf. Verlegerin zu sein, war ihr Traumberuf. Vier Kinder hatte sie, wenn ich mich recht erinnere. Die jüngsten waren Zwillinge und noch so klein, daß sie, die Mutter, ihre Sonntage mehr am Waschzuber verbrachte, als sich von der Wochenarbeit zu erholen. Ich stellte sie mir vor mit Kittelschürze, die Arme in der Seifenlauge, während andere Frauen spazieren gingen, und ich bewunderte sie dafür erst recht.

Sie brachte mich mit dem Leipziger Grafiker Hans Mau zusammen, der sich in die Kinderstubenbande um Lutz und seinen Gummifrosch gut einfühlen konnte. Auch mein nächstes Kinderbuch *Janni vor dem Mikrofon* nahm sie in ihren Verlag. Jeweils nach zwei Auflagen ließ sie mich wissen, Kinderbücher hätten eben ihre Zeit. Sie hat ihren Verlag lange erfolgreich gegen eine Verstaatlichung verteidigt. Auch als sie Besitzanteile abgeben mußte, blieb ihr Name weiter im Firmentitel erhalten.

Der *Carl Hinstorff Verlag* in Rostock zählte in den fünfziger Jahren zu den wenigen, die noch von einer Verlegerpersönlichkeit der *alten Schule* geleitet wurde. «Du bist bei Peter E gelandet, da bist du gut aufgehoben», sagte Rudolf Leonhard zu mir, als ich ihm von meiner Bearbeitung des alten Schildbürgerbuches erzählte.

1953 lernte ich Peter E. Erichson kennen. Er hatte zwei Wohnungen und zwei Frauen. Die dritte Frau im Bunde war seine Lektorin Käthe Miethe. Er schätzte sie auch als seine Autorin, «wenn sie nur nicht so faul wäre.» Peter E sagte das in einem Ton, als handle es sich lediglich um eine genialische Eigenart, die er bei ihren Lektorierungen einkalkulieren mußte. Käthe Miethe wohnte in einer Büdnerei in Althagen, Peter E in Ahrenshoop am Schifferberg, zusammen mit Line Ristow. Line war seine Jugendliebe gewesen, die er in reiferen Jahren wiedergetroffen hatte. Frau Erichson wohnte in Warnemünde, und der Verlag hatte seinen Sitz in Rostock.

Mit meinem dreijährigen Jungen an der Hand kam ich mir bei meinem ersten Besuch in Erichsons Haus in Ahrenshoop am Schifferberg vor wie eine Däumlingsmutter. Peter E's Stimme paßte zu seiner imponierenden Gestalt. Wie ein Opernsänger, der gerade als Falstaff aufgetreten ist, dachte ich. In der Erinnerung meines Jungen lebt er weiter als Zauberer, der sich aus erhabener Höhe herabbeugte und ihm Groschen aus Nase und Ohren gezaubert hat. Mich be-zauberte er mit der Zusicherung, aus meinen Schildbürgern eine *bibliophile Kostbarkeit* zu machen. Nach damaligen Möglichkeiten und mit den Illustrationen des bekannten Zeichners Fritz Koch-Gotha hat er das Versprechen auch gehalten. Für mich war Fritz Koch-Gotha der Erfinder der «Häschenschule», eines meiner Lieblingskinderbücher. In seinem behaglichen Fischländer Haus in Althagen erlebte ich die beiden Alten im Gespräch über die Wichtigkeit der *Bildbeigaben* zur Literatur. Der kleine, etwas verwachsen wirkende Grafiker, dem der Schalk aus allen Gesichtsfalten guckte, neben dem stattlichen Verleger, der volltönend seine Vorstellungen von ganzseitigen Illustrationen entwarf – größere Gegensätze waren kaum denkbar. Doch sie haben sich aufs glücklichste ergänzt. Der spitze Zeichenstift des Satirikers hat den Verlegerfreund und sich selbst in den Physiognomien einiger Schildischer Narren festgehalten. Ganz gewiß hat sich Peter E im Schultheiß von Schilda erkannt. Aber die Ironie seines langjährigen Nachbarn auf dem Fischland ist so liebenswürdig, daß sie die Eitelkeit des Grandseigneurs Peter E nicht verletzt haben kann.

24
Die Filmstadt

Babelsberg war damals schon ein Anhängsel von Potsdam, und nach der Verwaltungsreform war Potsdam Bezirkshauptstadt geworden. Die Mauer stand noch nicht. Nach fünf Minuten Fahrt vom S-Bahnhof Griebnitzsee – der früheren Station Ufastadt-Babelsberg – waren wir in Berlin-Wannsee, dem südwestlichsten Zipfel der viergeteilten Stadt. Den Personalausweis mußten wir immer bei uns haben, überall stieß man an Grenzgebiet, zu Lande und zu Wasser. Als geborener Berliner war Hans Wassersportler, und die erste Anschaffung in Babelsberg war ein Boot.

Zunächst ein Faltboot, ein *Klepper*, wie er es schon in den dreißiger Jahren in Pichelsberg besessen hatte. Später ließen wir uns einen Kanadier bauen. Wir nannten das gediegen geklinkerte Boot mit Treibersegel und Außenbordmotor *Janni II*, denn eine Nachauflage meines Kinderbuchs hatte es finanziert.

Um diese Zeit vervollständigte sich unsere Familie. Das Sonntagskind im Rosenmonat 1955 war ein Mädchen. Die Liebeserklärung von der schreibenden Mama – ein Gedicht in freien Rhythmen – bekam sie erst mit achtzehn. Um mit ihrem Trotz fertig zu werden, der sie als Kleinkind plagte, erfand ich das *Böckchen-austreibe-Spiel*. Zur Ablenkung war mir eine Geschichte eingefallen. Spontan an der Dreijährigen ausprobiert, war sie so erfolgreich, daß meine *Mummel* immer wieder danach verlangte, wenn das *Böckchen* in ihr rumorte. Für diese Geschichte, deren positive Wirkung ich unmittelbar erlebt habe, konnte ich nie einen Verlag finden. Ich hätte so gern Müttern geholfen, die mit ähnlichen Trotzköpfen umgehen müssen.

Die Wochenenden am Jungfernsee mit Zelt, Picknickkoffer- und taschen mußten gut vorbereitet werden. Das Heranschaffen aller Dinge, die zu einem in der Natur erholsamen Aufenthalt mit Kindern unerläßlich waren, forderte Zeit und Überlegung. Alles wurde von der Wohnung bis zum Bootshaus geschleppt oder aufs Fahrrad gepackt, wo unsere

Jüngste im Körbchen vor dem Lenker saß. Sie hat ihre ersten Schritte barfuß auf der grünen Wiese gewagt, sich vortastend von der labilen Zeltleine bis in die Arme unserer treuen Ditta. Ich hatte mir eine Haushilfe suchen müssen, denn mit zwei Kindern hätte ich beides – Familie und Schreiben – nicht geschafft. Der Junge konnte in seinen Vogelkundebüchern gerade die Unterschriften lesen und belehrte mich, wenn ich ihn auf eine vermeintliche Wildente hinwies: «Aber Mutti, das ist doch das gemeine Sumpfhuhn.»

So schön diese Wochenenden in Potsdams wasserreicher Umgebung auch waren, der damit verbundene Aufwand riß mich jedes Mal aus meinen Gedanken für *das Eigentliche*. Das Eigentliche war und blieb Schreiben.

Schon in Dresden, wenn meine Kollegen aus ihren Kriegserlebnissen gelesen hatten, war mir bewußt geworden, daß auch ich etwas aufzuarbeiten hatte – ohne Stahlgewitter und Schützengräben –, ein Stück andere Kriegsgeschichte, und die mit den Augen einer Frau gesehen. «Was du zu berichten hast», hatte mein Mann schon in Leipzig gesagt, «darin steckt ein Filmstoff.» Je größere Aufgaben ich mir vornahm, um so mehr Kompromisse würde ich eingehen müssen. Aber ein Zurück gab es nicht mehr, seit sich der Stoff um die Peenemünder Erlebnisse in mir verdichtet hatte.

Der erste Regisseur, mit dem mein Mann mich in Babelsberg bekannt machte, war Carl Balhaus. Der fing sofort Feuer, und ich bekam für meine Filmskizze einen Vertrag von der DEFA. Neben dem Entwerfen und Schreiben am Treatment las ich Szenarien für andere Filme, um mich mit dem neuen Metier vertraut zu machen. Doch zum Szenariumsauftrag kam es nicht. Im Künstlerischen Rat der DEFA wollte ein Regisseur der älteren Generation endlich den *neuen Menschen* sehen, also nach vorn blicken und die Vergangenheit endgültig ruhen lassen. Mir wurde die Ablehnung meines Stoffes um die Vergeltungswaffen und die Gefahr eines möglichen Atomkrieges vom Chefdramaturgen noch anders erläutert: Unsere Menschen müßten gerade jetzt von der Notwendigkeit des Luftschutzes überzeugt werden. Bei Bildern über die Wirkung einer Atombombe würden sie sagen: Da nützt ja aller Luftschutz nichts.

Genaugenommen war es der Kalte Krieg, der meinen Plan, auf Grund meiner Peenemünder Erfahrungen einen Antikriegsfilm zu entwerfen, einfrieren ließ. Ich wollte auf die Gefahr der eskalierenden Wiederaufrüstung hinweisen. Mitte der fünfziger Jahre wurde in der Wüste von Nevada die Sprengwirkung von Atombomben an lebensgroßen Puppen erprobt. Jeder wußte , was im August 1945 in Hiroshima und Nagasaki geschehen war. Und ich meinte, im Film – also in einer Bilderzählung – könnte ich den Ernstfall nicht aussparen, wenn ich über die Entwicklung von Raketen berichten wollte, die in den USA längst zu Trägerwaffen für Atomsprengköpfe weiterentwickelt worden waren.

Meine Enttäuschung über das Scheitern des Filmplanes war grenzenlos. Über den Tisch meines Mannes, der das Lektorat in der Dramaturgie leitete, gingen zu gleicher Zeit dutzende wohlgemeinter Alltagsgeschichten, von denen manche zwar in Szene gesetzt, aber bald als fortschrittlich verbrämte Scheinprobleme erkannt und schnell vergessen wurden. Aus der Debatte um meinen Stoff hielt sich mein Mann heraus, doch er riet mir, nicht aufzugeben. Wollte ich nicht längst einen Roman schreiben?

Es wurde nicht ein Roman, es wurden zwei. Den Rat, die Geschichte mit einem so vielschichtigen Hintergrund in zwei Bände aufzuteilen, verdanke ich dem Leiter des *Verlages der Nation* Günter Hofé. Er wollte mich gleich kennenlernen, nachdem ich dem Lektor eine Art Handlungsgerippe vorgelegt hatte. Hofé, der an seinen eigenen Kriegserinnerungen schrieb, schätzte den Umfang meines Romans auf tausend Seiten. Er sagte: «Ein Scholochow kann sich so einen Wälzer leisten, aber Ruth Kraft müssen wir erst mal bekanntmachen.» Die Zäsur durch das Kriegsende böte sich doch geradezu an. Und eine Verschnaufpause würde mir sicher gut tun. Diese Argumente leuchteten mir ein.

Das *dicke Buch,* wie mein Junge den ersten Band später nannte, besetzte unerbittlich den Hauptteil meiner Gedanken – und beeinflußte Haus- und Familienführung bis zum Erscheinen im Sommer 1959. Der Titel «Insel ohne Leuchtfeuer» flog mir nicht spontan zu, ich probierte viele aus, bis eines Morgens der endgültige hinter meiner Stirn saß wie ein Vogel, der unversehens hereingeflattert war und sich in mir breitmachte. Mit diesem vielschichtig zu deutenden Titel bin ich sogar als Person über Jahrzehnte hin belegt worden. Auch wenn mein Name sich bei Lesern nicht fest eingeprägt hatte, das Bild mit dem Leuchtfeuer war plastisch genug.

Meine Kritiker kamen von links. Es fiel mir zunächst nicht leicht, damit umzugehen. Aus einsichtsvollem Nach-vorn-blicken-Wollen hatte sich mittlerweile die recht drakonische Aufforderung an die Autoren der DDR zum Nach-vorn-blicken-Sollen herausgebildet. *Greif zur Feder, Kumpel!* hieß das Motto für eine Kampagne, die ihren Höhepunkt im Kulturhaus des Kombinats Bitterfeld fand. Die Besten aus den *Zirkeln schreibender Arbeiter* waren zu einem Treffen mit führenden Autoren der DDR eingeladen worden. Ich gehörte nicht dazu, auch Walter Kaufmann nicht, mit dem gemeinsam ich in einem Volkseigenen Betrieb in Babelsberg einen Zirkel betreute.

Walter war in seinen Knabenjahren aus seinem jüdischen Elternhaus von Duisburg nach England in vermeintliche Sicherheit gegeben worden. Seine Wanderschaft war weitergegangen bis nach Australien. Im Kreise der Potsdamer Schriftsteller war er ein Exot mit schwarzem Schnauzer, in Blue Jeans und mit englischem Akzent. Durch seine Shortstorys zog sich sachkundige Kritik gegen die Kälte der kapitalistischen Welt und Solidarität mit den Außenseitern.

Einige unserer Zirkelmitglieder hatten sich schon als *Volkskorrespondenten* in Tageszeitungen versucht. Ich erinnere mich an einen, der sich gar nicht genug tun konnte mit dem Rühmen des sozialistischen Aufbaus. Er schrieb Hymnen über die Milchader Berlins, das Rhin-Luch-Gebiet der Mark Brandenburg, und die Kollektivierung der Landwirtschaft. Plötzlich war er verschwunden via Westberlin ins Rheinland. Doch das Gros blieb und war dankbar für die staatliche Förderung. Wir beiden Paten waren ja selber Autodidakten und konnten das Gorki-Zitat auf uns beziehen: Das Leben ist unsere Universität. Erst viel später erfuhren wir, daß unsere gutgemeinten Schreibratschläge tatsächlich etwas bewirkt hatten. Einige haben lange Kontakt mit mir gehalten. Besonders an eine Frau denke ich. Liselotte Senff legte mit siebzig Jahren noch Gedichtbände und ihre Erinnerungen vor und hat ein dankbares Publikum gefunden.

Der Windhauch von jenseits der Grenzen, den Walter Kaufmann uns Potsdamern mitbrachte, war in Berlin noch deutlicher spürbar. Es gab Künstler, die in Westberlin wohnten und in Ostberlin arbeiteten. Sie setzten auf eine echte Erneuerung der gesellschaftlichen Kräfte, wie sie sich in der Kulturlandschaft der jungen DDR am Ende der vierziger Jahre verheißungsvoll abzeichnete. Zu ihnen gehörte der Opernintendant Walter Felsenstein, dem das Opernhaus in der Behrenstraße zur Verfügung gestellt wurde. Johannes R. Becher, der spätere Kulturminister, hatte den Kulturbund gegründet und bemühte sich um gesellschaftliche Außenseiter wie Hans Fallada. Aus den Vereinigten Staaten kamen der Bayer Bertolt Brecht und der Österreicher Hanns Eisler in den östlichen Teil Deutschlands. Auch Arnold Zweig wagte die Rückkehr aus Palästina. Heinrich Mann saß in Amerika schon auf gepackten Koffern, um seine Berufung zum Akademiepräsidenten am Ostberliner Robert-Koch-Platz anzutreten, als er plötzlich starb. Aus Mexiko kam Anna Seghers und wurde sofort zur Leitfigur im Schriftstellerverband.

Unsere Anna war zwanzig Jahre älter als ich. Persönlich bin ich ihr durch den Friedensrat näher gekommen als durch meine Arbeit. Um so mehr überraschte es mich, als sie mir bei den Vorbereitungsgesprächen zu einer *Assemblé* in Budapest sagte, sie hätte meinen Peenemünde-Roman oft verschenkt. Er kam im gleichen Jahr heraus wie ihr Roman «Die Entscheidung», ein Spätwerk, das von der Kritik strenger bewertet wurde als ihre früheren Bücher.

Beim IV. Schriftstellerkongreß setzte Bertolt Brecht einen ganz besonderen Akzent durch eine noble Geste. Er saß nur kurze Zeit auf einem Außenplatz bei den Delegierten. Für ausufernde Debatten um vorbereitete Diskussionsbeiträge war seine Zeit zu schade. Was er zu sagen hatte, bewies er durch seine Arbeit: das Theater. Er lud den ganzen Kongreß in die Abendvorstellung des Berliner Ensembles ein.

Brechts Tod 1956 war für uns alle ein Schock. Mit dem Wagen der *Mutter Courage,* der in Berlin und Leipzig von Helene Weigel gezogen wurde, in Zürich und München von

Therese Giehse, hatte er uns jungen Autoren zu Grunderleb-
nissen verholfen, die unser Kunst-und Weltverständnis
beförderten und das eigene Wertegefühl festigten. Georg
Maurer, der mit seiner Lyrik in der Tradition Rilkes stand und
sich mit den neuen politischen Einflüssen sehr kritisch aus-
einandersetzte, brachte mal das immer wieder auftauchende
Wettbewerbsgebaren zwischen Ost und West auf eine für
mich sehr einleuchtende Formel: «Man kann gegen die DDR
sagen, was man will. Drei Dinge haben wir dem Westen voraus. Das ist Brechts Theater, das ist der Romanist Karl Krauss
und es ist die Zeitschrift *Sinn und Form.*»

25
Sinn und Form

Sinn und Form – das war Peter Huchel. Ein Dichter, der sich
von allem Verbandsbetrieb fernhielt. Beim Schriftstellerkongreß im Oktober 1947, veranstaltet vom gesamtdeutschen
Schutzverband deutscher Autoren, war Huchel ein leiden-
schaftlicher Verfechter der kulturellen Einheit gewesen. Sein
Appell richtete sich damals an einen Teilnehmerkreis mit so
bekannten Namen wie Ricarda Huch, Elisabeth Langgässer,
Günter Weisenborn, Ernst von Salomon. Zur jungen Generation zählte Stephan Hermlin, und als jüngster hatte Wolfgang
Harich auf sich aufmerksam gemacht.
   Huchel galt als bodenständiger Märker, ein Bauernenkel,
der seine Naturlyrik nicht zur Blut-und-Boden-Dichtung
hatte verkommen lassen. Er machte die neu gegründete Zeitschrift der Akademie *Sinn und Form* in kurzer Zeit zu einem
Periodikum von internationalem Rang. Von Politikern gezo-
gene Grenzen zählten für ihn nicht. Es galt nur die literarische Qualität. Er spürte sie auf unter den ins Exil Vertriebe-
nen, fand sie in der romanischen Lyrik, in französischer Philosophie. Die Zeitschrift wurde zum Podium für Essayisten
wie Hans Mayer, Ernst Bloch, Werner Krauss, Ernst Fischer,
Theodor Adorno. Walter Jens hat später Sinn und Form *das
geheime Journal der Nation* genannt.

Von der Kampagne *Greif zur Feder, Kumpel* ließ sich Huchel nicht beirren. Er hielt sich an Bertolt Brecht, daß es demokratisch sei, «den kleinen Kreis der Kenner zu einem großen Kreis der Kenner» zu machen. Damit befand er sich in Gegenposition zum *Bitterfelder Weg* der sechziger Jahre. Zum Leidwesen vieler, die seine poetische Potenz schätzten, zog sich Huchel immer mehr aus der Öffentlichkeit zurück. Sein Wohnsitz in Wilhemshorst bei Potsdam lag für die DEFA gewissermaßen vor der Haustür. Der Künstlerische Rat des Studios für Spielfilme beauftragte meinen Mann, dem Dichter eine Zusammenarbeit vorzuschlagen. Hans ließ sich bei solchen Anlässen gern von mir begleiten.

Ich denke mit einer gehörigen Portion Wehmut an den Vormittag bei Peter und Monica Huchel zurück. Dem Mann mit der breiten durchfurchten Stirn, dem dichten angegrauten Haar stand ich zum ersten Mal gegenüber. Den skeptisch blickenden Augen und dem beim Zuhören fest geschlossenen Mund sah man an, in welchen Kämpfen er steckte. Alexander Abusch, der maßgebende Funktionär neben dem Kulturminister, hatte ihn schriftlich wissen lassen, daß das *Hohe Haus* Sinn und Form unter Huchels Leitung ideologisch für gefährdet hielt. Wie hatte Huchel reagiert? Frau Monica nahm das Wort: «Wir haben dem Boten das Schreiben wieder mitgegeben. Es war in schlechtem Deutsch verfaßt.» Monica war literarische Übersetzerin, vor allem für Russisch. Meinem Mann und mir wurde sehr bald klar, daß diesem eigenwilligen Dichter kein filmtaugliches Exposé abzuringen war, jedenfalls keines von der Art, wie es dem Künstlerischen Rat der DEFA ins Programm gepaßt hätte. So war es auch. Das von einigen Dramaturgen initiierte Unternehmen verlief im Sande.

Am Schluß unseres Besuches waren wir unter blühenden Bäumen in dem urwüchsigen Garten mit Frau Monica allein. Huchel hatte sich entschuldigt, er arbeite gerade an einem Glückwunsch für Hanns Henny Jahnn. Der Dichter und Orgelbauer in Hamburg galt selbst in der Bundesrepublik als exzentrisch. Bei Huchel war für ihn Platz.

Hier gehört ein Intermezzo hinein, in dem Peter Huchel indirekt eine Rolle spielte. Es mußte sich herumgesprochen haben, daß in diesem merkwürdigen Staat DDR sogar Lyriker sorgenfrei existieren konnten. Wo gab es das auf der Welt? Mit einem Packen Gedichte und einer Erzählung wollte ein Lyriker der *Gruppe 47* sich bei Sinn und Form vorstellen. Unser Haus in der ehemaligen Ufa-Stadt Babelsberg sollte das Sprungbrett sein, um an Peter Huchel heranzukommen. Der hoffnungsvolle Dichter war Bayer, hatte sich von seinen großbürgerlichen Eltern emanzipiert und fand es ganz in der Ordnung, wenn ein Staatswesen einem genialischen Dichter Lebenshilfe bot. Als solcher fühlte sich der Fünfunddreißigjährige wohl. Er war sogar bereit, dafür nach Berlin zu ziehen. Daß mein Man und ich ihm die Steigbügel halten sollten, entnahm ich einem Telefongespräch, das er von uns aus mit Huchel führte. Er habe bei uns alles gefunden, was ein Dichter zum ungestörten Schaffen brauche: Ein gepflegtes Haus mit Bibliothek, einen Garten, auf der Havel ein Boot, regelmäßige Kost und freundliche Bedienung durch ein Hausmädchen.

Es hätte nur noch gefehlt, daß er weitere Pflichten der Frauen des Hauses ihm gegenüber aufgezählt hätte! Bis zum morgendlichen Besuch in meinem Schlafzimmer hatte er es schon gebracht. Zum Glück kam mein quicklebendiger Sohn – damals etwa so alt wie ich, als ich mit Spitzenhut ins Schlafzimmer meiner Eltern einbrach – zur rechten Zeit, um den ungebetenen Gast von seinem Platz zu scheuchen. Der Knirps hopste einfach über den Eindringling hinweg, der auf meinem Bettrand saß und seine Nachtgedanken loswerden wollte. Als ich dem selbstverliebten Lyriker schließlich einen Besuch bei Huchel vermittelt hatte, behauptete er, Huchel habe ihn gefragt, ob er – als Künstler aus dem Westen – wohl den *Nationalpreis* annehmen würde. Mein Mann glaubte, sich verhört zu haben. Peter Huchel hatte den renommiertesten Preis der DDR für sein Gesamtwerk nur in der III. Klasse bekommen.

Wir haben den Gast noch eine Weile beherbergen müssen. Er wurde kleinlaut, als es mit der Publikation in Sinn und Form haperte. Huchel hatte nur eine Redaktionsmitarbeiterin, und diese Dame war so eingespielt auf Huchels Ansprüche, daß sie die Meßlatte sehr hoch anlegte, bevor etwas in Druck ging. Auch sah es für den hereingeschneiten Poeten mit einem hochdotierten Preis nicht gut aus. Seine Freundin, die ihm bis nach Wannsee gefolgt war, mußte in Westberlin eine bescheidene Wohnung suchen.

Nach dem verlorenen Krieg zu erwarten, daß das einstige Mäzenatentum kunstliebender Fürsten vom sozialistischen Staat übernommen würde, war reines Wunschdenken. Wer in althergebrachter Weise der Ernährer einer Familie bleiben wollte oder mußte, hatte sich um literarisch verwandte Aufgaben zu kümmern. Für viele, die sich der Poesie verschrieben hatten, waren Bibliothekar, Redakteur oder Übersetzer die Brotberufe. Georg Maurer erarbeitete über viele Jahre den Familienunterhalt durch Vorträge, Rundfunksendungen und Übersetzungen aus dem Rumänischen. Auch nach 1955, als er auf Honorarbasis den Lehrauftrag am Literaturinstitut in Leipzig bekam, wurde die Familie die täglichen Sorgen nicht los. Auf die Ernennung zum Professor mußte der Parteilose lange warten, obwohl ihm die Studenten zuliefen. Unter den Literaturbesessenen hatte es sich bald herumgesprochen, daß Maurer ihnen in seinen poetischen Seminaren druckreife Essays bot.

Einmal, als Georg Maurer in Berlin zu tun hatte und anschließend zu uns nach Babelsberg kam, wunderte ich mich, daß er nicht nach Wilhelmshorst fahren wollte. Sein neuer Zyklus? Es klang bitter, aber es kennzeichnete Maurers Situation. Die *Neue Deutsche Literatur* würde seinen Gedichtzyklus bringen. Er könnte es sich augenblicklich nicht leisten, ihn an Sinn und Form zu geben. Bei Peter Huchel zählte die Ehre, weniger das Honorar.

Zu den jungen DDR-Lyrikern, die Huchel druckte, gehörte Johannes Bobrowski. Ich hatte den schwerblütigen Memelländer als Lektor beim Altberliner Verlag Lucie Groszer kennengelernt. Er liebte seinen Brotberuf nicht sonderlich. Beim Gespräch über die Nachauflage meines Mädchenbuches *Janni vor dem Mikrofon* hatte er gespottet: «Gratuliere zum Erfolg. Nun schreiben Sie wohl gleich den zweiten und dritten Band!» Ich bin keine Nesthäkchen-Autorin! Gesagt habe ich es nicht, aber gedacht ganz bestimmt.

Aus der *Gruppe 47* war es vor allem Heinrich Böll, der Huchel den Neuanfang im anderen Deutschland ermöglicht hat. Schon bevor Huchel übersiedelte, wurde ihm seine Zeitschrift aus der Hand genommen. Ich erinnere mich an den Besuch eines jungen Freundes aus Essen, der im Zug von einem Mitreisenden aufmerksam gemacht wurde, wo Wilhelmshorst liege. Dort wohne der Dichter Huchel, abgeschnitten vom literarischen Leben. Meines Wissens, sagte ich meinem Besucher, hätten Huchels durchaus treue Freunde, wie den Lyriker Erich Arendt, das Übersetzerpaar Remané und noch andere. Aber keiner von ihnen sei so einflußreich wie es Brecht war, der manches Ungemach von Huchel hat abwenden können. Brecht lebte nicht mehr, es galten nur seine Worte: Doch die Verhältnisse, die sind nicht so.

Ich frage mich heute: Wie waren damals, zu Anfang der sechziger Jahre, die Verhältnisse wirklich? Konnten wir sie denn einschätzen bei der einseitigen Information, die in der DDR zugelassen wurde? Es gab wieder Soldaten, hüben wie drüben. Es gab Paktsysteme auf beiden Seiten. Im fernen China hatte Mao-tse-Tung eine Rede gehalten, wonach hundert Blumen auf dem Felde der Kultur blühen sollten. Ein Satz, der Weite und Vielfalt versprach.

Aber China war fern. Wir lebten hier an der Nahtstelle zweier gegensätzlicher Wirtschaftssysteme. Keine Sitzung des Schriftstellerverbandes, ohne daß uns Autoren die Sonderstellung der DDR im *sozialistischen Lager* vor Augen gehalten wurde.

Nach dem Tod Wilhelm Piecks 1960 rückte Walter Ulbricht an die Spitze des Staates und blieb in Personalunion auch Erster Sekretär der Sozialistischen Einheitspartei. Manchen wohlmeinenden Bürgern, zu denen mein Mann und ich immer noch gehört hatten, konnte bei so viel Einheit bange werden. Ich blättere in meinen Tagebüchern der sechziger Jahre. An die fast hundertprozentigen Ja-Stimmen bei Wahlen für die Einheitsliste glaubten wir schon lange nicht mehr. Grenzdurchbrüche, Abwanderungen in die Westsektoren Berlins waren deutliche Gegenbeweise.

26
Dickes Buch und dickes Ende

Am 13. August 1961 war es so weit – die Mauer wurde gebaut. Über Nacht Stacheldraht, kilometerweise, quer durch Berlin.

Am Bahnhof Lichtenberg holten wir unseren zehnjährigen Sohn ab. Er kam aus dem Ferienlager. Die Neuigkeit hatte sich im Zug schon herumgesprochen. Seine erste Frage war: «Können wir nun die Berliner Omi gar nicht mehr besuchen?»

Großmutter Bussenius lebte in Charlottenburg, und wir hatten es zwei-, dreimal im Jahr eingerichtet, daß sie die Enkel sehen konnte. Im Sommer am Wannsee, zu anderen Zeiten in der Nähe vom Bahnhof Zoo. Ihre Geschenke, die für uns immer etwas Besonderes waren, mußten wir auf der Rückfahrt in Griebnitzsee trickreich durch die Kontrolle bringen. Großmama war alleinstehend und nur mit kleiner Rente gesegnet. Da gab es nicht viel zu verstecken. Nickys, Jeans und Pullover wurden gleich angezogen.

Daß ich zu den sich überschlagenden politischen Ereignissen aus den frühen sechziger Jahren nur so lapidare Notizen gemacht habe, gerade als hätte uns der Mauerbau mit seinen Hintergründen und Konsequenzen wenig berührt, dafür gibt es eine Erklärung.

1959 war im Verlag der Nation mein Roman *Insel ohne Leuchtfeuer* erschienen. Mein erstes Buch für Erwachsene. Die überraschend starke Wirkung – positiv wie negativ – brachte eine ganz neue Komponente in mein Leben.

Was die Politik anging, ereiferte sich zwar mein Mann oft, doch beließ er es stets bei ärgerlichen Feststellungen, die keinem weiterhalfen, sondern nur die Kinder verunsicherten und dadurch die häusliche Atmosphäre vergifteten. Ich dagegen erlebte in Potsdam und Berlin bei den Schriftstellerversammlungen die Diskussionen um die verschiedenen Ereignisse im Zusammenhang mit neu erschienenen Büchern, Filmen und Theaterstücken. Das bedeutete, die Trends der Kulturpolitik folgten unmittelbar der jeweiligen politischen Phase.

Ankunftsliteratur – von Brigitte Reimanns Buch «Ankunft im Alltag» abgeleitet, wurde zum Sammelbegriff für die

Wandlung literarischer Figuren hin zur sozialistischen Gesellschaft. Für die Rückschau in die beschämende deutsche Vergangenheit empfahlen Referenten und Kritiker die *harte Schreibweise.*

Die *100 Blumen* Mao-tse-Tungs sollten die Helden des Alltags schmücken. Bücher über die Aktivisten der ersten Stunde wurden in den Schulen Pflichtlektüre. *Meine Hand für mein Produkt* – eine neue Haltung zur Arbeit sollte sich in den Volkseigenen Betrieben herausbilden und von den Autoren unterstützt werden. Dem Betriebsleiter war ein Parteisekretär beigegeben. Gab es da nicht genügend Konfliktstoff? Mußten wir Deutschen denn noch immer in unserer Vergangenheit wühlen? Und wenn – dann konnten wir sie gar nicht hart genug anpacken und sezieren.

In diese Grundstimmung kam ich mit meinem Roman. Ich hatte mit *Insel ohne Leuchtfeuer* ein Antikriegsbuch vorlegen wollen. War diese Tendenz so undeutlich geblieben? Ach, ich hatte mich auf das jüdische Problem eingelassen. Hans Marchwitzas Frau sagte: «Sie sind eine großartige Erzählerin, aber Sie hätten vorher *Briefe aus dem Ghetto* lesen müssen.» Immerhin sagte sie mir als erste etwas über die literarische Qualität meines Buches, während andere mich immer nur wegen des Inhalts kritisierten. Im Potsdamer Kollegenkreis hörte ich unterschwelliges Bedauern heraus, daß ich nicht bei der Kinderliteratur geblieben sei. In meinem Roman würden sogar Blumen gepflückt – und das sollte ein Kriegsbuch sein? In *Neues Deutschland,* dem Zentralorgan der SED, stand als Überschrift in dicken Lettern *Idyll in der Hölle,* geschrieben von einem Kollegen, der aus dem Westen gekommen war und als jüdischer Emigrant die Zeit, in der mein Buch spielte, gar nicht im Lande erlebt hatte.

Die Liberalen und Nationaldemokraten gingen in ihren Tageszeitungen differenzierter an das Buch heran, aber die SED-Genossen waren auf Ablehnung festgelegt. Der Verlag ließ sich von all dem nicht beirren und druckte gleich nach Erscheinen eine Auflage nach, denn es war das passiert, was eine viele Jahre spätere Rezension resümierte: Egon Richter schrieb in der *Neuen Deutschen Literatur,* der Roman hätte wie eine Bombe eingeschlagen.

Der Verlag der Nation gehörte nicht zu den Volkseigenen

Betrieben, sondern wurde als *organisationseigen* geführt und mußte kostendeckend arbeiten. Die *Lehrerzeitung* wie auch die internen Empfehlungsblätter für Bibliotheken warnten zwar vor dem neuen Roman, der die Vertreter des Nationalsozialismus nicht hart genug verurteile, doch der Verlag hielt sich an das, was der Buchhandel bestellte und was an Einladungen zu Lesungen ins Haus flatterte. Von der Seite fühlte ich mich aufgefangen in einem Netz aus Sympathie und Leseneugier, die gewiß nicht zuletzt dem ungewöhnlichen Inhalt galt. Na wenn schon – das Kontaktfassen mit den Lesern war das wichtigste.

Als erstes Land bewarb sich Polen um eine Übersetzung. Dann folgten die Tschechoslowakei, Ungarn, die Slowakei und Bjelorussland. Warum die Sowjetunion sich nicht interessierte, hat mit einer Unterlassungssünde zu tun. Ich erfuhr es in Moskau vom Kulturredakteur der *Prawda:* Der russische Raketenpionier Ziolkowski kommt in meinem Buch nicht vor.

Nach Warschau wurde ich 1960 von meiner Übersetzerin persönlich eingeladen. Sie gab vor, mich über schwer übersetzbare Einzelheiten im militärischen Bereich befragen zu müssen. Als ich mit ihr auf die Arbeit am Buch kommen wollte, winkte sie ab: «Nicht der Rede wert. Das galt nur für Ihren Schriftstellerverband. Sonst hätten sie mir aus Berlin womöglich irgend einen Autor geschickt, einen der gerade an der Reihe war.» Izabella Czermakowa hatte als Jüdin nur überlebt, weil ihr Mann sie mit falschen Papieren – als armenische Gräfin – hatte aufs Land bringen können. Die Tochter wurde von Nonnen im Kloster versteckt. Die besondere Tragik der Juden während der Hitlerzeit wurde mir in Warschau voll bewußt.

Ich wohnte nobel im Hotel «Bristol» und hatte es ganz nahe zur wiederaufgebauten Warschauer Altstadt. Wenn ich spazieren ginge, sollte ich möglichst englisch sprechen. Frau Czermakowa fürchtete Unannehmlichkeiten für mich, wenn ich als Deutsche erkannt würde. Schon am Bahnhof hatte sie spontan geäußert: «Gott sei Dank, Sie sind keine typische Deutsche. Sie sehen eher französisch aus.» Erst als ich ihre Lebensgeschichte erfuhr, wurde mir klar, wie bange ihr war vor dem Klischee der Deutschen während der Nazizeit mit blonder Zopffrisur. Die Czermakowa hatte Heinrich Böll übersetzt und Gottfried Keller. Nun setzte sie sich beim Verlag *PIW* für «Die Blechtrommel» von Günter Grass ein. Als Besuch jedoch war ich ihr *erster lebender Autor.*

Sie war literarisch hochgebildet und wußte einzuschätzen, was ein Autor seinen Lesern zumuten kann. Sie verlor trotz ihrer schrecklichen Erfahrungen mit den Deutschen kein Wort über mangelnde Parteilichkeit in meinem Buch, die mir in Berlin und Potsdam angekreidet wurde.

Sie stand in einem anspruchsvollen literarischen Briefwechsel mit dem damaligen Vorsitzenden des polnischen Schriftstellerverbandes Iwaszkiewicz und galt als brillante Stilistin. Daß gerade sie auf mich aufmerksam geworden war, stärkte mein Selbstwertgefühl erheblich. Bei einem späteren Besuch war mein Mann mit von der Partie, und wir nahmen ihren Mann, den liebenswürdigen Filip Czermak, in unseren *Trabi* zur Weiterfahrt nach Zakopane in der *Hohen Tatra* auf.

Ich stand ja nun vor der Aufgabe, den versprochenen Fortsetzungsband zu vollenden. Als Hintergrund – das Spannungsfeld der beiden Großmächte. Für das heikle Thema holte ich mir Mut bei Georg und Eva Maurer. Georg befaßte sich gerade mit Ezra Pound. Diesen umstrittenen Autor vor den Studenten des Literaturinstituts zu behandeln, sei *auch kein leichtes Brot.* Ein Satz aus Pounds Werk paßte auf das, was ich mit meinem Roman erlebte. Dem Sinne nach sagt er: Ein Buch, das keinen aufregt, ist den Staub nicht wert.

Im Bernhard-Kellermann-Haus, dem *Intelligenz-Klub* Potsdams, würde ich wohl noch einmal Staub aufwirbeln, trotzdem nahm ich die Einladung zur Lesung an. Die SED-Genossen waren vorgewarnt. Herr Singer, der Versammlungsleiter – Direktor der Sternwarte Babelsberg – ließ sich davon nicht beeindrucken, und meine Argumente nach der Lesung mußten wohl das Gros des Publikums überzeugt haben. Jedenfalls schrieb Frau Baumgarten – eine Alt-Genossin und Dozentin an der Akademie für Staats- und Rechtswissenschaften Babelsberg – spontan einen Artikel für den *Sonntag*. Der Chefredakteur dieses von den Intellektuellen bevorzugten Wochenblattes war Bernd von Kügelgen. Im *Nationalko-*

mitee Freies Deutschland hatte der Wehrmachtsoffizier offenbar so gründlich umdenken gelernt, daß er meine Sicht auf den geheimsten Bereich nazistischer Kriegsführung vehement ablehnte. Er war nicht einmal bereit, die nüchterne Analyse auf der Leserpostseite zu veröffentlichen.

In meiner *Staubwolke* hatte ich natürlich auch Gesellschaft. Einer hieß H. A. W. Kasten, lebte im Norden und schrieb über den Norden. Das Störtebeker-Thema, das künftigen Rügen-Festspielen zugrunde liegen sollte, war ein Streitpunkt zwischen ihm und Kurt Barthel, der sich KuBa nannte. Hanns Anselm Perthen, der renommierte Theatermann in Rostock, hatte auf KuBa gesetzt für das Festspiel-Spektakel. Nach vielem Hin-und-Her um erste Rechte und künstlerische Maßstäbe hatte Kasten sich dem Gerangel entzogen und war nach dem Westen gegangen. Das wirkte beim Beginn der *Ostseewoche* 1961 noch nach. Mein Kommen galt im Küstenbezirk bis zuletzt als ungewiß. Im Kreis der Offiziere des Marinestützpunktes Rostock-Marienehe erfuhr ich nach meiner Lesung, daß der Stabsarzt nicht glauben wollte, wer zu Gast gekommen war, denn: «Die Kraft, die läßt sich doch so was nicht bieten, die ist doch längst in Hamburg.»

Die Mariners bedankten sich dann mit einer besonderen Geste. Da die Barkasse, die mich, meinen Mann und unsere sechsjährige Tochter zum Stützpunkt gebracht hatte, nicht gleich verfügbar war, wurde ein Zerstörer flottgemacht für unsere Rückfahrt nach Rostock-Kapuzenhof. Besonders das Kind genoß es, von einem Matrosen über Bord gehievt zu werden, bestaunt von den Rostockern, die sich den Besuch des Kriegsschiffes im engen Fischereihafen nicht erklären konnten.

Auf der weiteren Usedom-Lesereise verkündete unsere Tochter bei jeder Gelegenheit ihre Vorliebe für die Matrosen. Aber nur *die mit de Bänder* ließ sie gelten. Am nächsten Tag erfuhren wir noch einmal, wie ungewiß mein Kommen für alle Veranstalter der Ostseewoche gewesen war. Am Ortsschild Kölpinsee stand ein Marine-Offizier und stoppte unseren Trabi mit dem Potsdamer Kennzeichen. Es war der junge Leutnant, der mich zwei Jahre zuvor wie einen Ehrengast durch das Sperrgebiet Peenemünde und Karlshagen geführt hatte. Er wohnte in Kölpinsee und hatte für meine dortige Lesung die Verantwortung. Er strahlte, als ich ausstieg. Da konnte ich nur sagen: «Sie sehen, ich bin nicht fahnenflüchtig geworden.» In solchen Augenblicken wußte ich: Hier gehöre ich her. Trotz allem, was mir mißfällt oder Angst macht. Hier werde ich gebraucht, vielleicht gerade weil manches so schwer zu verarbeiten ist.

Über den Eifer einiger Bibliotheksleiter war ich allerdings sehr betroffen. In Bansin erzählte mir Gerhard Proll, Kreisbibliothekar der Insel, daß einige seiner Kollegen dem Gerücht unbesehen geglaubt und schon Anweisung gegeben hätten, meine Bücher aus den Regalen der öffentlichen Bibliotheken zu entfernen. In Saßnitz wären meine Kinderbücher, das Schildbürgerbuch und die «Insel» bereits aussortiert. So schnell konnte man in unserem Staat zur Unperson werden. Ich wußte nicht, ob ich mich ärgern oder darüber lachen sollte.

Das Gerücht über meine Republikflucht war wohl auf die Nordbezirke beschränkt geblieben. Die Zahl der Einladungen, die mich erreichten, gingen bald in die Hunderte. Als eine der ersten Bibliotheken meldete sich Sangerhausen am Harz. Der Leiter war einer der wenigen Männer in dem von Frauen besetzten Beruf. Als er nach Merseburg überwechselte, wurde ich auch dorthin eingeladen. Auf der Altenburg hatte zwar die Kreisbibliothek ein besonderes Ambiente, doch ein Hotel, das mir der Kreisbibliothekar Bruno Lehmann – Kavalier vom Scheitel bis zur Sohle – hätte anbieten können, gab es nicht. Er führte mich zu meinem Erstaunen in seine Zwei-Raum-Wohnung. Dort bewirtete er mich hervorragend und überließ mir sein Schlafzimmer. Erst beim sorgsam bereiteten Frühstück mit frischen Brötchen wurde mir bewußt, daß der Junggeselle lange mit seiner Mutter zusammengelebt, im Beruf ständig mit weiblichen Mitarbeiterinnen zu tun hatte und in ungetrübter beruflicher Eintracht mit ihnen zusammenzuarbeiten pflegte. Als er mir den Burghof zeigte, standen wir vor einem großen Vogelbauer, in dem ein etwas struppiger Rabe herumhüpfte. Aus meinen Schulbüchern in Heimatkunde kannte ich die Legende vom Merseburger Raben. Das hatte Bruno Lehmann nicht erwartet. Bei meinem nächsten Besuch überraschte er mich mit einem Maskottchen: ein Rabe aus schwarzem Filz, fast in Originalgröße. Mit diesem Raben hatte es noch seine Bewandtnis. Doch erst setzte ich ihn mal in mein Auto.

Im Winter fuhr ich seltener weite Strecken. Zumal ich mit der Arbeit am Folgeband schwer vorankam. Nicht zuletzt war die Mißstimmung meines Mannes schuld, den die DEFA bei der Umstrukturierung der Dramaturgie hinausgedrängt hatte. Die junge Garde der Regisseure und Dramaturgen kam gut ausgebildet von den Hochschulen und Theaterinstituten aus Moskau, Weimar und Leipzig. Sie beherrschten alle Schulen der Dramatik, von Eisenstein, Stanislawski bis zu Piscator und Brecht. Wenn Hans Bussenius seine Meinung vertrat, tat er es oft verbissen und uneinsichtig. Und das führte ihn ins Aus.

Er vergrub sich zu Hause in seine Bücher und wartete ab. Manchmal, wenn meine Mutter in Babelsberg war und sah, daß ich mir kaum Zeit für die Kinder nahm und an Schlafstörungen litt, während er wie ein Privatgelehrter lebte, wurde die Spannung unerträglich.

Zum fünfundsiebzigsten Geburtstag im November 1962 konnte ich meiner Mutter mitteilen, daß es für meinen Mann einen Neuanfang geben würde. Ein kleines Theater in Putbus auf Rügen, erst mal für eine Spielzeit. Recht aufgekratzt feierten wir in Schildau ihren Geburtstag mit ihrer letzten Kindheitsgefährtin, den Kränzchendamen und unserer Nenntante Helmecke aus Leipzig. Wie alljährlich sollte Mutter für die Wintermonate mit nach Babelsberg kommen. Diesmal wollten wir über Leipzig fahren, um Tante Helmecke abzusetzen. Wir beluden unseren Trabant mit Koffern und Taschen. Mutter hatte Gläser mit Eingewecktem und Eier von der Verwandtschaft ganz frisch vom Geburtstag, womit sie Küche und Keller in Babelsberg bereichern wollte. Wie gut, daß wir das kleine Vehikel hatten.

Es war ein naßkalter Sonntag um die Mittagszeit, als wir abfuhren. In der Leipziger Innenstadt sonntägliche Ruhe, wir verabschiedeten unsere getreue Tante Helmecke, die vom Floßplatz in eine kleine Wohnung am Rosental gezogen war.

Was in den nächsten Stunden geschah, kann ich nur noch als Erinnerungsfetzen ins Gedächtnis zurückholen. Auf der Autobahn sah ich das Schild Brehna vor mir, als ich mich auf meinem Sitz zurechtrückte: freie Fahrt bis Drewitz. Plötzlich merkte ich, daß mir der Wagen nicht mehr gehorchte. Er war auf der abschüssigen Strecke von einer Brücke her schneller geworden, er lief, lief, lief – und wir schlitterten immer weiter nach rechts, auf die Böschung zu. Da endlich – die Lenkung reagierte wieder. Ich hatte aber so weit nach links einge- schlagen, daß ich erst auf dem Mittelstreifen zum Stehen kam. Vereistes Gras und ein niedriger Strauch halfen brem- sen, und durch den Ruck setzte der Motor aus. Ich war wie benommen. Mutter fragte ganz verdutzt: «Was war denn das?» Ich stieg erst mal aus, denn mir zitterten die Knie. Vor dem Abhang, dem wir gerade entronnen waren, schloß ich die Augen. Tief unter uns die Eisenbahn. Die Brücke war von der Nacht noch leicht überfroren. Nun aber weiter!

Ich war erleichtert, daß der Wagen gleich ansprang. Über die Überholspur hinweg mußte ich mich wieder einfädeln. Ich war noch nahe an der Brücke und hatte den Scheitel- punkt im Blick. Aber während ich vorsichtig zurücksetzte, war ein Auto wie der Blitz heran. Ein derber Stoß – und mir schwanden die Sinne.

Als nächstes empfand ich ein Rütteln und Schütteln mit heftigem Druck auf meinen Arm. Ich spürte Boden unter den Füßen und Kälte. Mir fehlte ein Schuh. Meine verwirrten Bli- cke blieben haften an einem großen schwarzen Auto, das in einiger Entfernung quer auf der Autobahn stand. Auf seiner Breitseite sah ich einen silbernen Palmenzweig und darunter die Buchstaben: *Leichenbestatter*. Mein erster Impuls war: Ich bin auf dem Friedhof, sie wollen mich begraben! Mein Entsetzen muß sich in meinen Augen abgezeichnet haben. Jemand sagte, ich solle mich beruhigen, ich sei ja noch gut weggekommen.

Aus meiner Gedankenkette erinnere ich eine Menge frem- der Gesichter und mein trotziges «ich muß weiter, zu Hause warten sie!» Darauf eine Männerstimme: «Sie können nicht weiterfahren. Gucken Sie sich mal Ihr Auto an.» Der Trabi hockte wie ein angeschossenes Tier auf der gebrochenen Hinterachse. Wo ich gesessen hatte, war die Karosserie zer- rissen, auseinandergeplatzt beim Aufprall des schweren Wagens. Jener Leichenwagen war ein Mercedes, der einen Toten von Bad Kissingen nach Westberlin überführen sollte.

Er konnte auch nicht gleich weiterfahren, und für den Sarg mußte erst eine Leichenhalle in der Nähe gefunden werden, was ich aber alles erst später erfuhr.

Ach ja, es war Totensonntag! Während ich wortreich verhandelte, daß mir doch nichts fehle und ich nur Pannenhilfe brauchte, um weiterzukommen, lief meine Mutter wortlos umher, den Blick am Boden. Ich sah etwas Rotes im dürren Geäst hängen und dachte, sie hätte sich verletzt und brauchte Hilfe. Aber das vermeintliche Blut im Gesträuch erwies sich als Johannisbeergelee aus den Gläsern, die aus dem aufgeplatzten Kofferraum herausgeschossen sein mußten. Sie suchte ihr scharfes, schon ganz dünn gewetztes Messer, das sie stets mitbrachte – zum Kartoffelschälen. Widerstandslos ließ sie sich auf die Bahre legen und in den Krankenwagen schieben, der mit Tatü-tata gekommen war. Ich dagegen leistete Widerstand. Wir waren nicht verwundet, ich wollte nach Hause. Die Kinder, mein Mann, meine Schwester – sie würden sich Sorgen machen, wenn wir nicht kämen. Es half alles nichts. Wir müßten erst geröntgt werden, hieß es.

Im Kreiskrankenhaus Bitterfeld wurde bei mir eine mittelschwere Gehirnerschütterung festgestellt. Das Gesicht meiner Mutter mußte mehrmals punktiert werden, um die Blutergüsse abzusaugen. Drei Wochen verbrachten wir im Bitterfelder Krankenhaus. Die Hälfte der Zeit in getrennten Zimmern. An den Schock, den die telefonische Nachricht über unseren Unfall ausgelöst hat, erinnern sich meine Kinder noch heute bis ins kleinste Detail.

Ich hatte mich erst einmal damit abzufinden, daß ich nicht transportfähig war. Erst beim Befragen durch die Polizei erfuhr ich, daß ich vom Fahrersitz auf die Fahrbahn geschleudert worden war, wo mich der nächste Raser noch hätte überfahren können. Also hatte ich allen Grund, dankbar zu sein.

Und alles am Totensonntag – und mit Leichenbestatter-Auto! Der Sarg soll etliche Stunden am Straßenrand gestanden haben. Die Fahrer waren zwei Studenten, die sich bei der Sonntagsfahrt etwas verdienen wollten. Vielleicht auch schon übermüdet, so kurz vor Berlin.

Es sollte sich lange hinziehen, bis die Schuld- und Versicherungsfragen geklärt waren. Die beiden Fahrer sagten aus, ich hätte schon bewußtlos auf der Straße gelegen, als sie den Trabant nahe des Mittelstreifens gerammt hätten. Würde ich mich jemals wieder an das Lenkrad eines Autos setzen? Als ich da lag mit zeitweilig starken Kopfschmerzen, kaum imstande, mich aufs Lesen zu konzentrieren, glaubte ich selbst nicht daran.

Ich bekam viel Besuch, noch mehr Post und Blumen über Fleurop. Mein Mann wußte, was mir guttat und hatte herumtelefoniert. Meine Kollegin Hildegard Maria Rauchfuß schrieb: Dein Schutzengel muß ein eifriger Leser sein, er wollte unbedingt, daß Du Deinen zweiten Roman noch fertig schreibst.

Georg Maurer unterbrach seine Arbeit, und was er in der Stunde in meinem Krankenzimmer – und auf der Heimfahrt – empfand, faßte er in ein Gedicht. Er hat es in sein Werk übernommen. Es ist das einzige Mal, daß er auf unsere langjährige freundschaftliche Verbindung deutlich bezug nimmt. *Auf R..., die einen Autounfall überlebte.* Das Bewußtwerden, daß sich der Körper schon fast auf der Schwelle befunden hatte, das Beinahe-verloren-Gehen und nicht mehr Faßbare – er hat es übertragen in die Poesie:

Noch färbt dein schwarzes Haar die Zimmerluft
das in den Fingern sich des Tods verfing,
der im Benzinwind steht, und ihm entglitt.
Schräg durch den Raum schwebt dein Gesicht.
Wenn ich es seh, so decken sich mir Sein
und Nicht-Sein so genau, daß ich erschreck.
Die matte Farbe deiner Wangen ist
ein Abziehbild auf diesem Fluß der Luft,
und deine Augen sind ein Spiegelbild,
das durch die Wellen geht – und du, du selbst?
Hast du denn deinen Tod so schön verstellt
mit Elfenbein und Ebenholz – und ist
von solchem Atem deine Brust geschwellt
wie Fahrtwind, der sich um Motoren bauscht?
Du hältst den Raum mit deinem Schritt besetzt,
wie Töne des Klaviers die Zeit besetzen.

Als er es mir schenkte, in dem Band «Stromkreise» der Insel-Bücherei, waren genau zwei Jahre vergangen, und mein zweiter Roman, «*Menschen im Gegenwind*» war endlich im Druck.

Der Unfall mit all seinen Folgen hatte mich sehr zurückgeworfen. Am nachhaltigsten wirkte sich der Schock bei unserer Jüngsten aus. Um mich zu schonen, hatte mein Mann mich nicht vorbereitet. Als ich am dritten Advent nach Hause kam, fand ich ein bleiches, mageres Wesen mit angstvollen Augen vor. Sie erbrach selbst die leichtesten Süppchen. In ihrem schmalen Bett hockend, erwartete sie mich mit bangem Blick, ob ich es wirklich und leibhaftig sei. An der Wand baumelte ein mit Mullbinden umwickeltes Etwas: der Rabe. Sie hatte ihn zum Unglücksvogel erklärt und stranguliert. Unter welchen Angstvorstellungen mußte sie in diesen drei Wochen gelitten haben. Bereitwillig ließ sie sich von mir füttern. Nun nahm ihr kleiner Magen alles wieder an.

27
Das Jahr danach

Loszukommen von dem Gedanken, was noch alles hätte geschehen können an jenem Novembertag, brauchte Zeit. Mein Tagebuchkalender vom Jahr 1963 liest sich so, als hätte ich mir im nachhinein bewußt machen wollen, was ich alles aufgegeben oder was nie stattgefunden hätte, wäre damals mein Leben mit 42 Jahren zu Ende gewesen. Beim Durchblättern heute erkenne ich aber auch, wie stark ich eingebunden war in das gesellschaftliche Gefüge – einem Geflecht aus kulturellen, politischen und familiären Bezügen, teils freiwillig eingegangen, teils aus Pflichtgefühl auf mich genommen. Ich versuche nun, die Knoten und Schwerpunkte herauszulösen, die ich – so glaube ich – in jenem Jahr besonders intensiv erlebt habe.

Der Januar war bitterkalt. Das Kurhaus in Binz auf Rügen, wo ich mit meiner Mutter zur Rehabilitation angereist war, wurde wegen Kohlemangel bald geschlossen. Nach einer Woche waren wir wieder zu Hause. Sehr zur Freude der Kinder.

Rodeln im Babelsberger Park war an meinem Geburtstag im Februar ein besonderes Vergnügen. Lange stand Ines, mein siebenjähriges *Mummel-Kind,* Ängste aus bei jedem noch so kurzen Abschied. Sobald ich mich umzog: «Wo gehst du hin?»- und dahinter stand: Kommst du auch wirklich wieder?

Es gab viele Abschiede im Jahresverlauf. Im März wagte ich mich das erste Mal wieder ans Steuer, und da ich mich sicher fühlte, gab es für Absagen zu vorgesehenen Veranstaltungen keine Gründe mehr.

Ende März lud das Zentralkomitee der SED zu einem Treffen mit Künstlern ein. Das ganze *Hohe Haus* war vertreten. In Sichtweite von mir saß Erwin Strittmatter mit eiserner Miene. Er hatte sich gewappnet. Um literarische Figuren wie seinen Romanhelden *Ole Bienkopp* sollte es in diesem illustren Kreis gehen. Daß ein handfester Kerl an den Unzulänglichkeiten des sozialistischen Alltags kaputtging, das hatte es in der DDR-Literatur noch nicht gegeben. Immer wieder die Forderung: Wo bleibt der positive Held? Dieses Mal kam sie von Walter Ulbricht persönlich.

Besonders hart prasselte seine Kritik auf die Häupter der Theaterintendanten. Zu wenig Gegenwartsstücke. Wir, ein vielhundertköpfiges Auditorium, waren peinlich berührt, wie der Intendant des Deutschen Theaters, Wolfgang Langhoff, abgekanzelt wurde.

Irgendwann würde ich mich auch angesprochen fühlen, aber noch war ich mit meinem Folgeband beschäftigt, und der spielte nicht in der DDR. Was allerdings nicht hieß, daß ich Narrenfreiheit gehabt hätte. Ich wappnete mich mit Faktenwissen. John Bernals *Geschichte der Wissenschaft* war eine meiner Hauptquellen. Leider stockte mein Erzählfluß immer dann, wenn ich mich vollgestopft hatte mit Quellenstudien.

Geradezu erholsam war in jenem Jahr das Ausfeilen eines Kinderbuches. Für «Usch und Thomas im Spielzeugland» war ich mit beiden Kindern im Erzgebirge gewesen. In Seiffen, dem Zentrum der Schnitzer, Drechsler und Reifendreher, wo Nußknacker, Räuchermänner, Pyramiden und Reifentiere entstehen, haben wir den Meistern und Gesellen über die Schultern geschaut. Als die Illustrationen eintrafen, durchlebte ich mit den Kindern noch einmal die Ferientage im

Bunten Haus und die Stunden beim Meister in der Werkstatt, für den Holz etwas so Lebendiges war, daß er jedes Stück befragte, was es denn werden wolle, ehe er sein Schnitzmesser ansetzte oder die Maser mit der Säge zerteilte.

Im April des Jahres 1963, an dem ich mich entlangtaste, saßen wir Ostern am Bett unserer Tochter. Blinddarmentzündung. Es war der Anfang einer Kette von Krankheiten: Im Herbst Scharlach, dann Röteln und kurz vor Weihnachten Masern.

Immer wieder Unterbrechungen meiner Arbeit. Es blieb mir zwischendurch keine andere Wahl, als in Klausur zu gehen. Mit meiner Lektorin Irmgard Schütze hatte ich mich auf den Titel «Menschen im Gegenwind» geeinigt, nun wollte ich im Schriftstellerheim in Petzow am Schwielowsee letzte Hand anlegen. Ich zitiere aus meinem Tagebuchkalender – Anfang Mai 1963: Das Schreiben eines mehrbändigen Romans ist wie ein Stafettenlauf. Die erste Strecke ist geschafft, nun gilt es, den Stab wieder fest in die Hand zu bekommen. Das bedeutet, umzugehen mit bereits angelegten Personen, deren Charaktere die neue Strecke wesentlich bestimmen. Jeder Bruch in ihren Biografien bedeutet Punktverlust. Besonders mein männlicher Hauptdarsteller Tiefenbach macht mir zu schaffen. Schwieriger Charakter. Ich stütze mich auf meine Notizen nach dem Gespräch mit Professor Max Steenbeck. Der Friedensrat hatte mir das Treffen mit dem prominenten Physiker vermittelt. Aus Veröffentlichungen wußte ich, daß er nach dem Kriege in der Sowjetunion maßgeblich daran beteiligt war, das *atomare Patt* zwischen den Großmächten herzustellen. Er konnte – so Steenbeck – nach Hiroshima der Sowjetunion sein Wissen um die Kernspaltung nicht verweigern. Steenbeck ist nicht froh darüber, aber er sieht es als seinen Beitrag zur Erhaltung des Friedens an. Als Steenbecks Rückkehr nach Deutschland bevorstand, hat Mikojan, der stellvertretende Ministerpräsident, ihm freie Hand gelassen, in welchem Teil Deutschlands er künftig arbeiten wolle. Der deutsche Atomphysiker hatte viele Angebote, aber im Westen saßen alle diejenigen wieder in den Schlüsselstellungen der Industrie, die – seiner Meinung nach – aus der Hitlerzeit nichts gelernt hatten. Er ist überzeugt von der DDR als Friedensstaat und lehrt nun an der Universität Jena. Ein imponierender Mann.

Weiter in meinen Notizen: Annemarie Auer ist auch in Petzow. Jede Stunde mit ihr – selbst ein scheinbar verplauderter Spaziergang – ist für mich ein Gewinn. Sie hat ein fabelhaftes Gespür für literarische Qualität. Am Sonntag, als meine Familie mich besuchte, nahm sie meine Mummel in Obhut. Bei einem Spaziergang hat meine Achtjährige ihre Angst um mich geschildert. Aber nun könne sie mich nicht mehr verlieren, denn ich besäße ja ihr Herz. Den Raben hat Mummel als Maskottchen abgesetzt, dafür hat sie mir ein Schokoladenherz, umhüllt mit rotem Glanzpapier, geschenkt.

Bei den abendlichen Runden, die sich im Gartensaal zusammenfinden, lerne ich Walter Oehme kennen. Sein Schicksal, über das er ganz nüchtern spricht, erscheint mir exemplarisch für die schwer durchschaubare Nachkriegszeit. Oehme ist ein schlanker, eleganter Mann, der als Stenograph an der verfassunggebenden Versammlung der Weimarer Republik teilgenommen hat. Nach 1945 wurde er von den Sowjets verhaftet und hat jahrelang in Bautzen im Zuchthaus gesessen – auf Grund einer Namensverwechslung. Entsetzliche Vorstellung! Seine Frau ließ sich von ihm scheiden und ging in die Bundesrepublik. Für ihn, den sozialistisch-orientierten Journalisten, ist die DDR der bessere Staat. Er weiß, daß seine Rehabilitierung nicht öffentlich gemacht wird, doch er bleibt – und schreibt seine Erinnerungen.

Ich muß schon an Heimkehr denken, da kommt ein neuer Gast: Arnold Zweig. Unser Nestor, fast blind, aber immer neugierig auf alles, was das Leben bietet. Beim Schriftstellerkongreß – genauer, abends beim Abschlußempfang – stand er mir gegenüber, und Georg Maurer, der an meiner Seite war, machte uns bekannt. Zweig richtete seine Augen hinter den dicken Brillengläsern auf mich, und da er kaum größer ist als ich, trafen sie halsabwärts auf mein eng anliegendes hochgeschlossenes Kleid aus Chinabrokat. Überraschend sicher ertastete er meine Rundungen, und wie es Blinden eigen ist, glitt seine Hand über den exotischen Stoff, und er fragte ganz unschuldsvoll: «Ist das Chinaseide?»

Nach dem Schmunzelerlebnis vom Kongreß nun ein Wiedersehen auf der Terrasse am Schwielowsee. Er wollte etwas aus meinem Roman *Insel* hören. Nein, keins meiner Vorlesekapitel, gute Stellen hätte jedes Buch. Er wollte den Anfang hören. Das Hineinziehen in den Text, das Aufbauen der Spannungen, davon hänge viel ab. Er war zufrieden, und dann erzählte er von *Palastine* – er sprach das englisch aus. Für ihn war sein Exilland noch nicht der Staat Israel. Haifa am Fuße des Carmel ließ er vor mir lebendig werden. Es kam mir vor, als sei ihm der Abschied vom *Gelobten Land* nicht leicht gefallen.

Ich blättere weiter im Tagebuchkalender. Meine Wahl in den Zentralvorstand der *Liberal-Demokratischen Partei* bringt mir zusätzliche Aufgaben ein: Vorstandssitzung in Dresden anläßlich der 5. Kunstausstellung. Willi Sitte und Walter Womacka werden viel diskutiert. Die Genrebilder mit Brigaden und Arbeitskollektiven wirken vordergründig und plakativ. In der Abteilung Grafik hängen die Aquarelle unseres Malerfreundes Gerhard Stengel. Er lehrt an der Dresdener Akademie, und ich werde mir gelegentlich etwas Zeit für ihn nehmen müssen. Das erste Porträt, das er von mir gemacht hat, hängt in einer anderen Ausstellung. Er will es mir schenken, sobald er mich ein zweites Mal gemalt hat. Die Zeit reicht heute nur für ein Telefonat, denn bei den LDPD-Sitzungen gehen abends im Hotel die Diskussionen weiter. Gespräche mit dem Alterspräsidenten der Volkskammer, Parteifreund Otto Krauss, lasse ich mir ungern entgehen. Von dem Achtzigjährigen, der noch immer sportliche Eleganz ausstrahlt, kann ich mir gut vorstellen, was von ihm berichtet wird: Zur ersten Sitzung der Volkskammer ist er vom Bahnhof Friedrichstraße zu Fuß gekommen. Ein Taxi bis zur Luisenstraße hielt der Mann aus Thüringen für Verschwendung. In der ihm eigenen straffen Haltung ist er durch das große Eisentor des repräsentativen Hauses geschritten – ein selbstbewußter Bürger - , während die schwarzen Limousinen mit den Ministern und Abgeordneten der Arbeiter-und Bauern-Macht sich an ihm vorbeischoben. Walter Ulbricht hat ihn sofort erkannt und ihm schleunigst mitteilen lassen, was das Protokoll vom Alterspräsidenten verlangt.

Krauss' Bemerkungen an unserem kleinen Tisch im Dresdener *Astoria* passen auch nicht recht ins Protokoll. Der alte Demokrat plädiert für den baldigen Ausbau des humanistischen Zweigs an unseren Oberschulen. Gertrud Sasse, die Pädagogin aus Halle, hält eine solche Kursänderung an den Schulen für verfrüht. Sie schwimmt immer im Regelfluß der offiziell verkündeten Meinung. Und was die Volksbildung angeht, gibt es besonders strenge Grundsätze: Keine Abstriche an den naturwissenschaftlichen Fächern. Das sind wir unserer Volkswirtschaft schuldig, so lange wir den Westen nicht eingeholt haben. Ich frage mich manchmal, ob es der musisch interessierten Frau nicht zuweilen schwerfällt, Verzicht auf breite Allgemeinbildung zu predigen, wo doch ihre eigene Entwicklung aus diesen Wurzeln kommt? Im Gesicht der Frau Professor liegt etwas Missionarisches, als flehe sie um jeden potentiellen Mitstreiter. Mir hat sie nach einem meiner Diskussionsbeiträge zu Fragen der Kultur einmal mit deutlichem Bedauern zu verstehen gegeben, ich hätte mit gutem Ansatz begonnen, aber das Positive nicht durchgehalten. Oft fehle bei mir die letzte Konsequenz. Inzwischen bin ich dahintergekommen, wie andere Parteifreunde sich das uneingeschränkte Lob des jeweiligen Präsidiums einhandeln. Bei den Wirtschaftsexperten klingt das etwa so: Sie putzen eine Erzeugnisgruppe herunter, decken vermeintliche Ursachen der Fehlleistungen auf und schließen mit dem volltönenden Satz: Trotz allem ist unser Weg – der sozialistische – der richtige!

In die abendlichen Gespräche mischt sich Johannes Dieckmann, Volkskammerpräsident und stellvertretender Parteivorsitzender, nur vorsichtig ein. Er hat den richtigen Riecher, was er seinem Rang als Politiker schuldig ist. Bevor das Thema kippt, brilliert er mit einem klassischen Zitat, das er aus seinem humanistischen Fundus hervorzieht wie ein Spieler die Trumpfkarte – und widmet sich dem nächsten Tisch.

Ich bleibe weiter an meinem Tagebuch: Im Mai – die erste Frau im Kosmos. Am Telefon die *Märkische Volksstimme:* «Was sagen Sie zu der Leistung der Valentina Tereschkowa?» Na, was wohl? Ich bin begeistert. Gerade habe ich einen Artikel für den Jubiläumsalmanach des Verlages der Nation beendet.

Alles drängt sich im Juni zusammen, wegen der bevorstehenden Sommerpause. Vor der Stadtverordnetensitzung zum Thema Bauwesen noch außerordentliche Sitzung wegen der Grenzverschärfungen. Präsident Kennedy wird in Westberlin erwartet. Auf unserer Seite Chruschtschow. Zu letzterem will die *Berliner Zeitung* einen Artikel von mir. Natürlich Thema Klassenkampf. Der gleiche Schwerpunkt im Gespräch mit dem Minister für Kultur, Hans Bentzien. Wir sind als Kulturschaffende der LDPD gewissermaßen unter uns. Ich lasse mich herausfordern und nehme kein Blatt vor den Mund wegen der SED-lastigen Kulturpolitik. Der Volkskammerpräsident Dieckmann beschwichtigt und bittet zum Buffet. Lächelnd reicht er mir ein gefülltes Glas: «Und darauf einen Dujardin.» Ich habe den Eindruck, je mehr Blockpartei, desto stärker die Betonung der *gemeinsamen Sache*.: Alles für den Sozialismus. Für morgen stehen in meinem Kalender drei Termine: Nationale Front, Demokratischer Frauenbund und Ständige Kommission für Kultur als Stadtverordnete. Ich muß klären, daß für mich das Schreiben vorgeht. Schließlich wurde ich ja in diese Gremien delegiert, *weil* ich Bücher schreibe!

Ich blättere – und komme zu den Sommermonaten. Die Universität Greifswald richtet gemeinsam mit der CDU eine *Norddeutsche Kulturtagung* aus. Meinen Theologie-Freunden Kehnscherpers zuliebe habe ich die Einladung angenommen, doch dann wird es überraschend interessant. Dr. Gertrude Albrechtova aus Bratislava spricht über deutsche Emigranten in der Tschechoslowakei der dreißiger Jahre. Eine illustre Reihe bis zu den beiden Manns. Die geborene Wienerin und ich finden sofort Gefallen aneinander, feiern abends mit den Universitätsleuten und nehmen am Sonntag an der Morgenfeier im Dom teil, die Professor Gerhard Kehnscherper hält. In der Universitäts-Aula gibt das Ehepaar Jaldati-Rebling ein Konzert. Ich höre zum ersten Mal jiddische Lieder, vorgetragen von einer Betroffenen. Die holländische Jüdin Lin Jaldati war im KZ Bergen-Belsen zur gleichen Zeit wie Anne Frank. Bei solchen Anlässen tauchen immer wieder die Bilder aus Büdelsdorf vor mir auf.

Auch auf der Insel Usedom viele Erinnerungen. Lesung in Zinnowitz vor hundertsiebzig Personen. Der Kreisbibliothekar Proll war ganz glücklich. Er begleitete mich zum Maler Otto Niemeyer-Holstein, der zwischen Zempin und Koserow an der schmalsten Stelle der Insel wohnt. Seine Yacht *Orion,* mit er bis Norwegen gesegelt ist, liegt in der Bucht hinter seinem Garten und dient als Gästeunterkunft. In dem verwunschenen Garten stehen Skulpturen, Geschenke von namhaften Bildhauern wie Seitz und Grzimek. Ich fragte, was er denn für Lieblingsthemen in seinem Alter hätte. Der schlanke Weißhaarige mit den meerblauen Augen lächelte verschmitzt. «Akt und Garten. Am liebsten Akt im Garten.» Seine Frau neben ihm zwinkerte mir zu. – Ein Paar zum Verlieben.

Wieder in Babelsberg. Die Kinder sind für eine weitere Ferienwoche verteilt nach Leipzig und Schildau. Bei einem Empfang in der polnischen Botschaft wurde ich herumgereicht. *Wyspa bez swiatel* heißt *Insel ohne Leuchtfeuer* auf polnisch. Die Czermakova habe vorzüglich übersetzt, wird mir gesagt. Ich verabschiede mich nach dem ersten Glas polnischem Wodka. Zu Hause warten Kirschen und Gurken zum Einlegen. Und die Koffer stehen bereit für Hans' Aufbruch nach Putbus.

Mit vollbeladenem Trabi geht es zur Insel Rügen. Bevor die Arbeit am Theater beginnt, erkunde ich mit Hans ein Stück von Deutschlands größter Insel. Für das Putbuser Schloß hatte die Regierung keine Verwendung. Feudalsitze sind unerwünschte Erinnerungen. Also weg damit. Wir haben eine alte Ansichtskarte erstanden. Vor den Schloßresten trauern wir um das unwiederbringliche Zentrum des weitläufigen Landschaftsparks.

Wenn ich von oder nach Norden unterwegs bin, zieht es mich nach Güstrow. Als hätte der *schwebende Engel* mit dem Gesicht der Käthe Kollwitz magische Kräfte. Dabei hat Ernst Barlach die Porträtähnlichkeit seiner großen Kollegin nicht beabsichtigt. Er hätte aber gesagt: «Wenn das Gesicht so gesehen wird, dann soll sie es auch sein.» Marga Böhmer hat es mir so erzählt, in ihrer Wohnung im Dachgeschoß der Getraudenkapelle. Sie, die so eng verbunden gewesen mit Barlach, wirkt auf mich wie eine Verkünderin, die es nach seinem Tod übernommen hat, dem Werk des Genies zu dem Ansehen zu verhelfen, das ihm gebührt. Lütten-Schult, der von Barlachs Erben offiziell bestellte Nachlaßverwalter und Betreuer des Museums im Atelierhaus am Inselsee, ist nicht gut auf Frau Böhmer zu sprechen. Für sie gilt, was Barlach selbst über das Aufstellen seiner Skulpturen geäußert hat: Sie gehören in einen sakralen Raum. Und das ist die intime Feierlichkeit der Gertraudenkapelle. Frau Böhmer ist mit mir die steile Treppe hinuntergestiegen und hat mir stolz die durch Zufall wiedergefundene Holzskulptur – den lesenden Klosterschüler – gezeigt.

Ich bin immer wie in Trance, wenn ich Frau Böhmers Wohnung verlasse, wo mich aus allen Ecken, von jedem Stück freier Wand Barlachs Grafiken oder plastische Entwürfe anblicken. Die einsame Bewohnerin des einstigen Gotteshauses ist eine Mystikerin. Sie sagt, sie fühle immer seine Nähe. «Es» spreche aus ihm, und er gebe es an sie weiter. Sie hat Barlachs Kopf modelliert. Als ich sie fragte, warum sie ihr eigenes Talent nicht ausgebaut hätte, sagte sie mit einem nach innen gerichteten Lächeln: «Ach, neben solch einem Genie.» Würde ein Mann im umgekehrten Fall so denken? Ich glaube nicht.

Die Kinder sind wieder zu Hause. Mummel schiebt sich ganz leise herein in mein Zimmer und wartet, bis ich mich nach ihr umdrehe. Sie hat die Hände auf dem Rücken. Sie ist noch immer das grüblerische Kind, das mit viel Phantasie vor sich hin spielen kann. Als sie kleiner war, unter dem Tisch, jetzt an der Fensterbank. Sie ist dabei gern allein und nennt das *Selbstgespräche spielen*. Zu wissen, daß jemand im Haus ist, das allerdings ist für sie ganz wichtig. Dieses Mal kommt sie, um mir etwas zu schenken. Sie hat wieder *ein Buch* geschrieben. Das hat schon viel mehr Text als ihr erstes, das eigentlich nur aus Bildern und den grafisch geordneten Buchstaben ihres Kindernamens Mummel bestand. Ihr Eifer, mich zu erfreuen, rührt mich sehr, und ich muß sie lange in den Arm nehmen. Einundzwanzig Fehler finde ich in ihrem Buch, aber ich habe in ihrem Alter ja hanebüchen geschummelt und konnte nicht lesen!

Ich bin noch ganz erledigt. Abends steht im Regen eine fremde Familie vor unserer Tür, ganz verstört. Hilfeflehende Blicke. Sie kommen aus Erfurt, fühlen sich verfolgt, ausgestoßen. Aus der Bundesrepublik sind sie geflohen wegen aggressivem Antisemitismus, und nun erleben sie ähnliches in dem Staat, in dem so viele Juden in hohen Ämtern sitzen. Das Ehepaar hat mich beim LDPD-Parteitag in einer Diskussionsrunde gehört. Als *wirklichen Menschen,* betont der kleine schmächtige Mann. Sein Blick hat etwas Fanatisches. Er fühlt sich als Beschützer seiner jüdischen Frau und wollte sich in Erfurt als guter Staatsbürger beweisen. Er ging gleich daran, auf dem Dach den *Ochsenkopf,* die Antenne, mit der die Westsender zu empfangen sind, abzumontieren. Mit dem Staat, in dem seine Frau beleidigt worden war, wollte er nichts mehr zu tun haben. Die Mitmieter sahen das anders. Deren Zorn, der sich gegen die zugereisten Störenfriede wendete, war für die Lerchs *nackter Antisemitismus.* Die stämmige blonde Frau hat ein Baby im hochbepackten Kinderwagen und ist schwanger. Ich wage nicht, ihnen Quartier anzubieten, schließlich bin ich mit den Kindern ganz allein im Haus. Aber sie abweisen bei Regen und Dunkelheit kann ich erst recht nicht. Frau Lerch legt im Wohnzimmer das Baby trocken, und ich telefoniere wegen eines Quartiers. Im Gästehaus, das öfter von der DEFA genutzt wird, ist etwas frei. Meine Kinder zeigen ihnen den Weg. Für den nächsten Tag lade ich sie zum Mittagessen ein. Bis dahin habe ich mit der LDPD-Berzirksleitung in Erfurt telefoniert. Dort ist die Familie bekannt. Offenbar zwei Unglücksvögel, denen alles schiefgeht. Die LDPD-Bezirksleitung wird sich ihrer annehmen. Ich komme mir schäbig vor, daß ich erleichtert bin, als sie mit ihrem überladenen Kinderwagen wieder zum Bahnhof wandern. Ich habe sie nicht einmal zu fragen gewagt, was sie sich eigentlich von mir erhofft hatten. Meine Unsicherheit müssen die Kinder gespürt haben. Sie sind in meiner Nähe geblieben, haben überall Licht eingeschaltet, als wollten sie mir helfen, meinen Zwiespalt zwischen Mitleid und Abwehr zu überwinden. In der Nacht bekam Mummel 39 Grad Fieber.

Verspätet, aber gerade noch rechtzeitig, kommen wir in Putbus an, um Hans als Regisseur zu erleben. Er spielt in *Jeanne oder die Lerche* von Anouilh auch den Kardinal. Die Kinder genießen es, den Vater in seinem Metier zu sehen und hinter die Kulissen zu gucken.

Die Freude war kurz. Mummel bekam wieder Fieber. Der Arzt stellte Scharlach fest. Ich habe sie nach Bergen in die Isolierstation gebracht. Herzzerreißend – der Abschied. Tägliche Besuche nun am Zaun vor dem Fenster der Baracke. Wieder ein mageres Mummelkind, das sehnsüchtig auf unser Kommen wartet. Pitt steht immer fröhlich dabei. Er hat Ferienverlängerung, denn wegen Ansteckungsgefahr ist er von der Schule befreit. Mit ihm durchstreife ich in diesen Tagen die ganze Insel. Am meisten beeindruckten ihn die Feuersteinfelder bei Lietzow. Zur Zeit will er Geologe werden. Für mein krankes Hühnchen in der Isolierbaracke ist die Kinderärztin ein kleiner Trost. Sie entpuppte sich als ehemaliges Funkkind aus der *Jungen Funkgruppe* des Senders Leipzig.

Bevor ich den Kalender 1963 schließe, noch die November-Dezember-Eintragungen:

Der Schriftstellerverband hat mich nach meiner Wahl in den Zentralvorstand der Revisionskommission zugeordnet. Ein Nebengleis! Ein Schnippchen gegenüber der LDPD? Die hat nämlich darauf bestanden, im höchsten Gremium der Autoren vertreten zu sein wie die anderen Blockparteien auch, und da kam nur ich in Frage. Ich fühle mich aber in dem kleinen Kreis ganz wohl. Elfriede Brüning ist dabei und als Vorsitzender Jürgen Kuczynski. Ich kenne den Wirtschaftshistoriker von Aufenthalten in Petzow her. Er ist ein geistreicher Mann mit viel Witz und Alterscharme. Das kommt sogar unserem trockenen Thema zugute.

Die Adventszeit beginnt mit neuen Aufregungen. Mummel erbricht, sie bekommt wieder Fieber, die bereits abgeklungenen roten Flecken tauchen erneut auf. In der Poliklinik werden Masern festgestellt. Hört denn das gar nicht auf? Ich habe noch nicht einmal den Telefonanruf von vorgestern verdaut. Mein Mann meldete mir eine Art Zusammenbruch. Er will die Premiere von *Fortsetzung folgt* noch durchhalten und sich gleich danach im Sanatorium Mahlow wieder in Form bringen lassen. Ich muß ihn beim dortigen Chefarzt anmelden ...

Ich habe Hans eben nach Mahlow gebracht. Angesichts

zweier recht ansehnlicher Krankenschwestern lebte er sichtlich auf. Mit vielen Büchern versehen, bereitet er sich auf
einen längeren Aufenthalt vor.

Der erste Weihnachtsfeiertag, abends. Den Kindern hat am
Heiligabend nichts gefehlt. Omi ist da, es gab Stollen, Süßigkeiten und Bücher, und wir saßen am Kaminfeuer. Ich habe
am Nachmittag Hans in Mahlow besucht. Kein Gedanke an
Putbus. Er fühlt sich erst einmal geborgen. Ich verabschiedete mich von ihm: «Bis zum nächsten Jahr.» Wir werden Silvester still am Kamin verbringen, Georg Maurer kommt von
Petzow herüber, wo er über einem Band Essays sitzt. Das
entlockte meinem Mann ein bedeutungsvolles «Aha!» Mehr
nicht. Er weiß ja, daß die Kinder das neue Jahr mit begrüßen,
und meine Mutter ist als Nachtwache nicht zu schlagen.

Silvester 1963. Georg kommt zum Karpfenessen gerade
zurecht. Erst kurz vor dem Tranchieren habe ich meinen
Schreibtisch verlassen.

28
Im Osten viel Neues

Krimsekt aus Wassergläsern, Kaviar zum Frühstück – diese
Kurzformel über meinen ersten Besuch 1961 in der Sowjetunion klingt heute, beinahe vier Jahrzehnte später, da ich es
niederschreibe, fast zynisch. Es könnte die russische Gastfreundschaft charakterisieren, die ich später auch noch kennenlernen sollte, aber bezogen auf diesen ersten Besuch
zeugt es eher von meiner Ahnungslosigkeit, der Naivität, mit
der ich mich aufmachte in das große unbekannte Land, in
dessen Sog wir geraten waren zwischen Elbe und Oder.

Hans kommentierte als Trost für sich und die Kinder beim
Abschied: «Wir haben es zwar nicht leicht mit unserer Mutter,
aber es ist nie langweilig.»

Du willst wirklich allein fahren, nicht mit einer Reise-
gruppe der Deutsch-Sowjetischen Freundschaft? Und nicht
einmal per Flugzeug? Erschrockene Fragen im Familien- und
Freundeskreis. Ich setzte dagegen: Hätte ich denn etwas zu

befürchten in diesem Land, das unserem Ländchen Vorbild war auf so vielen Gebieten, sei es Wissenschaft, Kultur – und Politik sowieso? Und den Zug, den Blauen Expreß, mit dem man zwei Nächte und anderthalb Tage unterwegs war, zog ich dem Fliegen vor, um mit Menschen ins Gespräch zu kommen. Erleben wollte ich, wie in Brest der ganze Zug auf das breitere Untergestell aufgesetzt wurde, auf die russische Spurbreite, auf der auch die Transsibirische Eisenbahn rollte. Wozu brauchte ich eine Delegation? Ich war eingeladen worden nach Dubna an der Wolga, ins *Kernforschungszentrum der sozialistischen Länder,* reichlich hundert Kilometer entfernt von Moskau. Das *Amt für Kernforschung und Kerntechnik beim Ministerrat der DDR* hatte die Reise für mich organisiert, eine Hilfeleistung, die meiner schriftstellerischen Arbeit galt. Meine «Insel» hatte auch vor Fachleuten bestanden, und ich stieß auf deren Verständnis, daß ich im zweiten Band der Frage nach der Verantwortung der Wissenschaftler stärkeres Gewicht geben wollte – nach den Atombombenabwürfen auf Hiroshima und Nagasaki.

Beim Schlendern im Moskauer Kremlgarten schienen die goldenen, in der Maisonne glänzenden Kuppeln der Kathedralen den Stolz eines ganzen Völkerbundes widerzuspiegeln: Der erste Mensch im All war ein Russe. Jurij Gagarin umkreiste die Erde.

Im neuen Hochhaus-Hotel *Ukraina,* wo ich die erste Nacht verbrachte, suchte ich vom Dachgartenrestaurant aus die Raumkapsel zwischen den Sternen. Das kosmische Zeitalter hatte begonnen, und – was für mich wichtig war – die Raketenentwicklung diente endlich auch friedlichen Zwecken.

Glückliche Rückkehr, Jurij! Auf der Getränkekarte erkannte ich mit meinen geringen Kenntnissen des Russischen am sichersten das Wort Kognak. Und auf die Frage des Kellners «Wieviel?» konnte ich russisch antworten: «Nje mnogo». Meine Geste: nicht viel – den Abstand zwischen Daumen und Zeigefinger – bezog der Kellner allerdings nicht auf den Pegel eines Kognakschwenkers, sondern auf den Inhalt einer Karaffe. Da Kognak zu den teuersten Getränken in der Sowjetunion gehört, überstieg die Rechnung meine Tagesspesen bei weitem, und ich wagte nicht

einmal auszutrinken. Um mich herum nur Männer. Diplomaten und Geschäftsreisende vermutlich, vorwiegend aus der
arabischen Welt. Ich sah mich schon auf einem orientali-
schen Diwan landen, wenn ich die Karaffe geleert hätte.

Am nächsten Tag dafür Krimsekt aus Wassergläsern, und
der kostete mich keine Kopeke. Das war der Empfang in
Dubna. Das Auto der Direktion hatte mich von Moskau abgeholt, nachdem zwei Tage vorher schon ein Abholer am Flug-
hafen Wnukowo bereitgestanden hatte. Niemand hatte mit
meiner Verrücktheit gerechnet, freiwillig vierzig Stunden
Bahnfahrt auf mich zu nehmen, anstelle zweier Flugstunden.
So traf ich zu unpassender Zeit, an einem Sonntagabend, in
Dubna ein. Nur im Gästehaus, wo ich wohnen sollte, klapp-
ten Türen. Gleich nebenan hörte ich deutsche Laute.

Mein russischer Begleiter war erleichtert, mich meinen
Landsleuten anvertrauen zu können, einer Gruppe junger
Wissenschaftler vom Carl-Zeiß-Institut. Einer der Jenenser
war krank, und die anderen hockten an seinem Bett und
trösteten sich gegenseitig mit Krimsekt. In bester Stimmung bereiteten mich die Zeißianer auf das vor, was mich in
diesem idyllisch gelegenen Wissenschaftler-Ghetto erwartete.

Verständigungsschwierigkeiten gab es erst am nächsten
Tag beim Frühstücken in der Kantine. Dem Äußeren nach
stammten die Studenten und Fachleute von sämtlichen Erd-
teilen, aber verständigen konnten sich alle auf russisch. Nur
ich stand ratlos vor der in Schreibschrift abgefaßten Tafel,
wonach man zwischen zwei oder drei warmen Gerichten
wählen konnte. Die Jenenser hatten mir zu Plinis, den
schmackhaften Teigtaschen, geraten, doch die Küchenfrau
wartete mein Gestotter gar nicht ab und kleckste mir Kascha
auf den Teller, einen Grützbrei, der mir im Munde quoll. Im
Speisesaal entdeckte ich dann an einer Theke hinter Glas
roten Kaviar. Chleb und Maslo, die Vokabeln für Brot und
Butter, hatte ich schon im Kopf, und Ikra, für Kaviar, klang
ähnlich wie Iskra, der Funke. Mit dieser Eselsbrücke kam ich
zurecht, und ich holte mir täglich mein Kaviarfrühstück an
der Theke.

Für meinen Besucherrundgang bekam ich nicht irgend
einen Dolmetscher zur Seite, sondern einen jungen Wissen-

schaftler. Es war der Sohn des Schriftstellers Willi Bredel. In Dubna wird Grundlagenforschung betrieben, hieß es, wenn ich auf die Nuklearentwicklung zu sprechen kam. Die Sowjetunion hätte das erste atomgespeiste Schiff gebaut, die Vereinigten Staaten von Amerika dagegen die ersten Atombomben. Auch Raketen dienten der Sowjetunion nur zu friedlichen Zwecken. Waren nicht der Sputnik und Gagarins Erdumrundung die besten Beweise?

Geheime Bereiche gab es aber auch bei der Grundlagenforschung. Für bestimmte Abteilungen mußte mir von der Leitung ein *Propusk* – eine Sondergenehmigung – ausgestellt werden, die nicht einmal Viktor Bredel besaß. Ich dachte an die verschiedenfarbigen Plaketten in Peenemünde, mit denen der Zugang für sensible Anlagen der Versuchsstelle geregelt worden war. Industriespionage traute man mir in Dubna nicht zu. Ich war ein Greenhorn und suchte nur etwas Anschauung vor Ort, um in meinem Folgeband die Arbeitsstätten der Kernphysiker schildern zu können. Wichtiger noch war mir, was in den Köpfen vorging. Aus meiner Bewunderung vor dem Synchrophasotron, dem größten Elementarteilchenbeschleuniger weltweit, so hieß es, machte ich keinen Hehl. Es gab auch keine Bedenken, mir die Funktion einer Nebelkammer – und was es sonst noch gab – zu erläutern.

Am Spätnachmittag bei einer Autorunde mit dem Vizepräsidenten, einem Bulgaren, erfuhr ich mehr über die einzelnen Physiker. Professor Kapiza wurde als internationale Berühmtheit mit Respekt genannt. Er und andere aus der ständigen Leitung wohnten in Einfamilienhäusern, die in den Kiefernwald hineingebaut waren. Landhäuser mit viel Holzverkleidung und Balkon oder Loggia – sie wirkten wie moderne Ausführungen des russischen Blockhauses. Einige der Wissenschaftler hatten durch ihre Veröffentlichungen Kontakte mit Kollegen, deren Namen mir aus meinen Vorstudien bekannt waren: Enrico Fermi, Oppenheimer, auch Edward Teller. In Sachen Forschung für den Frieden war ich besser beschlagen als in der Physik. Zum Stichwort *Pugwash-Konferenz* mit Linus Pauling äußerte sich der Bulgare ähnlich, wie ich es von Professor Steenbeck gehört hatte: Es käme ganz darauf an, in welchen Händen sich eine Waffe befände. Hiroshima und Nagasaki – diese Begriffe waren die Inkarnation der Unmoral. Das war auch meine Meinung, und so hatte ich keine Bedenken, in meinem Roman die Frage zu stellen: Wer verdient denn an der Rüstung? Die Kapitalisten, wer sonst? Daß es in den sozialistischen Staaten um nichts anderes als um den Frieden ging, stand für mich damals außer Frage.

In den sechziger, siebziger Jahren habe ich mich noch öfter in dem weiten Land umgesehen. In Mittelasien, aber auch schon in den Sowjetrepubliken um Schwarzes und Kaspisches Meer herum waren die Spannungen zwischen der Zentralmacht in Moskau und den nationalstolzen Republiken spürbar. Ob Moslems, Christen oder Atheisten die Mehrheit waren, das politische Reglement ging von den Russen aus. Sie standen überall an der Spitze der Verwaltung, in Georgien wie in Kasachstan. In der Nähe von Alma Ata wurden wir zwar zu einem Fest in einer kasachischen Jurte empfangen, aber auch da war der Rayon-Parteisekretär anwesend: ein Russe.

Von jenem Fest im Apfelgarten, wo vor der Jurte der Widder am Spieß gedreht wurde und die Kasachinnen in ihren regenbogenfarbenen Röcken zur Balalaika tanzten, ist mir unser Dolmetscher besonders in Erinnerung geblieben. Er hatte Goethes «Faust» – über Lermontows russische Übersetzung – ins Kasachische übertragen. Als Kasache Mitglied der Goethegesellschaft zu sein, war sein besonderer Stolz. Von seinem letzten Weimar-Besuch hatte er den *Lipsi* mitgebracht. Der Tanz war bei uns längst passé, aber nach vielen armenischen Kognaks und Schalen voll *Kumiss,* der gegorenen Stutenmilch, tanzten wir munter Lipsi.

Auf einer späteren Reise mit der Kollegin Tilly Bergner erlebte ich den 50. Jahrestag der Oktoberrevolution in Taschkent. Die Straßen und Plätze waren voller tanzender, singender Menschen. Im großen Teehaus, der *Tschaichana,* saßen die Veteranen – Usbeken in Stiefeln und Pluderhosen, die khakifarbene Hemdbrust bedeckt mit Orden und Medaillen. Unter buschigen Brauen schmale Augen, die Schnurrbärte hochgezwirbelt. Sie saßen mit untergeschlagenen Beinen auf erhöhten Podesten in der offenen Halle. Bedächtig schälten sie die großen süßen Zwiebeln und teilten Granatäpfel, aus denen sie das säuerliche Fruchtfleisch mit ihren Messern herauskratzten. Als Fremde waren wir willkommen, doch ihre Frauen hätten es nicht wagen können, in ihre Männerdomäne einzubrechen für eine Schale Tee.

Tilly saß mit mir auf dem mittleren Podest, grusinischen Tee schlürfend. Wir meinten beide, den *Herrn Kortüm* hier sitzen zu sehen, den philosophierenden Gastwirt aus Thüringen, der in Kurt Kluges Roman vom Heuberg aus auf dem Rennsteig immer in Richtung Taschkent unterwegs war. Die Vögel aus einer Tüte fütternd, wurde er zuletzt gesehen, und niemand wußte zu sagen, ob er sein Traumziel je erreicht hat.

Es gibt literarische Figuren wie diese, die mich durchs Leben begleiten und an bestimmten Orten fast leibhaftig vor mir stehen.

29

Emigranten

In Moskau, wann immer ich dort war, wurde ich an die Schicksale der deutschen Emigranten erinnert. Mally Findling, eine Jugendfreundin meines Mannes, aus dem jüdischen Bürgertum Berlins stammend, kehrte in den fünfziger Jahren nach Berlin zurück. Sie hatte Kinder von deutschen und österreichischen Emigranten im Kinderheim in Ivanowo betreut. Von den deutschen Intellektuellen, die in der Sowjetunion ganz unterschiedliche Schicksale erlebt haben, lernte ich jene kennen, die mit Literatur und Theater zu tun haben.

Während ich diese Erinnerungen schreibe, erreicht mich die Nachricht vom Tod Lotte Loebingers. Auch sie war Emigrantin in Moskau. Als junge Schauspielerin war sie die Partnerin von Heinrich Greif in dem Film «Kämpfer», den die deutschen Künstler in Moskau in deutscher Sprache gedreht haben. Sie war damals mit Herbert Wehner verheiratet und hat ihm geholfen, seine zweite Emigration in Schweden zu finanzieren. Lotte Loebinger hat dann über vierzig Jahre am Berliner Maxim-Gorki-Theater gespielt, wurde Ehrenmitglied des Ensembles und ist nun mit 92 Jahren gestorben. Unsere Zuneigung füreinander war wechselseitig. Sie kam zustande durch unser beider Freundschaft mit Zofia Marchlewska. Sonja, wie die Polin sich nannte, war die zweite Frau des Worpsweder Malers Heinrich Vogeler. Ihr Sohn Jan hat in der Sowjetunion die gleiche Schule besucht wie beide Söhne Friedrich Wolfs und Wolfgang Leonhard. Die Lebensläufe der *Troika* sind inzwischen weithin bekannt geworden. Sonjas Sohn Jan Vogeler ist dreisprachig aufgewachsen. Von den Eltern her polnisch und deutsch. Er blieb in der Sowjetunion. Als Philosophieprofessor an der Lomonossow-Universität, also im Zentrum der Sowjetmacht, hatte er sich das Gebiet gewählt, was ihm sein Leben bestimmt nicht leicht gemacht, aber ihn als Internationalisten geprägt hat – den Existentialismus. Ich erlebte Jan Vogeler als Diskussionspartner in Moskau mit den bundesdeutschen Teilnehmern des Friedenszuges.

Seine Mutter Sonja hat ihren Mädchennamen behalten. Julian Marchlewski, ihr Vater, nach dem in der DDR eine Straße und eine Berliner U-Bahn-Station benannt worden waren, galt als der polnische August Bebel. Ich habe mit ihr an ihres Vaters Grab gestanden, einem imposanten Ehrenbegräbnis. Am liebsten sind mir die Erinnerungen an Sonja vor dem Hintergrund der Hohen Tatra. Ich sehe uns vom Schriftstellerheim in Zakopane aus ins Weiße Tal wandern. Sie kannte sich gut aus im *Nationalpark Hohe Tatra* und wußte Wege zu den Almen, wo wir als einzige Gäste bei der Bergbäuerin auf der Bank saßen und mit Sahne oder Ziegenmilch bewirtet wurden. Die Hohe Tatra – später auch von der slowakischen Seite – war mein Ersatz für die Alpen, die ja für mich lange unerreichbar waren. Sonja, noch im 19. Jahrhundert geboren, hatte ihre Kindheit in Deutschland verlebt als Kind des Revolutionärs mit dem Decknamen Karski. Sie kannte mein Vaterland besser als ich. Gern erinnerte sie sich, wie sie im Auftrag ihres Vaters geheime Botschaften zu Rosa Luxemburg und Karl Liebknecht in die Wohnung bringen mußte.

Erinnerungen an die jüngere Zeit, was das Verhältnis

Polen – Deutschland betraf, die sie aus Taktgefühl nur selten berührte, kamen auf andere Weise auf mich zu. In der Nähe Warschaus kehrten wir in einem Barockschlößchen ein, das dem Schriftstellerverband als Gästehaus zur Verfügung stand. Ich wurde auf der Terrasse mit einem deutschsprachigen Besucher bekanntgemacht, der für mehrere Wochen im Haus wohnte. Der gutaussehende gewandte Mann war in Begleitung einer kräftigen blonden Polin. Sie trug ein ärmelloses Kleid. An ihrem Arm fiel mir eine bläuliche Nummer auf. Ich stutzte. Der Deutsche bemerkte meinen Blick und sagte kurz: «Auschwitz». Mir schlug das Herz bis zum Hals, ich brachte kein Wort heraus. Der Mann sagte: «Ich heiße Harlan. Mein Vater hat den Film ‹Jud Süß› gemacht. Ich stamme aus Veit Harlans erster Ehe. Meine Mutter ist Hilde Koerber. Ich bin hier, um alles über die Lager zu erfahren. Mit einem solchen Vater habe ich die Verpflichtung, etwas wiedergutzumachen. Das will ich versuchen.»

Muß man erst solche Erlebnisse haben, um sich klarzuwerden, was im Osten geschehen ist zwischen 1939 und 1945? Als Mitglied des Friedensrates wurde ich zuweilen für zwanglose Gespräche eingeladen, wenn westdeutsche Besucher nach Potsdam kamen. Bei Kaffee und Torte saß ich dann zwischen eleganten West-Bürgerinnen und erzählte von meinen Reisen in die Tschechoslowakei oder nach Polen. Besonders in Polen, sagte ich, hätte ich noch immer eine Art Schuldgefühl. Ich sah mich verständnislosen Mienen gegenüber, und nur selten gelang es mir, Frauen aus Düsseldorf oder Bremen klarzumachen, was zum Beispiel das Ghettodenkmal in Warschau für Empfindungen in mir ausgelöst hatte. Wo man sich unbehaglich fühlt, da fährt man eben nicht hin, las ich in den Gesichtern der Potsdam-Besucherinnen. Daß sie Italien oder Spanien bevorzugten, sprachen sie nicht aus. Sie waren eben taktvoll.

Als ich in den dreißiger Jahren – ein Kind noch – mit Vater und meinen Vettern das Elbtal entlang auf die tschechische Grenze zu wanderte, dann aber zu meinem Leidwesen umkehren mußte, ahnte ich nicht, wie wichtig das Nachbarland bald schon für viele Deutsche werden sollte. Nicht erst seit dem Vortrag der Gertrude Albrechtova in Greifswald weiß ich, daß der erste Fluchtweg der meisten intellektuellen Hitlergegner über die Sudeten geführt hat. Schon in Leipzig, als Wieland Herzfelde aus den USA zurückgekommen war, haben wir jungen Autoren erfahren, daß es der *Malik-Verlag* in Prag gewesen ist, der sich 1933 zum Zentrum der antifaschistischen Literatur entwickelt hatte.

Herzfelde, der kleine Mann mit dem ausdrucksvollen langen Schädel, hinter dessen hoher Stirn es ständig zu brodeln schien – was seine Augen verrieten –, hat mit seinem Unternehmen Literaturgeschichte geschrieben. Else Lasker-Schüler, Franz Kafka, Anna Seghers und viele andere verdanken es ihm, daß nach der Bücherverbrennung in Berlin auf dem Opernplatz ihre Namen in den deutschsprachigen Gebieten lebendig geblieben sind. In sparsamstem Druckverfahren hergestellt, aber durch die expressionistischen Titelgestaltungen publikumswirksam, haben jene Ausgaben des Malik-Verlags noch heute Sammlerwert.

Den Malik-Verlag neu zu gründen, wurde Wieland Herzfelde in der DDR verwehrt. Der Stachel blieb in ihm und die Berufung an die Karl-Marx-Universität als Professor für Journalistik wog die Enttäuschung nicht auf. Eine kleine Genugtuung empfand er wohl, als eine Gruppe junger Malik-Enthusiasten in Westberlin in einer Art Trotzreaktion gegen die engherzigen DDR-Funktionäre einen neuen Malik-Verlag gründeten.

«Ostrov bez majakú» – so heißt *Insel ohne Leuchtfeuer* auf tschechisch. Damit hielt ich 1961 Einzug in die Goldene Stadt. Die Verlage dort waren damals ähnlich strukturiert wie in der DDR. Mein Verlag *Svobodné Slovo* publizierte Bücher und eine Tageszeitung, und bald hatte ich am Prager Wenzelsplatz sozusagen eine *feste Adresse.*

Meine Bewunderung des *Gesamtkunstwerks Prag* übertrug sich auch auf meine Familie. In dieser Stadt scheinen sich die Sage vom Golem, der Geist des Rabbi Loew über die Jahrhunderte zu halten. Auf der Kleinseite meint man, Schwejk müsse gleich um die Ecke biegen, und selbst die Theater haben etwas Magisches. In der *Laterna magica,* im *Schwarzen Theater* – Verzauberung durch Licht und Schatten. Jene Aufführungen, mit meinen Kindern gemeinsam erlebt, standen nicht zurück hinter Opernabenden in der Proszeniumsloge des Nationaltheaters. Mein Prager Verlag gestaltete unsere Zwischenaufenthalte, bevor wir in Begleitung des Redakteurs für deutsche Literatur zum Skilaufen nach Spindlermühle gefahren wurden, jedes Mal zu einem Fest.

In Spindlermühle wohnten wir im Hotel mit tschechischen Familien zusammen. Es entstanden Freundschaften mit Besuchen bei uns und umgekehrt. Und plötzlich – 1968 – war alles anders. Ich saß mit den Kindern in heiterer Runde im Hause Koch-Gothas in Althagen, als eine Freundin der Familie ins Zimmer trat und das Unfaßbare herausstieß: «Durch Prag rollen Panzer – russische und deutsche.» War der Prager Frühling damit zu Ende? Was wird aus Alexander Dubcek? Ohne die Zusammenhänge wirklich durchschauen zu können, sympathisierten wir alle mit den Reformern um Dubcek.

Koch-Gothas Haus wurde damals von seiner Tochter Bärbel samt Familie bewohnt und war Sammelpunkt junger Leute, die malten, zeichneten und an der Drehscheibe töpferten. Ich glaube, Arnold Klünder, Bärbels Mann, war der erste, der die jungen Dubcekianer zur Vorsicht mahnte. Was in den nächsten Tagen und Wochen in unseren Zeitungen stand, hat ihm rechtgegeben.

Ich erinnere mich an einen Abend mit Potsdamer Autoren im Herbst 1968. Die SED-Bezirksleitung hatte zu einem Gespräch in die neu eröffnete *Fahrlander Mühle* eingeladen. Als Ehrengäste wurden uns ein Oberst mit seiner Begleitung von der in Potsdam stationierten Garnison der Roten Armee vorgestellt. Da der «Genosse Oberst in Prag Frieden und Sozialismus mit verteidigt» hätte, war das Grundthema der Gespräche festgelegt. Ich muß wohl durch skeptische Anfragen aufgefallen sein, denn von da an wurde ich kontinuierlich *beschattet*. Ich weiß es deshalb so genau, weil ein älterer Mann aus unserer Babelsberger Nachbarschaft, ein treuherziger Genosse meines Mannes, ihm gestand, daß er den Auftrag bekommen hätte, meine politische Einstellung – speziell im Hinblick auf den Einmarsch in die CSSR – zu erkunden. Er wollte offensichtlich dem Genossen Bussenius und seiner Frau Unannehmlichkeiten ersparen. Mein Mann solle, so empfahl er, mich davor warnen, allzu offenherzig vom offiziellen Kurs abweichende Meinungen von mir zu geben.

Daß er nicht der Einzige war, der über meine manchmal nonkonformistischen Äußerungen zu berichten hatte, ahnte ich, seit mir ein unbekannter Jemand einen Brief angekündigt hatte, in dem sich eine Einladung für mich in westliche Lande befinden würde. Die solle ich annehmen, und man würde mir alle Steine aus dem Wege räumen, wenn, ja wenn ich über jene mir bekannten Leute, die aus USA, Frankreich und der BRD zusammenträfen, berichten würde. Seit ich dieses Ansinnen abgelehnt hatte, war ich Gegenstand einer *Akte* geworden. Als unsichere Kandidatin hatte mich ja schon Hanns Marchwitza eingestuft. Kaum daß ich im Potsdamer Autorenkreis aufgetaucht war, wollte er mich für die SED werben. Seine Enttäuschung, daß ich als Genossin verloren war, klang so: «LDPD? Ach, so eine bist du!»

Meine Vermutung über meine Rundumüberwachung hat sich später leider bestätigt.

30
Königsebene

«Ah, Masowien!» Ich stand an der Garderobe des Hotels *Elephant,* und der mich ansprach, war Pablo Neruda, der chilenische Dichter. Er, der Südamerikaner, schien der einzige unter den hunderten Gästen aus aller Welt zu sein, der wußte, woher das leuchtendrote Cape, das ich zum festlichen Abendempfang trug, stammte. Alle Achtung, dachte ich, das nennt man Internationalität. Ich hatte tatsächlich das Kleidungsstück in Warschau als Gastgeschenk erhalten. Das folkloristisch stilisierte masowische Bauerncape war viel zu auffällig, als daß ich es zu Festlichkeiten getragen hätte, aber an jenem Abend paßte es. Es war der Abschluß des *Internationalen Schriftstellertreffens Berlin und Weimar* anläßlich des 20. Jahrestages der Befreiung vom Nationalsozialismus.

Im Mai 1965 war in Weimar die Welt zu Gast. Auch jene

waren gekommen, die ihre Vorbehalte gegen Deutschland noch nicht überwunden hatten. Aber Namen wie Anna Seghers, Ludwig Renn, Arnold Zweig, Wieland Herzfelde als Einladende ließen sie auf einen neuen Geist hoffen in diesem gefürchteten Land. Und Weimar war für das Treffen ein guter Ort. Das Nationaltheater, die Klassiker, die Wartburg – ein Ambiente, das wir, die Gastgeber – denn als solche fühlten sich die Vertreter des Schriftstellerverbandes – wohl zu nutzen verstanden. In meinen Erinnerungen haben die Stunden auf dem Ettersberg vor dem Buchenwalddenkmal von Fritz Cremer den nachhaltigsten Eindruck hinterlassen.

Ein Spanier, der aus eigenem Erleben nachvollziehen konnte, was der Bildhauer ausdrücken wollte, brach in Tränen aus. Der türkische Dichter Nazim Hikmet umschlang einen Leidensgefährten aus Griechenland. Ernst und in sich gekehrt – Peter Weiß mit Frau Gunilla. Daß Schriftsteller aus den USA und Australien angereist waren, war den kollegialen Verbindungen Walter Kaufmanns zuzuschreiben. Gerade sie waren es, die dem Teildeutschland *hinter dem Eisernen Vorhang* große Skepsis entgegengebracht hatten.

Daß diese kleine Olympiade des Geistes in so lockerer Atmosphäre ablaufen würde, hatten selbst die Veranstalter nicht für möglich gehalten. Geplanter Wirrwarr – geordnetes Chaos – so schätzten die an Systematik gewöhnten Professoren der Weimarer Hochschule für Baukunst und Architektur ein, was sich vor ihren Augen abspielte. Die Literaten wirbelten in der Musenstadt herum als Fremdenführer, Dolmetscher, Organisatoren, ja als Chauffeure bis nach Tiefurt und Großkochberg. Wir waren gastfrei und freizügig.

Der braune Kolumbianer konnte im Nationaltheater seine Botschaft ebenso vortragen wie der tiefschwarze Dichter aus dem Senegal. Weimar kam mir in jenen Tagen vor wie eine Probebühne der Solidarität mit den Völkern der Erde. Wie wenige Kollegen aus der Bundesrepublik gekommen waren, war einmal mehr der Beweis des Kalten Krieges zwischen West und Ost. Rudi Dutschke – einer, der an den kapitalistischen Verhältnissen etwas hatte ändern wollen – war in Westberlin überfallen worden. Ging es uns dagegen nicht gut?

Ich erinnere mich an eine Lesung kurz danach in Brünn, dem mährischen Brno. Der Deutsche Club hatte mich eingeladen. Nach Lesung und Gespräch sagte eine nicht mehr junge Tschechin, die die Protektoratszeit mit dem verhaßten Heydrich an der Spitze gewiß noch bewußt erlebt hatte: «Ihre Gedanken kennen wir nun, Frau Kraft, aber sagen Sie, denken alle Menschen in der DDR so wie Sie?» In der Frage schwang Furcht mit vor einem wiedererstarkenden Deutschland. Ich fühlte mich damals so sicher als Botschafterin eines Friedensstaates, daß ich aus voller Überzeugung antwortete, in der DDR sei das gleichberechtigte Miteinander mit allen friedliebenden Völkern oberstes Gebot.

Ich führte Beispiele an, die ich als Mitglied des Friedensrates erlebt hatte, wußte zu berichten von der Solidarität mit Angola, Mozambique. Etwa ein Jahr danach erfuhr ich, daß ich mein Publikum in Brno überzeugt hatte. Eine kleine Gruppe der Clubleitung besuchte Potsdam und beschenkte mich mit einer liebevoll gestalteten Bild-Text-Dokumentation über meinen Besuch.

Frauen für Frieden und Sozialismus – ein oft wiederkehrendes Thema in Sitzungen, zu denen ich geladen wurde. Es stand auch hinter dem Vorschlag des *Buchverlags Der Morgen,* nun mal über ein Gegenwartsthema zu schreiben. Mein Leserpublikum warte darauf. Ich hatte mir mein Thema längst gewählt, doch es entwickelte sich anders, als vom Verlag erhofft.

Mit den ersten Lesungen aus dem Manuskript geriet ich in die gewittrige Stimmung nach einer Plenartagung des Zentralkomitees der Sozialistischen Einheitspartei. Das *11. Plenum* wurde später zum Kürzel für eine Phase kultureller Enge. Als eine der ersten Reaktionen ist mir in Erinnerung geblieben, wie deprimiert Georg Maurer war, nachdem er die Reden im *Neuen Deutschland* gelesen hatte. Schon immer hatte er sich auseinandergesetzt mit den politischen Trends auf höchster Ebene und hat deren Auswirkungen auf die Kultur unseres Staates oft mit Sorge vorausgesehen. Ich dagegen konnte mich selten dazu durchringen, die umfangreichen Artikel gründlich zu lesen. Ich hatte Ohren zu hören. In den Veranstaltungen des Schriftstellerverbandes begnügte ich mich damit, den Extrakt zu erfahren. Was *oben* beschlossene Sache war, ließ sich von *unten* sowieso nicht ändern. Ich hielt mir zugute, daß ich mit familiären Belastungen fertig werden mußte, die manchmal fast über meine Kräfte gingen.

Meine Mutter hatte sich den Oberschenkelhals gebrochen, und nachdem sie wieder an Krücken laufen gelernt hatte, nahm ich sie zu uns nach Babelsberg. Im Haus selbst war es auf Dauer nicht möglich. Ich mußte ein Pflegeheim in unserer Nähe suchen. Mit Hilfe des befreundeten Theologen Kehnscherper fand es sich in Kleinmachnow.

Wenig ermunternd für meine Arbeit war die Situation meines Mannes. Für ihn hatte sich nach den kurzen Engagements in Putbus und danach am Stadttheater Plauen keine neue Aufgabe als Regisseur und Schauspieler gefunden. Meinen Vorschlag, sich beim Staatlichen Archiv in Potsdam um eine Anstellung zu bewerben – was ihm einen erneuten Umzug erspart hätte –, empfand er als unzumutbar. Er richtete sich ein zwischen seinen Büchern.

Haushalterei war auch dann seine Sache nicht, wenn ich nach Rostock fuhr wegen Recherchen bei der Seerederei. In meinem neuen Buch war eine Seemannsfrau eine der Hauptfiguren.

Wie erwartet, machte sich das 11. Plenum auf unterschiedliche Weise bemerkbar. Verbote von Spielfilmen wurden im Schriftstellerverband diskutiert. Einen davon – «Das Kaninchen bin ich» – bekamen wir Autoren in einer Sondervorführung im Babelsberger Studio-Kino zu sehen. Die *Berliner Zeitung* erbat sich von mir eine *ganz spontane* Stellungnahme. Wohin diese Stellungnahme zielen sollte, war eindeutig. Wenn ich auch nicht immer genügend Mühe darauf verwendet hatte, mir eine eigene Meinung zu bilden, hier war ich nicht bereit, in das Horn zu stoßen, was zum Schlagwort geronnen war. Und wenn ich schon über «die Fremdheit zwischen Individuum und Gesellschaft, wie sie sich in unserer Literatur ausbreitete», nachdenken würde, dann allenfalls anhand meiner eigenen Bücher.

Ich saß ja bereits über so einem heiklen Thema. In meinem neuen Roman wollte ein junger Mann nach dem Westen. Was? wurde mir entgegengehalten – bei Lesungen ebenso wie im

Lektorat – Republikflucht? Aber der junge Mensch ist doch durch unsere Schulen gegangen! Das durfte es einfach nicht geben. Hatte ich nicht eigene Kinder, die stolz gewesen waren, wenn sie als Thälmann-Pioniere ausgezeichnet wurden?

Ach ja, wir hatten sie abgeschirmt, so gut es ging. Aber als unser Sechzehnjähriger nach Premnitz ins Jugendwohnheim zog, um in der Abiturstufe seinen Schulabschluß mit Chemiefaserfacharbeiterbrief zu machen, bekamen wir von ihm kritische Töne zu hören. Einblicke in den Volkseigenen Betrieb gaben genügend Anlaß zu Fragen nach dem Unterschied zwischen der Akkordarbeit im Kapitalismus und dem Wettbewerbssystem im Sozialismus. «Deine Hand für dein Produkt» – «Chemie schafft Schönheit» – Immer mehr, immer besser für den gleichen Lohn! Wo blieb denn die Gewerkschaft in dem Leitungssystem? War sie nur noch gut für die Verteilung der Ferienplätze in Betriebsheimen und Ferienhotels? Die Oberschüler waren hellhörig. Man konnte doch nicht rundweg erklären, alle ungelösten Probleme wären *nichtantagonistische Widersprüche*. Und nur der *Weg* zum Sozialismus sei zu kritisieren, aber nicht das *Ziel*.

Für die Schriftsteller war ein Artikel in der Zeitschrift *Neue Deutsche Literatur* Anlaß für die längst fällige Aussprache. Inge von Wangenheim hatte einen Essay veröffentlicht über die Schwierigkeit des Schreibens in der *Königsebene*. Sie hatte untersucht, wie es um die Freiheit des Schriftstellers bestellt sei, wenn er seine Kritik an höchster Stelle ansetzte. Je höher ein Funktionär amtiere, um so genauer sei er informiert über das Ziel. Also wäre Kritik an ihm schon Kritik am Ziel. Und je höher das Amt, um so schmaler die Pyramide der Hierarchie. Die Spitze nannte Inge von Wangenheim Königsebene. Fehler anzuprangern, könne man sich auf der Kreisebene erlauben. Auch ein Bezirkssekretär dürfe sich noch irren. Von den vierzehn brauchte sich keiner direkt angegriffen zu fühlen. Aber höher hinauf – da klangen alle Alarmglocken.

Es geschah in Berlin in der Jägerstraße bei einer Vorstandssitzung des Schriftstellerverbandes, daß ich in dieser Aussprache noch einmal mein nicht mehr neues Buch Insel ohne Leuchtfeuer heranzog, um ein eigenes Beispiel dafür zu geben, daß es immer mit Risiken verbunden sei, Königsebenen anzugehen. Hatte ich nicht mit meinem Thema eine Königsebene betreten? Peenemünde als Ort der Handlung war, was die Rolle während des Krieges betraf, einmalig, und etliche Akteure im Hintergrund waren leicht zu entschlüsseln. Ich stimmte also den Untersuchungen der Kollegin von Wangenheim voll zu. Das Kuriose sei allerdings – und das glaubte ich in dem internen Kollegenkreis des Vorstands hinzufügen zu können –, daß Angriffe gegen den Roman, wie ich sie erlebt hätte, nicht von den dargestellten Personen gekommen waren, sondern von einem Besserwisser aus unseren eigenen Reihen.

Julius Mader – die wenigsten kannten ihn – hatte für sein auf Sensationelles zugespitztes Buch «Geheimnis von Huntsville» eigene Recherchen angestellt und mich der Geschichtsfälschung bezichtigt. Beim *Amt für Literatur* hatte er versucht, die geplante Nachauflage meines Romans zu verhindern. Daraufhin holte mein Verlag mich und den Rechtsbeistand des Schriftstellerverbandes mit Mader an einen Tisch. Sein Hauptargument gegen mein Buch, nachdem ich seine Einwände alle hatte entkräften können – denn ich kannte ja die Verhältnisse vor Ort aus eigener Anschauung und hatte einen Roman und keine Dokumentation geschrieben – hörte sich an wie eine Anekdote. Und damit beendete ich in der Versammlung mein Beispiel zum Thema Königsebene. Ich sagte: «Unser Kollege schloß messerscharf, meine Verteidiger hätten zwar gesagt, daß mein Buch ein Roman sei, doch wenn man daraus erfährt, daß Wernher von Braun Haare auf der Brust hat, dann müßten die Leser doch annehmen, die Autorin hätte alles genau so erlebt.»

Meine sachliche, auf das Diskussionsthema bezogene Schilderung des ärgerlichen Vorfalls erregte im Vorstand große Heiterkeit, allerdings nicht bei allen anwesenden Kollegen. Einige benutzten meine Offenheit gegen mich. Das Nachspiel führte in die Dramaturgie der DEFA. Für einen Spielfilm über die Raketenforscher in Peenemünde hatte die DEFA die Rechte bei jenem Dokumentaristen Mader erworben, der sich seine Kenntnisse für «Das Geheimnis von Huntsville» aus zweiter und dritter Hand beschafft hatte. Kaum hatten die Dreharbeiten begonnen, wollte der Regisseur mit mir Gespräche führen. Für die Umsetzung in eine Bilderzählung fehlten ihm wohl die Details. Aber mich aushorchen zu lassen – Freunde hatten mich schon gewarnt –, das lehnte ich ab. Es sei denn, die DEFA schlösse mit mir einen Beratervertrag. Doch nun hüllte sich die Produktion «Gefrorene Blitze» in Schweigen. Und nach der Premiere des Films bekam ich sogar einen sehr bösen Brief vom Produktionsleiter. Er warf mir Unkollegialität vor und drohte mir mit einer Klage wegen Verleumdung. In DEFA-Kreisen war bekannt geworden, daß ich nach der Aufführung geäußert hätte, mein Roman habe bereits vor Beginn der Dreharbeiten auf dem Tisch der Dramaturgie gelegen. Von Freunden wußte ich nämlich, daß sie und andere Kinobesucher Szenen aus meinem Roman zu erkennen glaubten. Selbst die Progreß-Film-Verleiher machten da keine Ausnahme. Zur Vorpremiere in Eisenhüttenstadt schickten sie mir eine Einladung. So sehr war der Peenemünde-Stoff damals mit meinem Namen verknüpft.

Aber nach meinem Roman – und mit dem Regisseur Carl Balhaus – wäre es ein anderer Film geworden.

31
Neue Bücher

Meine Geschichten, so habe ich ungeduldigen Lesern gegenüber geäußert, müßte ich immer erst geträumt haben, ehe sie mir aufs Papier flossen. Und alle schrieb ich zuerst mit der Hand.

Irmgard Schütze, meine Lektorin beim Verlag der Nation, träumte wohl meistens andersherum als ich, jedenfalls konnte ich es ihr beim zweiten Band lange nicht recht machen, und so lagen zwischen *Insel ohne Leuchtfeuer* und *Menschen im Gegenwind* sechs Jahre. Ich gebe zu, daß meine Fabulierlust oft mit mir durchgeht und anderes, was zu einem guten Buch gehört – wie Komposition und die Sorgfalt bei der Wortwahl – bei der ersten Niederschrift zu kurz kommen. In der gleichaltrigen, scharf analysierenden

Irmgard Schütze hatte ich also eine passende Betreuerin jener Romane, die – wie sich später zeigen sollte – zu meinen Hauptwerken wurden.

Günter Hofé, der Verlagsleiter, war nicht, wie meine beiden früheren Verleger Lucie Groszer und Peter Erichson, Verlagsinhaber, sondern war von der Blockpartei – der *National-Demokratischen-Partei* – als Leiter berufen worden. Er stand damit einem Unternehmen mit vielseitigem Programm vor und war doppelt engagiert, denn er schrieb selbst Bücher. Er wußte, worauf es ankam: auf die gute Ehe zwischen Autor und Verlag. Und die bestand zwischen uns. Ich fühlte mich in dem großen Verlagshaus in Berlin an der Friedrichstraße nie als eine beliebige Nummer des umfangreichen Verlagsprogramms.

Daß ich mit meinem neuen Buch – dem erwarteten Gegenwartsroman – dann doch zum Buchverlag Der Morgen überwechselte, hing mit meiner LDPD-Mitgliedschaft zusammen. Als Mitglied des Zentralvorstands gehörte es sich einfach, auch im parteieigenen Verlag mit einem Buch zu erscheinen. Geradezu väterlich war der Verlagsleiter Fritz Greuner auf mich zugekommen. Diesem vielseitig gebildeten Demokraten alter Schule, der sich im Friedensrat stark engagierte, konnte ich einfach keinen Korb geben. Später allerdings merkte ich, daß er allzu sehr darauf bedacht war, mit seinem Verlagsprogramm beim *Amt für Literatur,* den Gutachtern im Kulturministerium – das Wort Zensurbehörde wurde tunlichst vermieden –, nicht unangenehm aufzufallen. Dem unterzog sich natürlich auch die Lektorin Liselotte Otting. Immer wieder mußte ich die eine oder andere Handlungslinie verteidigen. Schließlich holte sich meine neue Lektorin Verstärkung beim *Demokratischen Frauenbund,* denn es ging ja in meinem neuen Roman um Frauenschicksale. Sogar um drei, die miteinander verflochten waren. Die Geschichte einer Wandlung, wie es mir nach meiner Herkunft gemäß war – schön und gut, aber die Neugier der jungen Generation auf die westliche Welt, das war ein zu heißes Eisen, fanden die Vertreterinnen des DFD.

Bei so viel politisch aufgeladenem Zuspruch suchte ich schließlich das Gespräch mit Annemarie Auer, die mir freundschaftlich zugetan war. Nach mehreren Arbeitsgesprächen mit ihr im Schriftstellerheim am Schwielowsee, in denen die profunde Literaturkennerin meine *Geschichte der drei Ichs* analysierte, gelangte ich schließlich zu einer Fassung, die ich verantworten konnte und die auch dem Verlag Der Morgen zusagte. Später bei Lesungen hörte ich das Argument der DFD-Frauen, die Widerborstigkeit des jungen Nick betreffend – der doch *durch unsere Schulen gegangen* sei –, noch ab und zu, aber eine andere Sehweise erschien mir viel wichtiger.

In der größten Ostberliner Buchhandlung, dem *Internationalen Buch,* stellte ich die Neuerscheinung «Gestundete Liebe» 1970 vor. Viele kamen wegen eines Autogramms und weil sie mich einmal kennenlernen wollten, aber auch solche, die das Buch schon gelesen hatten. Eins dieser kurzen Gespräche an meinem Verkaufstisch hat mich ganz besonders berührt. Die Frau war jünger als ich, aber keine der ganz jungen. Sie bat um eine Widmung und sagte: «Ich bin extra nach Berlin gekommen, weil ich Ihnen etwas sagen möchte: Ihr Buch kam für mich zur rechten Zeit. Es hat mir Mut gemacht zum Weiterleben.» Sie war sichtlich bewegt. Und ich auch. Leider habe ich nicht weiter gefragt. Es kam mir vor wie ein Eindringen in ein Schicksal, wie das Berühren einer offenen Wunde. Noch heute bedaure ich, daß ich weder Namen noch Adresse dieser Leserin weiß. So ein Bekenntnis kommt aus tiefstem Herzen.

Auch in der Erzählung *Die blaue Wand* – geschrieben für die Sammlung ‹Träume im Gepäck› – müssen sich viele Leserinnen wiedergefunden haben. Eine künstlerisch begabte Frau gerät in Konflikt mit ihrem weniger aktiven Mann. Bei einer Lesung in Kleinmachnow brachte es mir die Anfrage ein, wie es denn komme, daß bei mir die Männer im Vergleich zu den Frauen immer «etwas unter der Gürtellinie» lägen. Ich fühlte mich ertappt. Der Grundkonflikt meiner Ehe zog sich durch fast alle meine Geschichten.

Ein Freund beschenkte mich eines Tages mit einem Stück Blaue Wand. Richard Wilhelm, Glasgestalter in Magdeburg, hatte für das Foyer des Palastes der Republik die *Gläserne Blume* entworfen und in seiner Werkstatt ausgeführt. Sein zweiter Auftrag war eine gläserne Trennwand für eines der

Sitzungszimmer. Meine Erzählung hatte ihn angeregt, die Glassteine in Aquamarin und Türkis zu gestalten. Es war mein Geburtstag, als im Palast die Wand unter seiner Leitung entstand. Zwei der schweren schimmernden Glasbrocken brachte er mir : symbolisch meine Blaue Wand. Was aus ihr geworden ist, nachdem der ganze Palast als unliebsames Zeugnis der DDR-Geschichte in Acht und Bann getan wurde – ich weiß es nicht. In meinem Arbeitszimmer leuchten die blauen Steine zwischen den Büchern noch heute.

Als ich meine Eindrücke für mein nächstes Buch zu ordnen begann, hing mir der Himmel nicht voller Geigen. Notizhefte waren vollgeschrieben, Tonbänder häuften sich, auf denen ich die Stimmen der Musikinstrumentenbauer des Vogtlandes festgehalten hatte. Eine komplette Führung durch das Markneukirchener Musikinstrumentenmuseum war dabei, ebenso die silbrig klingende Stimme eines neunzigjährigen Flötenbauers. «Solo für Martina» habe ich den kleinen Roman genannt, für den ich herumgestreift bin zwischen Klingenthal, Markneukirchen und Schöneck, dem *vogtländischen Musikwinkel.*

Viel gelernt habe ich in den wenigen Wochen. Daß gute Instrumente ein Seele haben, zum Beispiel, und daß das Wort Oboe eigentlich eine Verstümmelung des französischen *haut bois* ist: hohes Holz. Auch vom Wissenschaftlichen her, von der Akustikforschung, wurde ich in Zwota im Forschungsinstitut gut beraten. Und dennoch – nichts wollte sich zusammenfügen. Der Buchverlag Der Morgen wäre wohl mit einer Reportage zufrieden gewesen, aber ich fürchtete, dabei ginge das besondere Fluidum des Musikwinkels verloren. Die Konflikte, zu denen ich vorgedrungen war, verlangten nach einer Geschichte. Und die konnte nur auf das eine hinauslaufen: Verachtet mir die Meister nicht! Ist eine Geige, wie sie David Oistrach spielt, ein Kunstwerk oder ein rein handwerkliches Produkt? Geigenholz muß lange lagern, und der Ahorn für den Resonanzboden muß von Bäumen stammen, die langsam gewachsen sind, in feuchten Felsschluchten, wo wenig Sonne eindringt. Ich glaubte, das Holz zu riechen, wenn ich in den Werkstätten der Meister war. Wieder zu Hause, legten sich meine Gedanken kreuz und quer, bis ich mir selber so verquer vorkam wie manche der eigenbrötlerischen vogtländischen Instrumentenbauer. Keiner hatte mich abgewiesen. Ich käme ja nicht von der Presse. Damit hatten sie keine guten Erfahrungen gemacht. Aber für ein Buch – dafür wollten sie mir schon was erzählen. Was heikel war, würde ich ja sowieso weglassen. Oder?

Genau das wollte ich nicht. Und hier saß der Haken. Durch die Liberal-Demokratische-Partei hatte ich Einblick bekommen in Strukturen und Zielstellungen der genossenschaftlichen Produktion samt allen Zwischenstufen halbstaatlicher Formen bis zur Zusammenarbeit mit Volkseigenen Betrieben. Nach meinen Erkundungen vor Ort wollten mir nun auch Fachgruppenleiter, der Generaldirektor und die Parteibeauftragte Einblick in ihre Strategie geben, ohne die zu kennen ich – nach ihrer Meinung – den privaten Kümmernissen und Eitelkeiten der Handwerker aufsitzen würde. Wieder einmal sollte ich um der positiven Aussage willen etwa vorhandene Konflikte aussparen.

Um die Weihnachtszeit 1974, als unser Sohn mit seiner Freundin vom Studium an der Technischen Hochschule Merseburg nach Hause kam, und als fast gleichzeitig unsere Tochter die Zulassung zum Studium an der Hochschule für Bildende Kunst glücklich in der Hand hielt, riß bei mir der Knoten. Ich entwarf mehrere Erzähllebenen für meine Geschichte. Die Konflikte der jungen Generation würde ich als Grundlage nehmen. Die Schere, die zwischen Theorie und Praxis klaffte, zeigte sich den Studenten unverhüllt. Ihnen gegenüber sollte der Ich-Erzähler stehen. Er war eingeweiht in die Tradition der Meister. Das Vorbild fand ich in dem *Mann mit der Goldflöte,* Immanuel Lucchesi. Wir hatten uns auf der Reise nach Kuba kennengelernt. Selten habe ich beim Schreiben meine Kunstfiguren – einschließlich der nach lebenden Vorbildern gestalteten Handwerker – so liebgewonnen wie das Ensemble des Buches *Solo für Martina.*

Beim gleichnamigen Fernsehfilm, für den ich später das Szenarium schrieb, hatte ich es mit mehreren Dramaturgen zu tun. Die hatten ständig die Zensur im Kopf, und ich habe nachgegeben. Wie dicht ich wieder einmal an die *Königsebene,* an das leicht zu Entschlüsselnde, geraten war, erkannte ich aus der Resonanz aus dem Musikwinkel. Viele Handwerker waren vom Fernsehfilm enttäuscht. Will man keinem zu nahe treten, fehlt in einem Werk das Salz in der Suppe.

Die Arbeit am Roman «Unruhiger Sommer», der 1979 – ein Jahr nach dem Musikwinkel-Roman – erschien, ist verbunden mit bedrückenden Ereignissen. Ich schrieb, um mich zu befreien. Daß die Kinder heranwachsen und aus dem Haus gehen, ist normal. Die täglichen Belastungen verschieben sich, das heißt, die verbleibenden Partner müssen sich auf neue Positionen einigen. Und das gelang mir und meinem Mann nicht. Ich suchte nach den Ursachen und analysierte schreibend.

Was den Erfolg meiner Arbeit betraf, war ich an meinem Mann vorbeigezogen. Selbständig hatte ich meine Lesereisen organisiert, kam oft erfüllt von gelungenen Veranstaltungen zurück, hatte viel Zuwendung erfahren vom Publikum, von Buchhändlern, Bibliothekaren. In Großbetrieben hatten mich Arbeitsbrigaden zu ihrer Kulturpatin erkoren. Es gab Berichte darüber in der Presse – von Greiz bis Wismar, von Erfurt bis Kirchmöser. Und neue Einladungen zu Arbeiterfestspielen, zur Ostseewoche oder Woche des Buches warteten schon wieder.

Bereits in der Erzählung *Die Blaue Wand* hatte ich das Thema der kreativen erfolgreichen Frau aufgegriffen. Danach hatte es mich weiter verfolgt. Immer achtete ich darauf, daß mein Mann zu geselligen Veranstaltungen mit eingeladen wurde. Daß ich das Auto fuhr und Quartier besorgte, war für ihn längst selbstverständlich geworden. Fast stumm und oftmals sichtlich gelangweilt, verharrte Hans dann an meiner Seite. Mit Wehmut dachte ich oft zurück an unsere gemeinsame Anfangszeit, als er mich verteidigt hatte, wenn mir, seiner Meinung nach, zu wenig Achtung oder Anerkennung entgegengebracht wurde. Daß ich ihn seiner Beschützerrolle enthoben hatte, konnte er nicht verwinden. Unter seiner inneren Unzufriedenheit, die ihn gereizt und mürrisch werden ließ, litt am stärksten unsere Tochter. Ich glaube, das Trauma aus ihrer Kindheit, ich könnte einmal nicht wiederkommen, hat sie noch oft gequält.

Ich war mit meinem Familienroman wieder zum Verlag der Nation zurückgekehrt. Meine Bücher *Insel ohne Leuchtfeuer* und *Menschen im Gegenwind* hatten inzwischen hohe Auflagen erreicht. Als *Unruhiger Sommer* gedruckt war, hatte mein Mann den siebzigsten Geburtstag hinter sich, und ich stand kurz vor dem sechzigsten. Ich legte ihm das Buch hin mit den Worten, die Zeit, da ich es mir von der Seele schreiben mußte, sei überstanden. Wir wären ja nun alt genug, um über alles miteinander reden zu können. Das ist nie geschehen. Er wurde meiner Arbeit gegenüber immer gleichgültiger.

In einem Alter, da andere es sich als Rentner behaglich machen, griff ich einen Stoff auf, der mir schon lange im Hinterkopf saß. Ich war eine geborene Schildauerin, was mir per Ehrenbürgerurkunde längst bestätigt worden war, also fühlte ich mich zuständig für etwas, das der Schildbürgerstadt angemessen war – etwas Närrisches.

Dürrenmatts «Besuch der alten Dame» hatte mich auf eine Idee gebracht. Beim Skizzieren meiner Kunstfigur, der Dame Lil, sah ich die Flickenschildt vor mir, die geniale Darstellerin der Zachanasian, doch stellte ich in meiner Erzählung die Handlung aus Dürrenmatts Bühnenstück auf den Kopf. Bei mir ist die Heimkehrerin, die sich wegen früherer Kränkungen rächen will, in Wirklichkeit eine arme Kirchenmaus, die aber zu blenden versteht und ihren Heimatort an der Nase herumführt.

Der Verlag Der Morgen ließ sich auf meinen Seitensprung ins Phantastische ein. Daß ich mit «Die Kunst, Damen zu empfangen» mein seriöses Image angekratzt hatte, merkte ich bald. Bei Lesungen gab es Verblüffung, und brieflich bekam ich zu hören, das sei doch nicht mein Stil. Ich war festgelegt auf Themen um Krieg oder Frieden, Atomphysik und Raketentechnik, pädagogische und Partnerschaftsproblematik. Dem allen stand mein *Spektakel um die Supernova* – eine Erscheinung, die unerwartet auftritt und im Nichts verschwindet – radikal entgegen.

Ach, dachte ich, ihr lieben Leser, wenn ihr wüßtet, wieviel Spaß ich am Aufbereiten dieser Erinnerung aus meiner Kindheit hatte! War ich nicht hineingeworfen und somit hineingewachsen in die Polarität des Ernsten und des Heiteren, ja sogar Närrischen? Gegenüber der großelterlichen Wohnung der Feldherr und Militärreformer Gneisenau und auf der anderen Straßenseite des Marktes das Rathaus mit den auffallend großen Fenstern. Es steht da, fast zu großspurig für das kleine Städtchen, gerade als wolle es die alten Geschichten aushebeln, von denen die eine vom fensterlosen dreieckigen Rathaus der Altvorderen berichtet. Nein, liebe Leser, ich sage euch: Der ist fürwahr kein braver Mann, der sich nicht selbst zum Besten haben kann.

32
Die Nische

Ob Günter Gaus den Begriff von der *Nischengesellschaft* geprägt oder von irgendwoher übernommen hat, weiß ich nicht. In seinen Analysen über die DDR fand ich die Bezeichnung zum ersten Mal. Ich habe mich gefragt, ob ich mir auch eine Nische gesucht hatte. O ja, den Ort, in den ich mich zurückziehen, wo ich selbst bestimmen konnte, was mich erreichen sollte an Informationen, Appellen und Verpflichtungen der allgegenwärtigen Gesellschaft, den hatte ich gefunden an meiner geliebten Ostsee. Nicht auf Usedom. Ich hatte die Insel ganz bewußt ausgespart. Bei meinen Lesereisen von Karlshagen bis Ahlbeck hatte ich gespürt, wie Erinnerungen das Gegenwärtige überlagerten, und da alle Freunde von einst in weiter Ferne waren, hätte ich mich bei längeren Aufenthalten mit meinen Gedanken manchmal recht allein gefühlt. Es ergab sich durch Zufall, daß es die Halbinsel Darß-Fischland wurde, wo wir – das heißt, ich mit der Familie – heimisch werden konnten.

Ahrenshoop stand in der Gunst jener Maler und Schriftsteller, die das Dorf am Rande des Darß-Waldes schon in den zwanziger, dreißiger Jahren zu ihrer Nische erkoren hatten, so hoch im Kurs, daß es schwer war, in den Sommermonaten ein Quartier zu bekommen. Dem Feriendienst der Gewerkschaft standen fast sämtliche Ostseebäder zwischen Boltenhagen und Ahlbeck zur Verfügung, Ahrenshoop war ausgespart. Hier verteilte der Kulturbund die Unterkünfte. Ab 1953 war ich einige Male dort, doch war an einen festen Sommerstandort für mich noch nicht zu denken. Erst Mitte der Sechziger konnte ich es mir leisten, mit den Kindern ohne betreuende Begleitung die großen Ferien – und manchmal ein langes Wochenende – am selben Platz zu verbringen. Ein schmales Zimmer mit feuchten Wänden und morschen Dielen - unter denen man die Mäuse nagen hörte –, ohne Wasser, ohne Klosett und ohne Vorraum bot sich. Wir nahmen alles in Kauf, denn es waren nur wenige Schritte über die Straße bis zum Strand, und das Rohrdach war dicht. Um die wenigen Quadratmeter in der Kate – einer ehemaligen Werkstatt – voll nutzen zu können, ließ ich in Ribnitz ausklappbare Liegen anfertigen. Die morschen Dielen deckten wir mit geflochtenen Vietnammatten ab. Eine elektrische Kochplatte und ein Tauchsieder dienten als Küche. Krug und Waschschüssel verschwanden dann unter dem eisernen Gestell. Mein Mann beklagte ständig das feuchte Klima, und nach einigen Kurzaufenthalten kam er nicht mehr mit.

In jedem Sommer ergaben sich neue Bekanntschaften, und aus manchen entstanden dauerhafte Freundschaften. Meine Kinder – damals dreizehn und neun Jahre – wurden regelrecht *adoptiert* vom Weimarer Freund Ludwig Küttner. Er holte sie vom Frühstückstisch weg zum FKK-Strand, so daß ich einige Stunden Zeit hatte, zu schreiben. Im Campingstuhl unter dem alten Apfelbaum hatte ich den Eingang unseres Zimmers im Blick. Gegen Mittag, wenn ich ein gewisses Pensum geschafft hatte oder wenn mir der Tag zu verlockend erschien, machte ich mich auf den Weg Richtung Darß zum FKK-Strand, beladen mit der gefüllten Kühltasche und der Thermoskanne mit Kaffee. Ludwigs Frau Ulla hatte den Begriff *Kaffeewolke* aufgebracht. Als solche wurde ich von meinen hungrigen Sonnenkindern begrüßt. Nur wenn sie einem spannenden Volleyballspiel zusahen – Nordstrand gegen Südstrand, das hieß die Urlauber aus Born gegen die Ahrenshooper –, waren sie fürs erste nicht anzusprechen.

Ulla Küttner bevorzugte eigentlich das Hochgebirge und kam nur für kurze Zeit zum Strand. Dann gefiel es ihr in der geselligen Strandburg aber so gut, daß sie mit Blick zum

blauen Himmel ihr Hin-und-Hergerissensein in den Stoß-
seufzer faßte: «Ach, wenn doch ein paar Wolken kämen, oder
wenigstens eine ganz, ganz kleine Kaffeewolke!»

Für ein striktes Abschirmen, also ein typisches Nischenda-
sein, war aber gerade Ahrenshoop nicht geeignet. Es gehörte
sich einfach für die Stammgäste, im Kulturbundhaus oder im
Kunstkaten eigene Werke vorzustellen, und für Sänger und
Instrumentalisten, in der Kirche aufzutreten. Für alle meine
Bücher hatte ich über viele Jahre in Ahrenshoop ein dankbares Publikum.

Zum winzigen Wohn-Schlafraum bekamen wir nach ein
paar Jahren ein größeres, ziemlich düsteres Zimmer hinzu.
Zwischen beiden Räumen lag zwar die Waschküche, aber
entscheidend war, daß ich mich an Schlechtwettertagen,
wenn die Kinder im Hause blieben und sich mit Spielen die
Zeit vertrieben, zum Schreiben zurückziehen konnte.

Am Hohen Ufer bauten inzwischen Küttners, die Weimarer Freunde, die Greifswalder Theologenfamilie Kehnscherper und andere Strandbekanntschaften ihre rohrgedeckten
Sommerhäuser. In Born erweiterte und verschönerte Peter
Keler – Architekt aus Leidenschaft und alter Bauhaus-Mann –
sein uriges Boddendomizil. Sie alle redeten mir zu, mal das
Honorar einer Nachauflage in die Kate zu investieren. Der
Lehm im Fachwerk bröckelte und fiel in Batzen heraus. Flick-
versuche an der Nordwestseite waren vergeblich.

Die Kinder und ich konnten uns die Ferien irgendwo
anders gar nicht mehr vorstellen. Ich ließ mich also auf einen
zunächst für dreißig Jahre befristeten Nutzungsvertrag für
die ganze Kate ein. Sie war das zum Kapitänshaus gehörende
einstige Altenteil samt Wirtschaftsräumen, Scheune und Stall
und damit die ursprüngliche Bradhering-Henk-Hofanlage.

Den Namen Kapitän Henk kannte ich aus dem Buch «Bod-
dengeflunker» meines Kollegen Fritz Meyer-Scharffenberg.
Der Kapitänstochter, Frau Schelper in Hamburg, gehörte das
ganze Anwesen. Die Wiesen erstreckten sich bis zum Bodden.
Alle Verbindlichkeiten zwischen uns *Partnerinnen* liefen von
1972 an über die Gemeindeverwaltung. Gern hätte ich das
baufällige Haus samt Grundstück gekauft, aber dazu war die
Besitzerin nicht bereit. Gegen eine Renovierung – es nannte
sich damals Werterhaltung – hatte sie nichts einzuwenden.

Auf was für ein Abenteuer ich mich eingelassen hatte, merkte ich bald. Die Kiesgrube, die uns den Sand liefern sollte, hatte gerade dichtgemacht. Die nächste war weit entfernt. Die Ziegel bekam ich – durch persönliche Beziehungen – von jenseits des Saaler Boddens. Sie waren noch heiß vom Ziegeleiofen, als sämtliche Freunde der Kinder sie am letzten Ferientag kettebildend abluden und schichteten. Die Steine reichten bei weitem nicht, und ich mußte während des Bauens Mittel und Wege finden, um an Hohlblocksteine heranzukommen.

Die nächste Schwierigkeit war das Beschaffen einer Mischmaschine. Es gab keinen Starkstrom auf dem Gelände, also blieb nur - Handarbeit. Mit einem Fachmann fingen wir an. Er gab die Mischung an, und in einem alten Waschkessel rührten mein Sohn und seine Freundin Petra den Mörtel. Unser Maurer, Peter Conradi, kam aus Leipzig. Nach jeder Pause spuckte er in die Hände: «Und nun wieder Karbid.» Er war mit einer Jugendbrigade in Tansania gewesen, um den Eingeborenen das Häuserbauen beizubringen. Dort hätte er auch keine besseren Bedingungen vorgefunden, tröstete er uns. An eine Zimmerwand schrieb er mit breiter Bürste einen Spruch auf *Kisuaheli*, der etwas mit *Vorwärts* und *Freundschaft* zu tun hatte. Leider ging der verloren beim Neuaufbau der östlichen Giebelseite.

Im Grunde blieb nur eine Wand erhalten, ein Stück der Nordostseite, wo Lehm und Strohzöpfe schon einmal durch Backsteine ersetzt worden waren. Sogar den Dachstuhl erneuerten wir vollständig. Unser Rohrdachdecker Jörss, ein ehrlicher alter Handwerker aus Marlow, weigerte sich, *den juten Rohr* auf das von Würmern angenagte Gebälk aufzubringen. Also mußte ich Holz beantragen. Die Freigabe erhielt ich in Rövershagen, die Stämme suchte der Revierförster in Born aus. Der bestand darauf, daß ich beim Bäumefällen im Darß dabei war. Auch als *der jute Rohr* nicht reichte, mußte ich herbeieilen – über 300 Kilometer, mit dickem Portemonnaie, denn der Preis war im Sommer hochgeschnellt.

Meinen Seufzer, ob denn die Kehlen an den Dachgauben und die Ecken wirklich so dick bepackt werden müßten, konterte der Rohrdecker eindeutig: «Hier sollen die Leute in dreißig Jahren sagen: Das hat noch der alte Jörss gedeckt.» Bei soviel Handwerkerstolz mußte ich klein beigeben.

Von manchem anderen Handwerker hätte ich mir wenigstens einen Teil seiner Akkuratesse gewünscht. Der Zimmermann wußte genau, wo die Flasche mit dem Köhm und der Kasten Bier standen, aber wo Schrauben statt Nägel beim Aufstellen des Dachstuhls hingehörten, hatte er offenbar vergessen. Was er sich beim Zimmern einer *Klöntür* geleistet hat, reichte für eine Glosse in einem Band literarischer Miniaturen. Des Zimmermanns Maße stimmten nämlich nicht, so daß uns seine gelieferte Tür entgegenfiel. Worauf er meinte, nicht die Tür sei zu klein geraten, sondern das Loch sei zu groß.

Für die Innenausstattung durchstöberten wir erfolgreich den Strandkorbschuppen der Gemeinde. Auch im Trödel eines Sammlers in Wustrow fanden wir Möbel, die unter das Rohrdach paßten.

Als Gertrude Albrechtova mich fragte, ob wir Verwendung für eine mecklenburgische Bauerntruhe hätten, ahnte ich nicht, was hinter diesem großzügigen Angebot steckte. Wir hatten unseren in Greifswald begonnenen Kontakt brieflich zwar weitergeführt, doch von ihren Übersiedlungsplänen in die DDR hatte ich nichts gewußt. In Rostock beim Buchbasar in der Kröpeliner Straße erfuhr ich von ihr, daß Walter Pollatschek – der Spanienkämpfter, Journalist und Schriftsteller -, mit dem sie bei ihren Forschungen über die Exilliteratur zusammengearbeitet hatte, sich ihrer angenommen und ihr zu einer Assistentenstelle am Theater Rostock verholfen hatte. Doch dem dortigen Intendanten war sie, die sensible, zarte Ausländerin nicht gewachsen. Auch mit ihrem zweiten Anlauf, beruflich Fuß zu fassen, hatte sie wenig Glück. An Pollatscheks Seite, der im Auftrag der Akademie der Künste das Friedrich-Wolf-Archiv einrichtete, geriet sie in die Phase, da die Wolf-Erben den Auftrag für abgeschlossen ansahen. Pollatschek ging in Rente, und die viel jüngere Frau Doktor Albrecht wäre gewiß gewandt genug, etwas Neues zu finden.

Zwischen unserer Rostocker Begegnung und ihrer ersten glücklichen Nachricht aus Lehnitz bei Oranienburg hatten wieder einige Jahre gelegen. Aus Zuneigung und Dankbarkeit gegenüber dem viel älteren Pollatschek war eine späte Liebe geworden. Bei den beiden zu Gast in Lehnitz in einer alten Villa mit einem Keller voller Bücher in mehreren Sprachen, deren professionelle Ordnung mir Respekt einflößte, war ich immer wieder gerührt über die Wärme zwischen Traudl und Walter. Wie reich waren die beiden in ihrer Vertrautheit. Um in der Nähe des bereits hinfällig werdenden Gefährten bleiben zu können, nahm sie fürlieb mit den bescheidenen Aufgaben, die das Berliner Randgebiet ihr bot. Sie gab Unterricht in Deutsch und Englisch für Ausländer an der Kreisvolkshochschule.

Pollatscheks Tod traf ihren Lebensnerv. Für seine Töchter samt Familien war sie die Fremde geblieben. Mit meinen Kindern hatte ich abgesprochen, daß die Albrechtova eine unserer ersten Besucherinnen werden sollte, wenn die Ahrenshooper Kate empfangsbereit wäre. Ihr Mitbringsel, ein Wiener Guglhupf, war schon im Gespräch. Keiner von uns ahnte, wie gefährdet sie war. Als Halbjüdin einst nach Theresienstadt deportiert, hatte sie die Haft überstanden, über das Wie hatte sie nie gesprochen. So wußten wir nichts von einem frühen Selbstmordversuch. Alles was Traudl jetzt unternahm, waren Vorbereitungen für ihren endgültigen Abschied. Ganz überlegt verschenkte sie und gab das ihr Liebgewordene in Hände, wo sie es gut aufgehoben wußte. Das arabische Tischchen, die silberne Tempellampe – beides aus dem Erbe ihrer Großeltern, die als österreichische Diplomaten in Ankara gewesen waren – haben ihren Platz in der Ahrenshooper Kate gefunden. Was für eine Freundin hatte ich verloren! In einem 26 Seiten langen Abschiedsbrief hat sie mir bis ins kleinste geschildert, warum ihr das Leben nicht mehr lebenswert erschien. Und obgleich sie mich mit dieser Beichte hatte entlasten wollen, plagten mich Schuldgefühle. Aber welche noch so innige Freundschaft hätte es vermocht, ihr über den Verlust ihrer großen Liebe – ohne die sie wieder zur Fremden in diesem Land geworden war – hinwegzuhelfen?

Wie dicht liegen Tod und Leben – Ende und Anfang – beieinander. Selten ist mir das so bewußt geworden wie in jenem Sommer 1975.

Im August wurde in Berlin unsere erste Enkelin geboren.

Im Frühling des nächsten Jahres stand Jessica im Kinderwagen in Ahrenshoop neben der Terrasse. Petra, ihre Mutter, hatte das hochbeinige Gefährt fest im Blick, während sie aus den Kästen eines alten Küchenschranks die Hinterlassenschaften ganzer Mäusefamilien kratzte. Doch plötzlich huschte an der Terrasse ein Schatten vorbei – ein Krachen und Blöken – ein Schrei des Entsetzens. Wir stürzten aus dem Haus, sahen den Kinderwagen auf der Seite liegen. Petra drückte das Baby an sich. Wir schrien alle auf einmal: «Was ist mit Jessi?» Noch bleich vor Schreck sagte Petra: «Sie lächelt.» Jessi war auf ihr Daunendeckbett gefallen.

Der Übeltäter war längst um die Hausecke verschwunden. Es war eins der schwarzen Schafe des Nachbarn, die weit hinten auf der Wiese weideten. Durch irgend etwas aufgeschreckt, hatte es sich von seiner Leine befreien wollen und dabei den Pflock herausgerissen. Das verstörte Tier war im Galopp mit baumelndem Geschirr zu seinem Stall gerannt, war an einer Bank hängen geblieben, die auf den Kinderwagen stürzte und ihn umriß

Jessica ist längst eine junge Frau. Sie hat schon viele Bewährungsproben bestanden und bewiesen, daß sie keineswegs *auf den Kopf gefallen* ist. Und am wenigsten ist ihr bange vor *schwarzen Schafen.*

Aus der Notwendigkeit, handwerklich geschickte Helfer zu finden, ergaben sich bei der Runderneuerung der Kate ganz neue Kontakte. An manchen Sommertagen wimmelte es auf dem Hof von jungen Leuten. Wer weder vom Mauern noch vom Tapezieren etwas verstand, versah irgendeine Aufräumarbeit oder den Küchendienst. Aus der Familie des Flöten-Virtuosen Lucchesi kamen Frau Ursula und Sohn Mario zum Tapezieren. Vera Lieck, Lehrerin in Eberswalde – eine meiner begeisterten Leserinnen –, brachte an einem Pfingstwochenende Schüler einer 10. Klasse zum Arbeitseinsatz mit, so viele ihr Trabi fassen konnte. Als Besitzerin eines Dackels gehörte Vera der Jagdgesellschaft an. Das hieß, Beziehungen zu haben zu Wildbret vom Feinsten. So feierten wir mitten im Bauchaos ein Grillfest.

Wie von selbst ergab sich, was ich mir von Anfang an gewünscht hatte, daß die Kate ein *Haus der Begegnung* würde. Wenn wir an alle Helfer unsere Dankesschuld hätten abtragen müssen, wäre für die Familie kaum Platz geblieben. Zum Glück war den Helfern vom Rostocker Überseehafen, die mit unserem Mitbewohner Bernd zusammen ihre Freizeit zwischen den Arbeitsschichten geopfert hatten, nicht viel daran gelegen.

Die Kate hat in fast drei Jahrzehnten Besucher aus verschiedenen Himmelsrichtungen gesehen. An Dieter Wedepohl aus Westberlin konnte ich mit einer Einladung eine Dankesschuld abstatten. Ich hatte ihn im *Collegium Humanum* kennengelernt, einer Bildungsstätte für Betriebsräte und Sozialarbeiter im Weserbergland. Er war damals einer der dort tätigen Pädagogen. Ich wußte, daß der Physiker Max Born, einer der *Göttinger 18 Professoren,* die vor der atomaren Aufrüstung der Bundesregierung gewarnt hatten, in Bad Pyrmont lebte. Ich bewunderte Borns Haltung und wollte ihn gern kennenlernen. Dieter Wedepohl wollte mich mit meinem *Wartburg* nicht allein durch die Lande ziehen lassen und bot seine Begleitung an. Während der zwei Stunden, die ich bei dem Physik-Nobelpreisträger verbrachte, beobachtete Dieter, daß mein *Wartburg* mit dem Potsdamer Kennzeichen die Aufmerksamkeit des Verfassungsschutzes erregt hatte. Seine Vermutung, daß bereits meine telefonische Verabredung mit dem politisch unbequemen Professor abgehört worden war, stimmte also.

Einmal stellte Dieter uns einen seiner Schützlinge vor, nicht viel älter als meine Tochter. Unbekümmert zeigte der Junge meinen Kindern die Einstiche in seinem Oberschenkel. Vor kurzem hätte er noch gefixt. Nun hatte Dieter ihn in seine Obhut genommen. Der Junge hoffte durchzuhalten, schon Dieter zuliebe.

Eine fremde Welt – da drüben! Als mein Mann 1972 nach dem Tod seiner Mutter zur Beerdigung nach Westberlin gefahren war, kam er zu dem Schluß: «Selbst wenn wir uns durch ganz Berlin frei bewegen könnten – was ich am Bahnhof Zoo gesehen habe –, ich würde es unseren Kindern strikt verbieten, dahin zu fahren.»

Gewiß, wir lebten eingeschränkt, aber wir hatten ja anfangs genug zu tun, den Osten zu erkunden. Und mit diesem Brückenschlag zu den Ländern, mit deren Schicksal Deuschland besonders schuldvoll verstrickt war, glaubten wir, den moralisch besseren Weg eingeschlagen zu haben. Wir erfuhren in den sechziger Jahren durch die Presse nur wenig über die *außerparlamentarische Opposition* und meinten, daß die Studenten *bei uns* ein Aufbegehren gar nicht nötig hatten.

Derselben Meinung war auch eine andere Katenbesucherin – Hilde Rubinstein. Sie war als Jüdin und überzeugte Kommunistin nach kurzer Haft im Frauengefängnis Berlin-Barnimstraße nach Schweden emigriert und schrieb nach dem Krieg für die *Frankfurter Hefte* und *Radio Bremen*. Für den *Aufbau-Verlag* hatte sie einen Band Strindberg-Novellen übersetzt. Mit dem Honorar finanzierte sie einen Aufenthalt im Schriftstellerheim in Petzow. So hatten wir uns kennengelernt. Sie meinte, in der DDR den praktischen Sozialismus mit allen Vorzügen zu erleben – außer dem einen: das unbeschränkte Reisen. Sie fühlte sich solidarisch mit den farbigen Rassen, bedichtete die *Ebenholzfarbenen* und belegte die Weißen mit negativen Attributen wie die *Schweinchenfarbenen*. Zu Gast in Ahrenshoop, fiel ihr auf, daß sie noch keinen Neger gesehen hätte. In Westberlin und Bremen träfe sie die Ebenholzfarbenen auf Schritt und Tritt. «Dürfen die hier nicht her?» fragte sie spitz und warf ihren grauen kurzgeschnittenen Pagenkopf zurück. Die ganze kleine Person bekam in solchen Augenblicken etwas Aggressives. Es war Anfang Juni, und ich erwiderte betont ruhig: «Bei uns studieren sie, und es sind noch keine Hochschulferien. Was sie in Westberlin tun müssen, weißt du wohl.»

Ach ja! Nun war sie neugierig auf die partnerschaftlichen Beziehungen zwischen DDR-Künstlern und betrieblichen Arbeitskollektiven. Da ich gerade eine Einladung vom *Volkseigenen Betrieb Schiffsanlagenbau* nach Barth bekommen hatte, nahm ich sie mit. Gerhard Unger, ein Landsmann aus Torgau, war dort Ökonomischer Leiter. Ihm verdankte ich manchen Rat und viele praktische Hilfeleistungen bei der Rekonstruktion der Kate, nicht zuletzt die Wendeltreppe, für die es in seinem Betrieb ein Modell gab.

An jenem Tag waren wir in Barth Gäste der Betriebsleitung

und der *Gesellschaft für deutsch-sowjetische Freundschaft.* Zu Ehren des sowjetischen Konsuls aus Rostock gab es ein deftiges Festessen. Der Russe sprach gut deutsch. Er hatte sich im Betrieb umgesehen und freute sich über die kulturellen Aktivitäten der *DSF-Brigade,* was mich als Patin besonders anging. Für meine Begleiterin spielte es keine Rolle, daß sie in der Runde der unbekannte Zufallsgast war. Ob es stimme, frage Hilde den Konsul, daß man in der Sowjetunion Stalin am liebsten wieder auf den Sockel heben würde. Aber Stalin wäre doch ein Verbrecher.

Der Konsul hatte im kleinen Städtchen Barth alles andere erwartet als solche Töne. Er blieb höflich, auch als Hilde weiter argumentierte: Ihr Bruder hätte als Ingenieur in Moskau gearbeitet, sei als vermeintlicher Trotzkist verhaftet und von Stalin nach Hitlerdeutschland ausgeliefert worden. Im Konzentrationslager Sachsenhausen wäre er ermordet worden.

Die Stimmung, wie sie bei solchen Treffen üblich war, wo auf die unverbrüchliche Freundschaft beider Länder herzhaft getrunken und geprostet wurde, war natürlich gestört. Meinem stets hilfsbereiten Freund Unger hätte ich den Zwischenfall gern erspart, und ich trat baldmöglichst mit Hilde den Rückweg an. Auf dem Heimweg beharrte Hilde darauf, daß es ihr zustünde, überall die Wahrheit zu sagen, und für die DDR wäre es auch an der Zeit, über den Personenkult offen zu sprechen.

Vielleicht hat sie recht, mag ich gedacht haben. Aber sahen wir in den siebziger Jahren den auf Stalin fixierten Begriff *Personenkult* als zutreffend auch für die Spitzenfunktionäre unseres Staates? Wir hatten uns, so glaube ich heute, an viele Beschränkungen gewöhnt – und andererseits an Privilegien –, von denen uns aber keine so gravierend erschien, daß man deshalb eine private Revolte angezettelt und sich Unannehmlichkeiten eingehandelt hätte.

Ein kleines Beispiel dafür: In Ahrenshoop sieht man das Fährschiff nach Dänemark vorbeiziehen. Das weckte damals schon Sehnsucht nach Skandinavien. Lübecker Freunde luden mich ein nach Schweden. Sie mieteten ein Sommerhaus am Siljansee in der Provinz Dalarne. Ich, bereits im Rentenalter, besaß einen Paß der DDR. Aber für ein Ausreisevisum nach Schweden mußte eine Einladung von schwedischen Bürgern vorgelegt werden. Und zwar mit Absender, Umschlag und Briefmarke. Dabei konnten mir die Lübecker Freunde nicht helfen. Aber meine Göttinger Cousine konnte es. Johanna hat eine Schwägerin, deren Schwester in Schweden verheiratet ist. Hoch im Norden, wohin ich gar nicht wollte, aber egal —Hauptsache Schweden! Die Einladung kam vom Polarkreis, und ich fuhr nach Mittelschweden. Merkwürdigerweise hatte man kein schlechtes Gewissen bei solchen Tricksereien. Wir schadeten unserem Staat doch nicht!

Ach, unser Staat – wie oft habe ich ihn verteidigt! Nichts sei schwieriger, als den Mangel zu bewirtschaften – das stammt wohl von Rathenau, und der wußte, was er sagte, nach dem ersten Weltkrieg. Die Kritik unserer westdeutschen Gäste an der DDR war immer verhalten und taktvoll. Doch Kinder sagen die Wahrheit. Zwei Mädchen zwischen acht und zwölf Jahren, am Westufer des Ratzeburger Sees zu Hause, waren zum ersten Mal mit ihren Eltern um den See herum und weiter nach Osten gefahren. In der Ahrenshooper Kate hörte ich ihre Unterhaltung mit meinen beiden jüngsten Enkelkindern: «Was wir haben, das habt ihr alles nicht.» Abends berichteten sie ihren Eltern: «Wir sind am Vormittag in so einer komischen Ratterkiste zum Hohen Ufer gehoppelt.» Gemeint war der Trabant, mit dem meine Tochter auch die 300 Kilometer von Berlin nach Ahrenshoop fuhr.

Ja, unsere Mangelwirtschaft! Wartezeiten auf ein Auto fünf bis zehn Jahre. Wie sollten Kinder vom Westufer des Ratzeburger Sees auch verstehen, daß für Kinder *von gegenüber,* wo die gleiche Sprache gesprochen wurde, ihre Mitbringsel – Schreibutensilien wie Filzstifte und vor allem ein Schülerfüllhalter – Kostbarkeiten waren? Unter dem Spott der verspielten Mädchen brach mein siebenjähriger Enkel David in Tränen aus. Er war sonst ganz robust. Bei dieser Kinderei wurde mir bewußt, wie unterschiedlich die Bewertung von Besitztümern in Ost und West war. Stifte mit einer Spitze aus Fasern für dicke und dünne Linien. Jeden einzelnen hatte David ausprobiert. Und wie würden ihn die Kinder in der Schule um seinen Pelikan-Füller beneiden. Aber auch den hatten die Mädchen samt ihrem *Klimbim* aus dem Fenster geworfen, um ihn zu foppen. Ich fand den kleinen Kerl beim Aufsammeln seiner zerbrochenen Stifte ganz verzweifelt.

Wir waren die armen Verwandten, bei aller Freundschaft.

33
Fernweh

Nicht alles, was in den Ämtern der *Königsebene* einmal besiegelt worden war – zu unser aller Nutzen, wie es hieß –, verhalf der Literatur unseres Landes zu *Weite und Vielfalt*. Schon beim Treffen in Weimar waren die ersten Siegel aufgebrochen worden. In der *Kommission für internationale Angelegenheiten* des Schriftstellerverbandes häuften sich zu Beginn der siebziger Jahre die Anträge auf Studienreisen. Jeder zweite brauchte für sein Thema Anschauungsmaterial, sei es in Frankreich oder Italien, in Spanien oder auf Zypern. Als mich 1970 der Schriftstellerverband aufgefordert hatte, zum dritten Mal unseren Verbandssekretär zur Unterzeichnung eines neuen Freundschaftsvertrages nach Bratislava zu begleiten, fragte ich, ob ich nun gänzlich als Expertin für die Tschechoslowakei gelte. Wie andere Kollegen, die jede Gelegenheit ergriffen, um sich neue Eindrücke irgendwo in der Welt zu verschaffen, wünschte ich mir auch mal eine andere Richtung. Es müsse ja nicht gleich *Bangla Desh* sein. Ob es an dem zufällig von mir als Beispiel genannten fernen Land lag, daß mir eine Reise nach Indien angeboten wurde, weiß ich nicht, jedenfalls hatte mein Wunsch das Kulturministerium erreicht, und es kam die Anfrage vom Verbandssekretariat per Telefon, ob ich Lust hätte, nach Indien zu reisen.

Ich hatte Lust. Kurioserweise traf es zusammen mit einem privaten Reiseplan nach Kuba. So reiste ich im Novembersturm über den Atlantik mit dem Urlauberschiff *Völkerfreundschaft* dorthin, wo Kolumbus Indien gesucht hatte, und im Januar darauf auf dem Luftweg via Moskau nach Indien. Diese Ballung an neuen Eindrücken erscheint im

Rückblick schwer verdaulich, doch das Gegenteil war der Fall. Mir tat es gut, Ablenkung und zugleich Zeit zur Besinnung zu finden.

Seit 1968 war ich physisch wie psychisch kaum zur Ruhe gekommen. Meine Mutter war achtzigjährig gestorben. Damit war unsere Bindung an Babelsberg weggefallen. Wir suchten nun nach einer Bleibe, von wo aus Berlin leichter erreichbar wäre. Nach dem Bau der *Mauer* war an die Stelle der bequemen S-Bahn-Verbindung für uns der *Sputnik* getreten, der Außenring, eine vergleichsweise beschwerliche Anfahrt zu *unserem Berlin*. Nach einigem Suchen und komplizierten Wohnungsringtausch fanden wir das für uns passende Haus in Zeuthen. Am Tage der Mondlandung 1969 zogen wir an den südöstlichen Stadtrand Berlins.

Knapp eingerichtet, hatte ich die Genugtuung, mein erstes Gegenwartsbuch «Gestundete Liebe» in den Händen zu halten. Doch bald darauf traf mich ein schwerer Verlust. Im August 1971 starb Georg Maurer.

Ein Mensch wie er fehlt nicht nur seiner Familie, er hinterließ auch dort eine große Lücke, wo er als Person nicht ständig anwesend war. Seine Gedanken konnten einen begleiten, kamen hervor aus dem Unterbewußten, blitzten auf wie Lichter. Maurer hatte immer nach den einfachsten Worten gesucht, hatte unablässig Fragen gestellt an sich und die Welt. Er sah bei allem Anspruch an dichterische Qualität die Lyrik schreibenden Autoren nicht als Geheimzunft. Er steckte voller Witz und scheute sich auch nicht zu provozieren. So empfahl er – selber Lehrender in Poesie – für das Entdecken neuer Talente als beste Methode, keine Methode zu haben. Bei jedem Abschied nach unseren Gesprächen freute ich mich schon auf die nächste Begegnung, wo auch immer – am Schwielowsee, in Zeuthen oder in Leipzig. Und das sollte alles zu Ende sein? Auf der Überfahrt nach Kuba hatte ich Muße, darüber nachzudenken, was zwischen Menschen an Gefühlen möglich ist.

In den Jahren nach Georg Maurers Tod ist mir Eva Maurer eine vertraute Freundin geworden. Das Besondere an dieser Freundschaft ist, daß wir gemeinsam Erinnerungen an den Mann heraufholen können, der zu ihr und ihren Kindern gehörte, und daß sie Verständnis dafür hat, daß er auch aus meinem Leben nicht wegzudenken ist.

Als wäre ich rund um die Erde gefahren, war es mir vorgekommen nach den beiden Reisen. Auf Kuba war Fidel Castros Ära auf dem Höhepunkt. Eine Welle der Begeisterung schlug unserem Schiff entgegen. Die *Völkerfreundschaft* gehörte ja der Gewerkschaft, also brachte sie Freunde aus dem Arbeiter- und Bauernstaat DDR. Auf kleinen Booten und Barkassen kamen uns die Kubaner, die *Camarades Syndicatos,* entgegen. Erstmalig fuhr das Urlauberschiff den Hafen von Cienfuegos an, die Stadt der zuckerrohrverarbeitenden Industrie. Solidarität, Frieden, Freundschaft – die bei uns allzu oft gebrauchten und schon etwas abgenutzten Begriffe – bekamen hier auf Spanisch neuen Glanz.

Die Kubaner lebten bescheiden, aber damals noch voller Hoffnung. Wenn die Zigarrenarbeiterinnen aufblickten, sahen sie in die Augen von *Che.* Überall im Lande hing das Porträt von Che Guevara. Er hatte die Revolution weitergetragen nach Südamerika, der Rebell, der, für eine gerechtere Welt kämpfend, im Dschungel ermordet worden war.

Unsere Dolmetscher, einige mit stark negroidem Einschlag, hatten in Leipzig am Herder-Institut studiert. Die DDR war für sie das *gute Deutschland.*

Noch die Bilder vom *Rodeo* vor Augen und die *Habanera* in den Ohren, hatten wir die Heimreise angetreten. Im Gang vor der Schiffskarte, wo die Route mit Nadeln abgesteckt war, hörte ich einen Passagier zu seiner Frau sagen: «Und morgen sehen wir die Azoren am Ufer stehen.»

Indien – einen Monat später im Januar 1972 – war ganz anders. Ich hatte mir eine Route wünschen können, mußte aber ohne Begleitung reisen. Jaipur, die Hauptstadt Radjastans, liegt nicht an der üblichen Touristenroute. Ich hatte mir die Stadt ausgesucht wegen des *Palasts der Winde.* Hier war noch kein offizieller Besucher aus der DDR abgestiegen. Mein indischer Betreuer erleichterte mir und sich selber den ersten Abend, indem er mich als Überraschungsgast an eine Universitätsdozentin weiterreichte, die gerade einen Abendkurs in Deutsch hielt. Ich erlebte eine heitere halbe Stunde mit wißbegierigen jungen Leuten und der charmanten Germanistin Pawan Surana. Am nächsten Tag bereits machte mich die kleine Frau mit den lebhaften dunklen Augen und der olivfarbenen Haut mit ihrer Familie bekannt, und sie trug viel dazu bei, daß ich in vier Wochen eine Menge über ihr Land erfuhr, vor allem über das Leben der indischen Frauen.

Wenn ich auf Indien zu sprechen komme, fällt mir immer wieder eine Begegnung mit einem Ehepaar aus Braunschweig ein. Wir trafen uns regelmäßig zu den Mahlzeiten im Hotel und tauschten die Tageseindrücke untereinander aus. Die Frau war eine deutsche Postangestellte, der Mann ein indischer Ingenieur. Er war vor sechs Jahren ausgewandert, um seine zahlreiche Familie zu entlasten. An einem Abend mit ihm allein am Tisch, erzählte er mir, er habe seine Frau der Familie in Südindien vorgestellt, doch den Aufenthalt vorzeitig abgebrochen. Seine Frau habe die ungewohnte Lebensführung der Familie in der Kleinstadt nicht länger ertragen. Bitter sagte er: «Hier in Indien wird man zum Kommunisten. Ich habe mich bisher als Demokrat gefühlt, aber in Indien reicht das nicht. Gandhis und Nehrus Politik, die gewaltfreie Revolution, hat so wenig bewirkt, daß sich in den sechs Jahren, die ich fort war, so gut wie nichts verändert hat. Hier hilft nur der radikale Zugriff. Sonst ist das massenhafte Elend in Jahrhunderten noch nicht beseitigt.»

Dieser Schlußfolgerung, die ich von einem Bürger der damaligen Bundesrepublik nicht erwartet hätte, stand die gegenteilige Meinung eines österreichischen jüdischen Arztes gegenüber, der mit seiner Frau seit über 30 Jahren in Indien lebte. Er behandelte Leprakranke, hatte es also mit den Ärmsten zu tun. Doch er bestritt, daß Inder hungern müßten. Auf dem Markt kosteten ein paar Rettiche eine Rupie, und damit könne ein Armer sich sättigen. Mir grauste. Später in Kalkutta sah ich die Zustände, auf die der indische Ingenieur angespielt hatte.

In Bombay beim Besuch der hängenden Gärten erlag auch ich dem Zauber der Tropen. Auf Bitten unseres Konsuls trug ich den Sari, den mir Pawan Surana in Jaipur geschenkt hatte. Er meinte, daß ich durchaus als Inderin gelten könnte. Wahrhaftig, niemand sah sich nach mir um. Für eine Verführung zur Esoterik hat allerdings der Zauber nicht gereicht.

In Kalkutta sah ich im Morgenlicht am Ganges vom Boot aus die Rituale der gläubigen Hindus. Zwischen den Wasch- und Badestellen am breiten Flußufer schaukelten Hausboote mit orangegelben Schutz- und Sonnensegeln. Die *Blumen-kinder,* Hippies aus Amerika und Westeuropa, hatten sich dort eingerichtet. Von den Indern wurden sie belächelt. An den Post- und Bankschaltern holten sie sich regelmäßig das Geld ab, das ihnen ihre *Daddys* aus der verachteten Zivilisation schickten. Sandalen an bloßen Füßen, Blumen im Haar und ein luftiger Sari oder Dhoti – das macht noch keine reine Seele.

Ich habe mir nicht angemaßt, nach so kurzem Aufenthalt über Indien zu schreiben. Später nahm ich doch meine Notizbücher zur Hand und filterte einen Text für das gezeichnete Reisetagebuch des Grafikers Gerhard Vontra heraus. Mit einem literarischen Kunstgriff brachte ich seine und meine Erlebnisse auf einen Nenner. «Sehreise nach Indien» kam als gefälliges handliches Buch 1975 im Eulenspiegel-Verlag heraus. Indien in Geschenkpackung – sozusagen.

Aus meiner Begegnung mit der Germanistin Pawan Surana wurde eine freundschaftliche Beziehung über Jahrzehnte hinweg. Als sie vom Goetheinstiut ein Stipendium bekam, um an der Universität Bochum ihre Habilitationsarbeit zu schreiben, bat sie mich um Mithilfe bei ihrem Plan, das ganze Deutschland kennenzulernen. Berlin, Dresden, Leipzig und Weimar wären ihr in den Semesterferien wichtiger als ein Europatrip.

In allen diesen Städten hatte ich Bekannte oder sogar befreundete Familien, die bereit waren, die fremde Besucherin für ein paar Tage aufzunehmen. Pawan war hocherfreut, denn in Bochum war sie im Gästewohnheim der Universität auch nur von anderen Ausländerinnen umgeben. In Dresden beim Maler Stengel bekam sie Einblick in eine Künstlerfamilie, in Weimar war sie Gast der Arztfamilie Schubert mit musikbegeisterten Kindern. In Leipzig waren Gespräche mit jungen Autoren und ein Seminar im Literaturinstitut das Besondere der Messestadt. Ihrem umfangreichen Reisebericht, den sie mir später geschickt hat, konnte ich entnehmen, daß sie, die selbst heranwachsende Kinder hatte, die Söhne und Töchter ihrer Gastgeber aufmerksam beobachtet hat. Aus Kleinigkeiten – etwa daß ein Halbwüchsiger Fruchtsaft statt Alkohol verlangte – zog sie ihre Schlüsse zu Fragen der Erziehung. In Dresden an der abendlichen Theaterkasse, wo sie nach Restkarten für Peter Hacks' «Adam und Eva» angestanden hatte, aber leer ausging, überließ eine junge Dresdnerin ihr die letzte Karte. All das prägte sich ihr tief ein.

Pawans ganze Reise, so schien es, stand unter einem guten Stern. Schon in Berlin, wo ich sie zuerst empfing, gelang es mir, ihren größten Wunsch zu erfüllen: An Brechts Theater ein Stück von Brecht zu sehen. Ich hielt mich nicht an das *Ausverkauft,* sondern versuchte mein Glück bei der Intendanz. Im Berliner Ensemble in der ersten Reihe sitzend, *Galilei* zu sehen – ein Traum war in Erfüllung gegangen. Zu unserem Programm gehörten auch Potsdam und das Schriftstellerheim in Petzow. Unsere Zeuthener Gespräche gingen meist bis tief in die Nacht. Sie sagte mir, daß sie bisher keiner Europäerin gegenüber so offen gewesen sei und zu keiner so großes Vertrauen gefaßt hätte wie zu mir. Als hätte ich ihr schon in einem früheren Leben sehr nahegestanden.

Meine Kinder – damals in dem Alter, da ihre Partnerschaften sich festigten – konnten es nicht fassen, daß in Indien die Ehen noch immer vorwiegend von den Eltern beider Seiten geplant, oft mit der ganzen Verwandtschaft abgesprochen wurden und daß die so vermittelten Paare sich vor der Hochzeit kaum kannten. Unser Gast wußte über die europäischen Sitten gut Bescheid. In Indien, sagte sie, gäbe es bereits Einflüsse aus westlichen Kulturen, aber gerade weil sie, Pawan Surana, Westeuropa kennengelernt hätte, wüßte sie nicht, ob sie ihrem Land diese Sitte – die *Liebesheirat* – wünschen sollte. Sie wußte von vielen Ehescheidungen in Deutschland – und, so fragte sie meine jungen Leute ganz direkt, waren diese Ehen nicht aus freiem Entschluß und angeblich aus Liebe geschlossen worden? In der indischen Tradition stecke die Achtung vor der Lebenserfahrung der älteren Generation und das Vertrauen zu den Eltern, die aus Liebe und Fürsorge für ihre Kinder die bestmögliche Wahl treffen würden.

Auf meiner Indienreise habe ich natürlich auch die Schattenseiten dieser Tradition erfahren. Junge Frauen, die ihren Mann nicht ertragen und ihn verlassen, können nicht wieder in ihre elterlichen Familien zurück. Auch das war ein Thema unserer Nachtgespräche, und es hat uns beide in unserem Briefwechsel noch oft beschäftigt.

34
Bilder des Übergangs

Von meinen Reisen bin ich immer gern wieder nach Hause zurückgekehrt. Zu Anfang der achtziger Jahre änderte sich das. Eine Umkehrung war eingetreten. Was mir den Anfang meines Berufslebens so schwierig gemacht hatte – die kleinen Kinder –, das alles lag hinter mir, doch nun forderte mein Mann verstärkte Fürsorge. Erst hielt ich es für Eigensinn, daß er meinte, es ohne meine Gesellschaft keine Woche aushalten zu können. Woher aber sollten mir Impulse zum Schreiben kommen, wenn auch ich meinen Alltag auf die einfachsten Grundbedürfnisse des alternden Menschen reduzieren würde? Ich hatte mich schon mit meinem heiteren kleinen Roman *Die Kunst, Damen zu empfangen* schwergetan und war ins Bettina-von Arnim-Heim nach Wiepersdorf ausgewichen – süchtig nach Gesprächen mit Kolleginnen und Freunden. Dort fühlte sich auch mein Mann ganz wohl, genoß den Park und vertrieb sich lesend die Zeit.

In zwei Erzählungen, die ich auf Anregung der Herausgeber von Anthologien schrieb, hatte ich mich mit Kindheit und Jugend beschäftigt, ansonsten aber lebte ich von meiner *literarischen Substanz* – der gestrafften Ausgabe der *Insel ohne Leuchtfeuer* und der nach langer Pause edierten Neuauflage des *Schildbürgerbuchs von 1598*. Auf meinen seltener gewordenen Lesereisen nach weiteren Plänen befragt, gab ich vor, mit reichlich sechzig Jahren ein Recht auf etwas Beschaulichkeit zu haben. Damit belog ich mich aber selbst. Eigentlich kribbelte es mir nach jeder Reise ins Unbekannte in den Fingern, etwas *daraus zu machen*. Doch wieder zu Hause, war ich wie blockiert fürs Schreiben. Aber wenn ich schon den Einstieg zu etwas Neuem nicht fand, so wollte ich Geist und Gemüt nicht austrocknen lassen. Ich brauchte nur Einladungen zu nutzen aus Frankreich oder Österreich. So fern wie Kuba und Indien lagen ja meine Ziele gar nicht. Ich entwickelte unter Mithilfe von guten Bekannten ein regelrechtes Betreuungssystem für meinen Mann. Irgend eines seiner Leiden – Ohren, Haut oder Kreislauf – erforderte immer mal Behandlung, und jeweils nach meiner Rückkehr von einer Reise holte ich ihn – den Patienten auf Zeit – aus einem Klinikzimmer heim. Einmal, als ich ihn als Gast in einem Altersheim in Berlin-Hohenschönhausen in bester Pflege vermutete, saß er schon bei unseren Zeuthener Nachbarn. Meine Tochter war alarmiert worden, weil er sich aus dem Heim davongestohlen hatte.

Bald nahm seine Verwirrung beängstigende Formen an. Wenn ich im ersten Stock in meinem Arbeitszimmer saß, suchte er mich unten, verließ das Haus und wurde mir von der Polizei aus dem Nachbarort zurückgebracht. Bei all dem fiel es mir schwer, wenigstens die für mich wichtigsten Kontakte nicht zu verlieren.

Gegen Jahresende 1987 schrieb ich in mein Tagebuch: Auf dem X. Schriftstellerkongreß herrschte ein neuer Ton. Kollegen meldeten sich zu Wort, die nie hervorgetreten waren, und übten Kritik an der Leitung. Zwei russische Worte gingen um: *Glasnost und Perestroika.* Der Hoffnungsträger heißt *Gorbatschow.*

1988 konnte ich notieren: Pitt reist für das Kombinat *Pneumant* nach München. Im gleichen Notizbuch steht: Mummel bekam ein Visum, um meine Cousine zum 75. Geburtstag in Vaihingen an der Enz zu besuchen. Tauwetter – wieder einmal. Oder dieses Mal vielleicht gründlicher? Haben die vielen Ausreisewilligen, die mit weißen Schleifen an den Autoantennen ganz offen ihr Vorhaben signalisierten, ein Umdenken bewirkt? Ich wußte zu wenig, was sich hinter Glasnost und Perestroika verbarg und fragte den Sekretär des Berliner Schriftstellerverbandes nach seiner Meinung. Er gab sich gelassen: «Wir haben schon ernstere Krisen durchgestanden.» Welche meinte er wohl? In das Parteileben der SED bin ich nie eingedrungen. Ich war nicht sattelfest im Argumentieren, und meist fehlte mir im richtigen Augenblick das richtige

Wort. Immer war ich gewärtig auf Erklärungen, die mir mangelnde Kenntnis der großen Zusammenhänge bewußt machen sollten. Warum war Sarah Kirsch weggegangen? Warum hatte man Erich Loest wegen eines Romans die Lust zum Schreiben genommen? Konnte ein Liedermacher und Sänger wie Wolf Biermann einem Staat so gefährlich werden, daß die Regierung ihn aussperrte? Keine solcher Fragen wurde im Schriftstellerverband ausdiskutiert. Aber jetzt schienen sie zu brechen – die so sicher geglaubten Siegel.

Als empfände mein Mann in seiner Verwirrung durchaus auch die gesellschaftlichen Erschütterungen, nach denen nichts mehr so sein würde wie bisher, sagte er eines Tages: «Ich finde mich in meinem Leben nicht mehr zurecht.»

Immer öfter stahl er sich aus dem Haus, oft schon im Morgengrauen, um *zur Arbeit* zu gehen. Er fuhr bis Bahnhof Friedrichstraße und versuchte dort – wie er berichtete –, die Massen für Filmaufnahmen kameragerecht zu dirigieren. Wenn er kurz nach Hause kam, weil er Hunger hatte, saß ich beim Frühstück. Ich war damals froh, daß von Zeuthen aus die S-Bahnzüge am Bahnhof Friedrichstraße endeten, sonst wäre er mir wohl abhanden gekommen.

Meinen Geburtstag im Februar 1989 , den ich im Schriftstellerclub in Pankow feierte – es sollte der letzte sein in der ehemaligen Villa Otto Grotewohls –, nahm Hans gar nicht mehr zur Kenntnis. Mir bleibt der Tag unvergeßlich, weil meine Kinder sich etwas ganz Besonderes für mich ausgedacht hatten. Sie überreichten mir meine beiden wichtigsten Romane im Schuber, gebunden in feines schwarzes Leder. Mein Sohn hatte herausgefunden, daß die erste Ausgabe der *Insel* dreißig Jahre alt war. Dieses Buch mit seinem starken Widerhall in der Öffentlichkeit hätte ihrer beider Leben so nachhaltig beeinflußt, daß sie nicht warten wollten bis zu meinem Siebzigsten im Jahr darauf. Ich war gerührt. Die ungerade Jahreszahl 1989 bedeutete ja für mich noch viel mehr: Vierzig Ehejahre und zwanzig Jahre Wohnen in Zeuthen.

40 Jahre DDR – auch das sollte nicht vergessen werden. Ach ja, wir waren alt geworden in 40 Jahren. Wie lange hatte ich

eigentlich gebraucht, ehe ich bereit war, Unzulänglichkeiten unseres Staates nicht mehr unwidersprochen hinzunehmen? Illusionen waren uns ja bereits in den frühen sechziger Jahren verlorengegangen: Unvergessen das Gespräch mit Erich Loest. Nach seiner Entlassung aus dem Zuchthaus Bautzen war er zu seiner Familie nach Leipzig zurückgekehrt. Ich hatte Station bei Maurers gemacht, und zu dritt besuchten wir Loest. Er berichtete in seiner nüchternen Art, ohne Larmoyanz. Aber es reichte, daß es uns schauderte. Erich blieb noch viele Jahre in der DDR und schrieb unter Pseudonym Kriminalgeschichten. Mir kam er damals vor wie ein Mann, der tief gekränkt war und trotzig erproben wollte, ob jene, die das Immer-recht-Haben im Parteiprogramm führten, einen wirklichen Sozialismus schaffen würden, auf dem Wege, den er – Loest – angezweifelt hatte. Aber ehe sich seine Zweifel bestätigten, gab er auf und ging seinen eigenen Weg.

Aus jüngster Zeit erinnere ich mich an zwei Schriftstellersitzungen, in denen die Meinungen über die Einflußnahme der Partei- und Staatsführung auf die Literatur aufeinandergeprallt waren. Selbst im Memorandum vom Dezember 1988 überwogen noch Verbeugungen vor dem *Hohen Haus*. Endlich im September 1989 setzten sich die Reformer durch. Die Regierung möge sich zum Dialog stellen, hieß es in einem Brief der Autoren. Die Zahlen der Ausreisenden wären alarmierend.

Ich hatte für diesen Brief gestimmt. In der LDPD wurde das übel vermerkt. Als Mitglied einer Blockpartei hätte ich doch an den bevorstehenden 40. Jahrestag der DDR denken müssen, für dessen reibungslosen Verlauf unsere zentrale Leitung mitverantwortlich wäre. Gorbatschow würde erwartet. Auch sollten gesellschaftlich aktiven SED- und Blockparteimitgliedern Gedenkmedaillen überreicht werden.

Ich habe eine Medaille in Empfang genommen. Am 7. Oktober noch, in Zeuthen im Saal des *Rosengartens*. Ein Restaurant, das es heute nicht mehr gibt. An jenem Abend lastete eine merkwürdige Stimmung über der Versammlung, eine Bedrückung, die man glaubte mit Händen greifen zu können. An meinem Tisch saßen mir die Genossen meines Mannes gegenüber. Keiner fragte, wie es ihm ginge. Sie blickten an mir vorbei, nach kurzem Begrüßungsnicken.

Die Organisatoren versuchten, Optimismus zu verbreiten. Junge Pioniere sangen, der Redner forderte auf zum Rückblick auf vierzig erfolgreiche Jahre. Was hatten wir nicht alles erreicht! Wir waren ein in aller Welt anerkannter Staat geworden.

Ich zog mich bald zurück mit der Entschuldigung, daß ich noch nach Wiepersdorf müßte, wo ich an einem Porträt für eine Anthologie zu arbeiten hätte. Es war ein Doppelporträt, eine Auftragsarbeit des Demokratischen Frauenbundes. Gegen die erste Fassung hatte der DFD schon wieder Einwände angemeldet, aber da mir die miteinander verzahnten Lebensgeschichten zweier Lehrerinnen am Herzen lagen, hatte ich mich zu einem Kompromiß bereiterklärt – wie so oft!

Im Bettina-von-Arnim-Heim war es sehr still an jenem 7. Oktober. Ich klopfte an die Tür des Nachbarappartements, wo eine Potsdamer Kollegin wohnte. Die saß am Fernseher. Auf unserem Sender sah man Erich Honecker im Palast der Republik Medaillen verteilend, sah die ausländischen Gäste mit Veteranen des Politbüros trinken, sah die jüngeren tanzen – und alle lächelten. Die Potsdamerin schaltete zum West-Kanal. Wir erkannten Leipzig, den Dittrichring, die Thomas- und Nikolaikirche. Die Straßen waren voller Menschen. Sie bewegten sich diszipliniert und skandierten: «Wir sind das Volk!» Meine Kollegin hatte sich schon genauer eingehört, sie sagte: «Einige rufen schon: Wir sind ein Volk. Paß auf, die Sache kippt.»

Wie sie kippte, war atemberaubend. Für mich umso mehr, als gleichzeitig ganz persönliche Vorgänge um meinen Mann schicksalhafte Züge annahmen. Nachdem Hans an einem heißen Juliwochenende dreißig Stunden unauffindbar gewesen war und die Polizei ihn zwischen den Gleisen des Ostbahnhofs aufgegriffen hatte, war ich mit den Nerven am Ende. Ich konnte ihn nicht mehr zu Hause behalten. Im September 1989 wurde er Dauerpatient in der Neurologischen Klinik Teupitz. Ich besuchte ihn nun regelmäßig in der schön gelegenen Anstalt. Er meinte, in einem Sanatorium zu sein, und ich erzählte ihm stets alles Wichtige. Lesen konnte er nicht mehr. Am 18. Oktober hatte ich ihm berichtet: «Erich Honecker ist abgesetzt worden.» Nach kurzem Nachdenken sagte Hans: «Wenn der vorne abgesetzt wird, kommt der doch hinten wieder rein.»

Dieses Mal sollte mein Mann nicht rechtbehalten. Honeckers Nachfolger Egon Krenz sah ich kurz darauf in Wien als Titelfoto der Zeitschriften. Ich war zu Gast bei Wiener Freunden. Wir hatten im Burgenland eine Woche Weinlese mitgemacht. Meine Gastgeber fragten mich, was ich von Krenz halte. «Ein Übergangsregent», sagte ich vorsichtig. Ich war verunsichert. Mir kam die Abkehr der engsten Kampfgefährten von Honecker zu überraschend.

Die Macht übernehmen – wie wirkt sich das auf den Einzelnen aus? Unsere Sender zeigten Modrow und Berghofer in Dresden Arm in Arm an der Spitze der Demonstrierenden. In Berlin war am 4. November der Alexanderplatz voller Menschen. Kulturschaffende waren maßgeblich beteiligt am Appell der Massen für einen *Sozialismus mit menschlichem Antlitz*. Der Satz sollte ein reformiertes Parteiprogramm kennzeichnen. Er war bald in aller Munde. Mir erschien er wie ein Knüppel, der ins eigene Gesicht traf. War denn eine Gesellschaft mit nicht-menschlichen Zügen überhaupt Sozialismus zu nennen?

Am Tag zuvor hatte Markus Wolf sein eben erschienenes Buch «Troika» im *Haus am Glubigsee* der Leitung der LDPD vorgestellt. Ich hatte zu den geladenen Gästen gehört. Auf dem Alex erlebte ich Wolf nun auf dem Podium. Er konnte vor Buh-Rufen nicht zu Ende reden. Eine Frau hinter mir sagte: «Eine Unverschämtheit, sich da hinzustellen – dieser Spion!»

Die Redner wechselten pausenlos. Sie schlugen sich entweder an die Brust, weil sie zu lange geschwiegen hätten, oder sie hoben hervor, daß ihre Versuche, sich verständlich zu machen, verhallt wären, weil «Greise, die ins Altersheim gehörten», sich taub gestellt hätten.

Was war echte Sorge um die Zukunft, fragte ich mich. War das eine Revolution – oder *probten die Plebejer den Aufstand* wie am 17. Juni 1953? Wurde so ein Staat abgeschafft? Sollte man nicht erst einmal die Vorherrschaft einer Partei brechen, die sich so unangefochten selbstherrlich über den

Staat erhoben hatte? Den Staat beiseite zu räumen, das widerstrebte mir. Wohin sollte denn das Volk dann gehören?

Meine Gedanken gingen zurück zum Frühjahr 1945. Da war nach 12 Jahren ein für 1000 Jahre geplantes *Reich* zu Ende gegangen. Es war buchstäblich zertrümmert worden, zerfallen, zerstoben. Damals hatten wir, unsere Generation, uns damit beschäftigt, was bald zum Titel eines Theaterstücks werden sollte: «Wir sind noch einmal davon gekommen». Wie würde der Titel dieses Stückes lauten, das, aufgeschlüsselt in Einzelszenen in Berlin, Leipzig und Dresden – ja bis Prag und Budapest – als Realität vor uns ablief? Ihr seid entlassen! – Wer? Das Volk oder die Regierung?

«Abtreten!» hallte es über den Alexanderplatz. Die vielen Plakate ließen keinen Zweifel aufkommen, wer gemeint war. Meine Gedanken machten wahre Rösselsprünge, während ich von der S-Bahn aus unter mir die noch immer brodelnde Menge sah.

Schon ein Jahr zuvor, als wir Wieland Herzfelde, den fast dreiundneunzigjährigen einstigen Malik-Verleger, zu Grabe trugen – auf dem Dorotheenstädtischen Friedhof, wo Hegel liegt, Brecht, Helene Weigel, Arnold Zweig, Becher und viele aus der Künstlergeneration der zwanziger Jahre –, da sagte Herzfeldes langjährige Vertraute Elisabeth Trepte ahnungsvoll: «Er ist zur rechten Zeit gestorben.» Wieland war ein kritischer Staatsbürger gewesen, hatte immer wieder den Mund riskiert, doch er war aus dem Exil in USA seiner Überzeugung gemäß in den östlichen Teil Deutschlands gekommen, wo etwas Neues zu entstehen schien. «Er ist oft enttäuscht worden von den Engherzigen und Kleinmütigen», sagte Elisabeth Trepte. «Aber was jetzt auf uns zukommt, das hätte er nicht verwunden.»

35
Roß- und andere Kuren

In den achtziger Jahren waren Erinnerungen an unsere literarischen Anfänge wieder gefragt. Am Abend des 9. November 1989 lasen meine gleichaltrige Kollegin Hanna Heide Kraze und ich unter dem Motto «unsere frühen Geschichten» im Club der Kulturschaffenden in Berlin-Mitte. Wir hatten keinen großen, aber einen sehr diskutierfreudigen Zuhörerkreis, darunter Monika und Georg Kohnert, gute Bekannte von mir aus Marzahn. Sie gehörten zu denen, die mit den Büchern unserer Jahrgänge aufgewachsen waren und Wert legten auf unsere Meinung zu den Vorgängen am 4. November auf dem Alexanderplatz.

Keiner der Anwesenden ahnte, daß wir uns in der Abgeschlossenheit der Club-Bibliothek in einem Elfenbeinturm befanden. Auch während der Heimfahrt mit der S-Bahn bemerkte ich nichts von dem, was sich in diesen Stunden in Berlin abspielte. Gegen 23 Uhr war ich in Zeuthen. Mein Gast aus der Heimat, Jungendfreundin Eri, saß am Fernseher und sagte statt einer Begrüßung vier Worte: «Die Grenze ist offen.»

Was an jenem 9. November geschah und wie es dazu gekommen war, ist unzählige Male beschrieben worden. Mein Sohn kam von einer Betriebsfeier am späten Abend mit Freundin Doris nach Berlin zurück. Zwischen dem Kombinatsfest in Fürstenwalde und dem Prenzlauer Berg in Berlin lagen Welten. Vor ihrer Wohnung erfuhren sie es: Wir können rüber!

Um die Ecke war die Bornholmer Straße. Neugier trieb die beiden, zumal sie sowieso Mitternacht abwarten wollten, denn Freundin Doris hatte am nächsten Tag Geburtstag. Mit völlig fremden jungen Leuten feierten sie um Mitternacht in einer Kneipe im Wedding ein Doppelfest – Geburtstag und das Wunder der Maueröffnung.

Meine Tochter und ihr Freund Wolfgang waren skeptischer. Sie erkannten dahinter die Gefahr, wie sie von einer Lawine ausgeht. Als sie sich am zweiten Tag doch entschlossen, ihre Westberliner Bekannten in Kreuzberg aufzusuchen, konnten sie sich der allgemeinen Euphorie nicht gänzlich entziehen. Mit dem Trabant kamen sie am Übergang Potsdamer Platz nur im Schrittempo voran. Meine Enkelin, die siebenjährige Nora auf dem Rücksitz, wurde mit Süßigkeiten förmlich beworfen. Sie erlebte wortwörtlich die Schokoladenseite Berlins.

Ich ließ mir Zeit. Möglicherweise enttäuschte ich meine Tochter und einige Freunde, daß ich mich nicht einbrachte in die Kundgebungen am Roten Rathaus oder im Umkreis des Runden Tisches. Ich registrierte staunend, wer da was unvermittelt aus dem Ärmel zog. Bei manchen, so schien es mir, ging es weniger um Rettungsversuche für die so lange beschworene *gute Sache,* als vielmehr um die gefährdete Pfründe. Eine immer wieder strapazierte Floskel – *Die Hunde bellen und die Karawane zieht weiter* – griff plötzlich nicht mehr.

Die Frage, wieviel Freiheit Kunst braucht, um nicht im Provinziellen steckenzubleiben, hat nicht nur mich beim Schreiben immer wieder beschäftigt. Wie stark ich in meiner Erzählfreude gebremst und in meiner Themenwahl eingeengt worden bin, das habe ich mit mir selber und meinen Lektoren ausfechten müssen. Darüber in Verbandssitzungen zu diskutieren, wurde oft versucht. Aber an den uns gesetzten Maßstäben konnte nicht einmal der Kulturminister rütteln. Die wurden festgelegt im *Hohen Haus.* Wann, fragte ich mich nun, hatte ich eigentlich preisgegeben, was ich von der LDPD erwartet hatte? Mit Liberalismus und Demokratie hatten die Überväter, die aus Moskau gekommen waren, nichts im Sinn. Das war uns bald klar geworden. Sie leiteten ihren ideologischen Auftrag im Nachkriegsdeutschland von Ilja Ehrenburgs Formel ab: Es sei leichter, große Schiffe und ganze Städte zu bauen, als das Bewußtsein der Menschen zu verändern. Für *Ingenieure der Seele* – so hatte Stalin die Schriftsteller genannt – hieß das, alle Kräfte für dieses Ziel zu bündeln.

Wie hätte gerade ich, noch voller Scham über meine Verführbarkeit in jungen Jahren, etwas einzuwenden gehabt gegen eine neue Ordnung, die auf den Beschlüssen der Anti-Hitler-Koalition von Jalta und Potsdam basierte? So hatte es sich mir dargestellt, als ich es verbrieft und besiegelt nach Hause trug: Die Unbedenklichkeitserklärung des Antifaschistischen Blocks. Damit meinte ich, mein Lebenszentrum gefunden zu haben: ... Und nicht über und nicht unter anderen Völkern wollen wir sein ... Brechts Verse entsprachen mir mehr als die der alten Nationalhymne.

Es schien, als wollten alle für *unsere Menschen* verantwortlichen Stellen noch einmal beweisen, wie menschlich unser Staat war, denn im Jahr 1990 bekam ich einen Kuraufenthalt von der Sozialversicherung – kostenlos selbstverständlich – und gegen Jahresende noch mal eine Kur im Ausland, finanziert vom Kulturfonds über den Vorstand des Schriftstellerverbandes.

Mein Berufsverband hangelte sich indessen von einer Krisensitzung zur anderen. Wir wählten einen neuen Vorstand, der neue Statuten erarbeitete, während im Sekretariat schon Kisten gepackt und Bücher an Autoren zurückgegeben wurden.

An den Runden Tischen prallten die Meinungen aufeinander, und in der Normannenstraße bei der Staatssicherheit gab es wahre Revolten. Dennoch ging bei den meisten DDR-Bürgern das Leben normal weiter. Anfang März setzte ich mich in meinen blauen Skoda und fuhr nach Bad Tennstedt zur Herz-Kreislauf-Kur. Eine kleine Stadt in Thüringen, ein Anhängsel an das bekanntere Bad Langensalza. Der Standard war untere Kategorie der Heilbäder in der DDR. Die Kurgäste: Handwerker und Angestellte des mittleren Dienstes. Im Staatsbad Bad Elster setzte sich das Kurpublikum anders zusammen. Auch aus Brambach und Liebenstein hatte ich Erfahrungen. Ein Einzelzimmer, wichtig wegen meiner Schlafstörungen, war mir immer sicher gewesen.

Nach einer Umleitung bei Freyburg an der Unstrut verfuhr ich mich und kam erst abends in Tennstedt an. In den zwei miteinander verbundenen Zimmern hatten sich schon drei Frauen eingerichtet. Ich war die Älteste und teilte mit der einen das Durchgangszimmer. Die Dusche war im Erdgeschoß, wo Gymnastikraum und Garderobe lagen.

Meine drei Mitbewohnerinnen waren nett und rücksichtsvoll. Das Haus lag am Park und gehörte zu den täglich frequentierten Kureinrichtungen. Was wollte man mehr? Abends spielten wir Rommé und redeten über die Zukunft.

Die Ehemänner bekleideten staatliche Funktionen, zwei Frauen hatten zusätzlich Bedenken wegen der eigenen Arbeitsplätze. Alles erschien unsicher, auch wie die Renten geregelt würden. Das betraf mich im besonderen.

Für mein Auto hatte ich bei einem Kraftfahrzeugschlosser einen Abstellplatz gefunden. Der Mann war voller Erwartung auf die D-Mark. Für ihn war klar: Eine Mark Ost gegen eine Mark West, Einkünfte nur noch in Westwährung – und alles liefe weiter wie gehabt. Was denn sonst? So dachten damals viele. Ich lud am Wochenende meine drei Damen ins Auto, und wir gerieten in Langensalza in den Wahlkampfrummel. Die Parteien hatten ihre Stände aufgebaut, verteilten Fähnchen und Weinproben aus Hessen und Mainfranken. Die Sonnenschirme der Freien Demokraten leuchteten gelb; rot-weiß die SPD. Die CDU in lila warb mit dem Zusatz: *Allianz für Deutschland.*

Am Wahlsonntag fuhren wir zu viert nach Frankenhausen. Das Thomas-Müntzer-Panorama von Werner Tübke wollte ich längst einmal sehen. Der geschichtsträchtige Tag, wie die ersten freien Wahlen apostrophiert wurden, bot sich dazu an. Das Monsterbild zum Bauernkrieg mit deutlichen Bezügen zu allen in Deutschland vollzogenen Reformen und Revolutionsversuchen hatte viele Besucher angelockt. Ich suchte mir auf einer Rundbank einen Platz und hörte Gespräche von beiden Seiten. Ein älteres Ehepaar fragte einen jüngeren im Autofahrerdreß, ob er sich nun bemühen werde um Rückgabe des Anwesens seiner Eltern im Nachbarkreis? Der jüngere ließ keinen Zweifel daran, meinte aber, daß es ohne Anwalt nicht gehen würde.

Auf dem Rückweg durchfuhren wir in der Sonne des Spätnachmittags viele hübsche Dörfer. Die ersten Hochrechnungen von der Wahl waren wohl schon durchs Radio gekommen. In gehobener Stimmung saßen Männer vor den Gasthäusern in der Sonne beim Bier. Manchmal hörten wir im Vorbeifahren ihre Trinksprüche bis ins Auto: «Auf Deutschland!»

Am letzten Kursonntag kamen meine Verwandten aus Göttingen – Cousine Johanna mit Bruder und Schwägerin. Ein Treffen war ja nun kein Problem mehr. Vor kurzem noch war das

Eichsfeld die Grenze. Johanna umarmte mich. «Ist es nicht schön, daß alles nun so einfach geworden ist?»

Ich zeigte Johanna und Schwägerin Esther mein Zimmer. Groß und luftig, nun ja, aber zu viert? Und mit Durchgang? Und wo sind Bad und Toilette? Und die Dielen knarrten, und weil Sonntag war, mußten wir zum Mittagessen bis nach Langensalza fahren ... Ich erklärte, die Schwefelbäder wären gut, und das Personal und der junge Arzt freundlicher als in den großen Bädern, die ich ja auch kannte. Ich wurde getröstet. Wenn ich demnächst wieder nach Göttingen käme, würden sie mir Bad Sooden-Allendorf zeigen, das hätte ähnliche Heilquellen, aber weitaus bessere Bedingungen für den Kuraufenthalt.

Sie hatten mir Kiwis und andere Südfrüchte mitgebracht, und sie waren überhaupt ganz lieb. Esther war diejenige mit der Schwester in Schwedens hohem Norden, die mir die Reise nach Dalarne ermöglicht hatte. Bei der Abfahrt meiner drei Göttinger stellte ich mir vor, welcher Art ihre Gespräche wohl sein würden. Mein Vetter hatte drei Söhne im Studium. Ich wußte von ihnen, sie hatten alle mal mit dem Kommunismus sympathisiert, als sie um die Zwanzig waren. Karl-Walter und Esther hatten sie an der langen Leine laufen lassen. Nun stand wohl fest: Kommunismus war eine Utopie für junge Wilde.

An den restlichen Tagen in Tennstedt war ich noch freundlicher zur Heilgymnastin und zur Masseuse. Erst recht zu dem netten jungen Arzt, dem der Wahlausgang offensichtlich nicht so geschmeckt hatte wie vielen Thüringer Landbewohnern das Bier am Wahlsonntag.

Bei der nächsten Kur, in Bad Podebrady – fünfzig Kilometer von Prag –, waren wir Kulturleute schon im Besitz der Deutschen Mark. An der Rezeption war es uns peinlich, daß beim Umtausch in Tschechenkronen immer wieder aufs neue gerechnet werden mußte. Fast täglich war die Krone geschrumpft. Zwanzig Pfennige kostete uns ein Espresso im Caféstübchen des Sanatoriums. Wir kamen uns vor wie Ausbeuter.

Einer der letzten Tage gehörte Prag. In dieser Stadt fühle ich mich im Herzen Europas. Böhmens Schutzheiliger Sankt Nepomuk gilt als Schirmherr gegen Verfolgung und Verleumdung. Ich besuchte ihn an seinem Standplatz. Unter ihm strömte die Moldau, an den Seiten bildeten sich Wirbel und Stromschnellen. Die Kiesel schienen sich nicht zu rühren. Und doch, als Alexander Dubcek vor mehr als zwanzig Jahren zwischen Wenzelsplatz und Hradschin hier vorbeigekommen ist, haben sie anders gelegen. Denn auch die Steine wandern. Manchmal langsam, manchmal schneller, je nachdem wie mächtig der Strom ist, der sie umspült.

Was würde bleiben – für mich, für meinen Berufsstand? In den vier Jahrzehnten, deren Wert nun in Zweifel gezogen wurde, befand ich mich auf der Höhe meines Lebens. Mein Beruf hatte mich ganz erfüllt und mir häufig das Gefühl gegeben, hier, wo ich lebte, auch gebraucht zu werden. Worauf ich stolz war! Wie auch immer es weitergehen würde: Nie wieder würde es einen Staat geben, der den Versen seiner Dichter, den Büchern seiner Schriftsteller, den Theatern und Filmen so große Bedeutung beimessen würde, wie wir Autoren es in der DDR erlebt hatten. Ein Genie wie Bertolt Brecht hatte das gewußt, hatte davon profitiert und zugleich gewarnt. Er hat es dem braven Soldaten Schwejk in den Mund gelegt: … das Große bleibt groß nicht, und klein nicht das Kleine …

Es nützt nichts, Veränderungen nicht zu wollen. Nach dem Stau kommt der Sturzbach. Wir waren mitten im Strudel.

36
In die Freiheit entlassen

Wir wurden in die Freiheit entlassen, Stück um Stück. Ich machte für Ostern 1991 Quartier in Worpswede. Tochter und Enkelin sollten den berühmten Künstlerort kennenlernen. Wolfgang, Mummels Freund, entlastete mich am Steuer des Lada.

Der Weyerberg, der Barkenhoff, das Paula-Becker-Modersohn-Haus, Besuch im Haus am Schluh, wo Heinrich Vogelers Töchter aus erster Ehe lebten, und dann Bremen – ich war in Hochstimmung. Meine Gedanken wanderten zu Sonja Marchlewska. Hier war sie mit Clara Westhoff und Rilke zusammengetroffen, hatte Heinrich Vogeler kennengelernt und ihn geheiratet. Auf den Künstler des Jugendstils hatte mich 1951 Johanne Müller aufmerksam gemacht, als wir im Museum am Schloßplatz in Karl-Marx-Stadt Bilder gesichtet hatten für *Kunstkalender für Kinder.* Zwei Jahrgänge 1953/54 brachte der Verlag der Kunst in Dresden heraus. Beim dritten spielte der Buchhandel nicht mehr mit. Die Käufer verlangten angeblich nach Plischke und Hummel und Heinzelmännchen. Wir aber boten Dürer, Rembrandt und Chodowiecki. Meine Texte auf den Rückseiten der Blätter, die Kindern die Meister des Kupferstichs, der Radierung und der Malerei vorstellen sollten, waren wohl kaum gelesen worden. Schade.

Den größten Gewinn aus dieser Zusammenarbeit zogen wir beiden Autorinnen. Unsere Freundschaft hatte sich im Verlauf von Jahrzehnten ständig vertieft. Johanne Müllers Einfühlungsvermögen in jede Art bildnerischen Schaffens – von der Volkskunst, dem Scherenschnitt, bis zum Anspruchsvollsten – schärfte auch mein Kunstverständnis. Mir war es oft schwergefallen, meine Eindrücke in Worte zu fassen, wenn ich Malerfreunden wie Gerhard Stengel aus Dresden oder Ullrich Bewersdorff aus Halle Modell gesessen hatte. Jeder meinte, etwas anderes hinter meinem Äußeren entdecken und ins Bild setzen zu müssen. Von einer Zeichnung, die der Berliner Grafiker Eberhard Tacke von mir im Halbprofil gemacht hatte, sagte mein Mann, der zu drastischen Vergleichen neigte: «Hier siehst du aus wie der junge Schiller.»

Für die Rückfahrt von Worpswede nahmen wir eine andere Strecke, die weniger belebt war. Enkelin Nora mußte am Spätnachmittag zur Probe in der Staatsoper sein. Sie sang seit Jahren im Kinderchor und sollte bald in *Madame Butterfly* mit auftreten. Mummel und Wolfgang waren schon wieder in ihre beruflichen Sorgen versunken. Für meine Tochter, die Gebrauchsgrafikerin an der Fachschule für Grafik und Design in Berlin-Schöneweide, und auch für ihn, Dramaturg beim Fernsehen, zogen drohende Wolken auf. Ich hielt mich noch an den Worpsweder Eindrücken fest und sang meiner Enkelin bei der Fahrt durch die Lüneburger Heide Lönslieder vor. Beim zweiten Mal konnte Nora schon mitsingen. Eine

Umleitung brachte uns in Zeitverzug, und ich fragte sie, ob es denn schlimm wäre, wenn wir es nicht schafften bis zu ihrer Probe. «Sehr schlimm», beteuerte sie. «Dann wird meine Rolle vielleicht umbesetzt. Heute ist nämlich zuerst Kostümprobe. Mama hat gesagt, wenn sie arbeitslos wird, könnte ich ja einspringen. Ich hab' doch schon eine Steuernummer.»

Die Neunjährige beobachtete von ihrer Warte aus erstaunlich genau, was im Lande ablief. Als sie in meiner Küche Nudelpackungen sah, die schon eine Weile im Vorratsschrank gestanden hatten, sagte sie impulsiv: «Ach, die sind ja noch aus unserer guten alten DDR.» Auf meine Frage, ob ihr denn die Fahrt nach Worpswede, die in der DDR nicht möglich gewesen wäre, nichts gegeben hätte, meinte sie: Ja schon, aber anderes wäre wichtiger. Zum Beispiel könne die kleine Schwester ihrer Freundin nicht mehr in den Kindergarten gehen, weil der so teuer geworden sei. Mit der Schulspeisung sei es genau so. Und zur Klassenfahrt kämen nicht alle mit. Zu teuer. Sowas hätte es vorher nicht gegeben. «Nicht mal Flaschen oder Altpapier können wir mehr sammeln», erboste sie sich. «Die Sero-Annahmestelle hat zugemacht.»

Zur Maitagung 1991 der *W.O.M.A.N* in der Evangelischen Akademie Hamburg-Rissen war die deutsche Einheit das Hauptthema. Ich stand der internationalen Frauenorganisation seit meiner Mitarbeit im Friedensrat nahe. Die Amerikanerin Dorothy Thompson war die Begründerin der *Weltorganisation der Mütter aller Nationen*. Im Sinne Bertha von Suttners hatte sich bald nach dem Krieg in Norddeutschland eine Deutschlandzentrale gebildet: Die Waffen nieder – nie wieder Krieg! Dieses Motto war über viele Jahre die Basis des Brückenschlags zu den Friedensorganisationen der Ostblockstaaten gewesen.

Die Frauen, von denen ich etliche schon gut kannte, beschworen in der Diskussion um die vollzogene Einheit im Gegenzug zur Skepsis der Gäste aus dem Osten immer wieder die Hoffnung auf ein Gesamtdeutschland in Frieden und Wohlstand. Gemeinsam müßten West und Ost auf eine Wirtschaftsgesinnung hinarbeiten, die nicht ausschließlich kapitalistisch bestimmt werde. Ich notierte: Wohlstandsstreben sei etwas ganz Normales, nur dürfe das Habenwollen nicht zum Selbstzweck verkommen. Die immer genauere Wirklichkeitserfassung sei ein Ziel, nach dem zu streben sich lohne. Und hier läge ganz vorn die Aufgabe des Näherkommens zwischen West und Ost.

Die Erschütterung, die alle im Warschauer Pakt zusammengeschlossenen Länder wie ein Gesellschaftsbeben erfaßt hatte, warf so viele Fragen auf, daß die Zeitungsredakteure den Künstlern in den Ohren lagen, schriftlich ihre Meinung zu sagen. Nach der Redner-Euphorie auf öffentlichen Plätzen wurden genauere Definitionen der politischen Lage eingefordert. Von denen, die im Lande geblieben waren, wollte man es wissen.

Volker Braun warf dem Parteiapparat vor, er habe die Regierung umklammert. Wir – er nahm sich selber nicht aus – hätten es darauf ankommen lassen müssen, den Prozeß dagegen in Gang zu setzen. Erst jetzt, durch das Versagen der DDR-Regierung, sei unser Blick geschärft. Verzweifelt suchten nun die Linken nach Alternativen.

Stefan Heym erklärte, vieles sei manipulierbar, aber die großen internationalen Begebenheiten ließen sich nicht lenken. Und genau da hätten unsere Politiker versagt. Im Ministerrat sei Glasnost abgelehnt und gespottet worden, es gäbe keinerlei Gründe, unsere Gesellschaft zu demokratisieren. Welche Dimensionen so ein Umbau in Deutschland annehmen würde, das hätten allerdings auch die Befürworter der Perestroika nicht vorausgesehen. Nun sei der Eindruck entstanden, mit der gewonnenen Freiheit wäre uns alle Freude ausgetrieben worden.

«Alles geht den Bach runter.» Das blieb als Fazit nach heißen Debatten in den Schriftstellerversammlungen. Es stimmte, in unserer Kulturpolitik hatte sich eine Art Erziehungsdiktatur breitgemacht. Sich mit Geschick durch die Zensur zu schlängeln, das hatte bei jedem neuen Buch gegolten. Nun sahen wir uns den Vorwürfen unserer Kollegen aus dem Westen ausgesetzt, warum wir denn nicht weggegangen wären? Wir wiesen auf Beispiele hin, daß Weggehen vorwiegend private Gründe gehabt hätte. Und für Autoren, denen das gesellschaftliche Umfeld das Material für ihr Schreiben lieferte, war Auswandern keine Lösung.

Vielen von uns war dieses Material über Nacht abhanden gekommen. Wer nun zu lavieren suchte, mußte kein Wendehals sein. Es ging ums Überleben, und die ganz reale Frage lautete: Wo sind unsere Verlage geblieben? Wir – etwa achthundert Mitglieder des DDR-Schriftstellerverbandes – waren für den VS, den größten Verband der Bundesrepublik, eine Schar grauer Mäuse. Nur eine Handvoll von uns hatte Verbindungen zu westlichen Verlagen. Unter jenen Autoren gab es aber auch noch schwarze Schafe. Wer hatte der Staatssicherheit zugearbeitet? Erst einmal ging es um dreiundzwanzig Namen, die dem VS suspekt erschienen. Ich erinnere mich deutlich an jene Versammlung, da uns die Vertreter des VS Aufnahmeformulare in die Hände drückten, was soviel hieß wie: Ihr seid zwar am Ende, aber wir nehmen euch auf. Es gab die Guten und die Bösen, wie im Märchen. Sollten wir uns erst bewähren? Es war beschämend, und viele wollten nun lieber ohne einen Berufsverband leben.

Auch mit meiner Freude am Schreiben war es nicht weit her, als *der Atem der Geschichte uns ins Gesicht blies*. Nicht weil ich wegen der gesellschaftlichen Neugruppierung etwas zurückzunehmen hatte, sondern weil mir ein Entwurf, den ich nach längerer Schreibpause in Ahrenshoop begonnen hatte, wie eine Nabelschau vorkam. Ich verbannte die ganze Mappe zuunterst ins Regal. Immerhin war ich siebzig! Da setzten sich andere zur Ruhe.

Elfriede Brüning, meine neun Jahre ältere Kollegin, ließ das nicht gelten. Wir sollten uns doch nicht so auseinanderreißen lassen. Sie schlug vor, uns im kleinen Kreis regelmäßig zu treffen. Die Zeit, da Gruppenbildung unerwünscht war, die sei ja vorbei. Immerhin ein Gutes in der neuen Zeit. Elfriede tat auch gleich den nächsten Schritt. Sie stand kurz vor ihrem einundachtzigsten Geburtstag und hatte in ihren Rentnerjahren Verbindungen zu solchen Frauengruppen in der Bundesrepublik aufgebaut, die keine Angst vor kommunistischer Infiltration gehabt hatten. Die Kontakte machte sie für sich und einige aus unserer Selbsthilfegruppe nutzbar. Sie managte eine Leserundreise nach München, Wiesbaden, Hamburg, Bremen und Westberlin.

Wir waren zu viert, als wir im Oktober 1991 die Reise

antraten. Die beiden jüngeren gehörten zu den frischen frechen Frauen und balancierten das Durchschnittsalter unserer Gruppe etwas aus. Alle vier waren wir erfolgreiche Autorinnen, auch durch die Presse bekannt. Doch nun mußten wir uns vorstellen, als wäre jede von uns mit dem Erstlingswerk auf Promotion-Tour. Für Elfriede Brüning mit ihren mehr als zwanzig Büchern war das besonders absurd. Aber es ging uns ja um mehr. In den Diskussionen zeigte es sich, daß nicht wir als Personen, sondern daß unser ganzes Land eine Terra incognita gewesen war. Wie hatten wir überhaupt dort leben können, wurden wir gefragt, in dem Unrechtsstaat? Einige der Studenten in Hamburg und Bremen beteten wahrhaftig die Lesart der Massenmedien nach. Ihre Meinung zu unseren Texten blieben sie uns schuldig. Wenn die Ignoranz zu deutlich zutage trat, wurden wir allerdings der Antwort enthoben. Ältere Einheimische ergriffen das Wort und bewiesen, daß es sehr wohl Bundesbürger gab, die über die Gangart des anderen deutschen Staates Bescheid gewußt hatten. Nicht alle, so erfuhren wir, sahen in unserer jahrelangen Arbeit bequeme Anpassung an ein System, das ausgedient hatte.

In jenen Herbst 1991 fiel das Treffen der Alt-Peenemünder auf Usedom. Sie kamen von weither, zum ersten Mal wieder zum Ort des damaligen Geschehens. Ein reichhaltiges Programm voller Erinnerungen wurde geboten, in Zinnowitz und Peenemünde; dazu eine Busrundfahrt über die Insel und sogar eine Schiffahrt zur Greifswalder Oie.

Ich komme deshalb noch einmal auf mein weit zurückliegendes Thema zurück, weil sich bei diesem Wiedersehen mit alten Bekannten Bemerkenswertes in Sachen meines Romans zutrug. Der neu gegründete *Vision Verlag* – nun als GmbH – hatte Insel ohne Leuchtfeuer als Paperbackausgabe, aber inhaltlich unverändert, neu aufgelegt, termingerecht zum Traditionstreffen der *Interessengemeinschaft ehemaliger Peenemünder*. Es zeigte sich, daß viele den Roman bereits kannten. Als *Geschenksendung, keine Handelsware* muß das Buch manche Grenze passiert haben, bis nach den USA. Im rekonstruierten Wismut-Hotel in Zinnowitz waren Presseleute und Fernsehteams den Prominenten aus dem einstigen Umkreis Wernher von Brauns auf den Fersen. Für mich interessierte sich vornehmlich ein alternativer Fernsehstab aus dem Wendland. Die Redakteurin las mein Peenemünde-Buch in zwei Nächten, und bei der Überfahrt zur Greifswalder Oie ging das Grüppchen mir nicht mehr von der Seite. Von ihnen erfuhr ich, was namhafte Peenemünder Ingenieure über mein Buch dachten: Man sollte es in die Ostsee schmeißen.

Das war Anlaß für mich, den Gründen nachzugehen. Keiner der Betreffenden hatte mich in meiner Rechnerinnenzeit gekannt, und ich hatte mit keinem von ihnen etwas zu tun gehabt. Persönliche Antipathien kamen also nicht in Betracht. Doch ich hatte als erste und wohl einzige das A 4, das Lieblingskind der Raketenspezialisten, nicht allein als Wunder der Technik gewürdigt, mit dem der Weltraum erobert werden sollte, sondern hatte auch die dunkle Seite, die Verwendung als Waffe, deutlich benannt. Aber dieses Ich – die Autorin – war weder studierter Physiker noch Ingenieur. Ich war eine Frau, und ich hatte mich nicht gescheut, das jüdische Problem aufzugreifen, was allenfalls die Personalabteilung im Haus 1 damals beschäftigt hatte, aber doch nicht das Forscherteam. Ferner hatte ich im Osten gelebt, hinter dem Eisernen Vorhang. Dadurch galt ich auch noch als Moskau-hörig. Das alles zusammen muß es wohl gewesen sein – es reichte!

Das Treffen wurde zum Scheidewasser. Ich habe in den vier Tagen alles erlebt – von strikter Ablehnung über respektvolle Anerkennung bis zu uneingeschränkter Bewunderung. Erfreulich deshalb für mich die Abschiedsworte des in den USA lebenden Ehepaares Schlidt – von denen ich nur Dorette als gleichaltrige Angestellte gekannt hatte –, aber ihr Mann sprach es aus: «Eines sollen Sie wissen, Frau Kraft, Ihre Bücher haben in unserem Hause einen guten Platz.» Den beiden war wohl die Mißachtung mir gegenüber nicht verborgen geblieben.

Bei jenem Treffen wurde mir endgültig klar, daß ich mich mit meinem Hauptwerk so richtig zwischen die Stühle gesetzt hatte. Die DDR-Ideologen hatten das Buch nicht einordnen können, weder in den sozialistischen Realismus, noch in die Reihe historischer Romane – dafür lag das Geschehen nicht weit genug zurück. Auch hörte man es nicht gern, daß ein Mann, den Himmler für seine SS hatte einspannen wollen, als Wissenschaftler und Wegbereiter der Raumfahrt allen Respekt verdiente.

Jüngere Leser hatten mich wissen lassen, sie hätten durch meinen Roman die Zeit besser verstehen gelernt. Das hieß nichts anderes, als daß mein Buch aufklärend gewirkt hatte, weil die Generation der Eltern sich der ehrlichen Abrechnung mit der Vergangenheit gern entzog. Im Fachblatt für das Bibliothekswesen sah man das anders: Die Bibliothekare wurden gewarnt vor meinem nicht eindeutig parteilichen Buch.

Ich bin mir ziemlich sicher, daß die Leitung des *Verlags der Nation* schon Mitte der fünfziger Jahre, als ich meine Romanidee vorgelegt hatte, in dem Stoff ein heißes Eisen erkannt hatte. Ich sehe Günter Hofé, den damaligen und langjährigen Verlagsleiter, in seinem Berliner Büro in der Friedrichstraße deutlich vor mir. Wir standen uns gegenüber, fast gleichaltrig, beide Autoren, beide in militärische Drittes-Reich-Vergangenheit verstrickt. Ich wußte, daß er ein begeisterter Ruderer war, und so sah ich in ihm, meinem neuen Verleger, auch den ehrgeizigen Sportsmann. Die äußere Erscheinung paßte dazu, ebenso seine Bereitschaft, meinen Roman zu wagen. Nach dem Anfangserfolg von *Insel ohne Leuchtfeuer* – so berichtete mir später meine Lektorin Irmgard Schütze – hätte Hofé in einer Besprechung gesagt: «Das Buch drucken wir bis zur Verdünnung.»

An seiner Seite stand damals schon Hans-Otto Lecht, verantwortlich für die ökonomische Seite des Verlagsprogramms. Fast fünfundvierzig Jahre liegt diese Bekanntschaft zurück. Als Günter Hofé aus Altersgründen aus dem Verlag ausschied, übernahm Hans-Otto Lecht die Gesamtleitung. So gab es für unsere Wechselbeziehung Autor – Verlag keinen Bruch.

Hans-Otto Lecht ist etliche Jahre jünger als ich. Er hatte den Mut, 1990 einen eigenen Verlag zu gründen. Ein Neuanfang in der Wendezeit setzte etwas voraus, was schließlich dem Verlag den Namen gegeben hat: eine Vision. Das Risiko, das Lecht und Hofé damals mit dem umstrittenen Thema eingegangen waren, hat sich gelohnt und kommt jetzt noch dem

Vision Verlag zugute. Die beiden Verleger haben mir damals als Zeitzeugin vertraut und sich weder um die Ignoranz des *Sonntag* oder die Kritik von *Neues Deutschland* geschert, noch den Intrigen um den DEFA-Spielfilm nachgegeben. So ist *Insel ohne Leuchtfeuer* nach fast einem halben Jahrhundert lesbar und für mehrere Generationen interessant geblieben.

Inzwischen werden Belege über die ehemalige Versuchsanstalt im *Historisch-Technischen Museum Peenemünde* gesammelt. An Hochschulen ist der Windkanal, das Herzstück der Aerodynamischen Abteilung, längst ein Forschungsgegenstand. Zu Fragen der sozialen Strukturen – besonders was die Frauen angeht – beschäftigte sich kürzlich ein Seminar, zu dem ich gebeten wurde. Als Beteiligte und Betroffene kann ich mit meinen Argumenten gewiß nicht alle Zweifel und Aversionen ausräumen. Der tragischen Verstrickung der Peenemünder Rakete mit Krieg und Tod wird kein Roman je völlig gerecht werden können.

Manches können die Inselbewohner selbst dafür tun. Ich denke an die Gedenkfeier für die Bombenopfer des Großangriffs vom August 1943 nach über fünfzig Jahren in der Kirche in Trassenheide. Pfarrer Berndt hatte junge Musici gewonnen, die das Werk von Schostakowitsch, das er im Gedenken an die Zerstörung Dresdens komponiert hat, in der Kirche aufführten. In diesem Rahmen las ich im Altarraum der dichtbesetzten Kirche die beiden Kapitel meines Romans über den Bombenangriff auf Peenemünde.

Am Tag darauf hatte sich wieder viel Publikum versammelt, diesmal um die Kapelle im Dorf Peenemünde. Damals zerstört, war das Kirchlein wiedererrichtet worden und erhielt eine neue Glocke. Der amtierende Bischof kam zur Weihe. Als Gast bei Pfarrer Berndt erfuhr ich, wie weite Kreise das Nachdenken über die Geschehnisse auf diesem Stück Insel gezogen hat. In einem Brief an den Pfarrer schreibt ein in Wolgast wohnender ehemaliger Funktionär der Sozialistischen Einheitspartei über seine Erschütterung während der kirchlichen Gedenkstunde, und er entschuldigt sich für Fehlentscheidungen, mit denen er während seiner Amtszeit als Politiker dem Pfarrer Unrecht getan hätte.

Es gibt weder DIE Partei, die immer recht hat, noch DIE allein seligmachende Glaubensrichtung. Wer dem einen oder anderen Extrem verfallen war und sich des Irrtums bewußt wird, braucht Mut, es einzugestehen. Wendehälse haben andere Merkmale. Die haben schon immer alles vorher gewußt.

Mein Mann hat nie zu den Gutgläubigen gehört. Manchmal warnte er mich, weil ich schwer nein sagen konnte. Es waren nicht nur die Lerchs, die hilfesuchend zu mir gekommen waren. Ich denke an eine ältere Frau aus Sachsen – sonntags an unserer Gartentür – , die nicht aus noch ein wußte. Ein anderes Mal meldete sich eine verzweifelte Stimme am Telefon, die sich verfolgt fühlte und bei mir Schutz suchte. Es war der Grundtenor meiner Bücher, der diese Fremden ermutigt hatte, meinen Rat zu erbitten.

Schon seit Beginn der achtziger Jahre mußte ich allein damit fertig werden. Meines Mannes Geist verdämmerte langsam. Sein Abschied von der Familie zog sich über Jahre hin. Am Tag der dritten Wiederkehr des *Tags der deutschen Einheit* ist er gestorben.

37
Der Kreis schließt sich

Die große Reisefreiheit war wie ein Sog. Da wurde die Trauerarbeit um die Werte, die aus der DDR-Existenz erhaltenswürdig gewesen wären, unterbrochen, wenn die kostengünstige Werbung für Kurzreisen nach Paris, Italien oder Spanien ins Haus flatterte. In schnellem Tempo füllten sich die Fotomappen mit Bildern von Inseln der Ägäis, der Adria und des Atlantik, von denen hierzulande bisher kaum die Namen bekannt gewesen waren.

Es stand noch viel auf meiner Wunschliste, als die Fotografin Marianne Motz meine Blicke ins märkische Dahmeland lenkte. Von dem kleinen Fluß, der aus dem Fläming kommt und sich in Köpenick mit der Spree vereinigt, wußte ich leider wenig. Theodor Fontane hat ihm den im Volksmund gebräuchlichen Namen *Wendische Spree* gegeben. Obwohl ich in dem Ort zu Hause bin, wo der Dichter im Roman «Irrungen, Wirrungen» zwei Menschen Liebesglück und –leid erleben ließ, hatte ich mich in dem Urstromtal, durch das sich die Dahme schlängelt, kaum umgesehen. Das sollte sich ändern. Die Fotografin und ich einigten uns auf den Titel «Aufbruch zur Quelle». Für mich sollten die Texte des Bildbandes, auf die ich viel Mühe und Sorgfalt verwendete, der Abschluß meiner Schriftstellerei werden. Doch der Buchtitel bekam, kaum daß ich die Arbeit abgeschlossen hatte, tiefere Bedeutung. Vor die Landschaft meiner Lebensmitte schob sich die meiner Kindheit.

Auf dem Weg zum Schildberg, der Triftweg genannt wird, gibt es eine Bank. Nach Norden bietet sich der Blick auf das Städtchen, nach Süden die Ansicht des Schildberges mit dem Aussichtsturm. Ich bin eingeladen zu einer Festwoche und bin zugleich aktiv beteiligt, denn das, was sich in diesen Tagen im Städtchen abspielt, hat zu tun mit meinen ersten literarischen Versuchen.

Es ist September 1998 – das Schildbürgerbuch ist 400 Jahre alt. Auf meiner Bank am Triftweg gedenke ich dankbar der *Spaetern,* unserer Direktorin des Torgauer Lyzeums, die mir, der Fahrschülerin aus dem oft bespöttelten Schilde, die Aufgabe stellte, über die Herkunft der Schelmenstreiche zu referieren. Von da ab saßen mir die Schalksnarren im Hinterkopf und wurden immer deutlicher zu Anregern für mein Erzählen. Nicht der gestrenge Feldherr, der meinen Großeltern ins Wohnzimmer geschaut hatte, bestimmte mein Träumen, sondern die närrischen Leut'.

Gneisenau war inzwischen wieder auf den Sockel gesetzt worden. Dieses Mal hatte man ihm den Blick aufs Rathaus gegeben, damit er – wie die Bewohner sagen – die Stadtväter besser unter Kontrolle hat. Über ihn ist viel geschrieben worden. Wenn auch seine Kindheit in Schildau – angeblich ärmlich als Findelkind – nicht ganz geklärt werden konnte, scheint doch alles gesagt, was den Historikern wichtig ist. Anders verhält es sich mit den Schildbürgern. Ich habe mich da auf einem Feld getummelt, wo noch heute gestritten und mit Worten gefochten wird.

Als mich ums Jahr 1950 der Komponist Walther Böhme in Leipzig besuchte und um Mitarbeit an einer Kinderoper bat – von Kindern für Kinder –, da meldete sich aus meinem Unterbewußtsein das närrische Völkchen. Im Mai 1951 erlebte meine Kinderoper «Die Schildbürger» unter der Stabführung des Komponisten ihre Uraufführung – im Stadttheater Reichenbach im Vogtland.

Walther Böhme hatte für mein Libretto einprägsame und für Chöre gut singbare Musik geschaffen. Die Weinholdschule in Reichenbach – der Geburtsstadt der Neuberin, wo Böhme selbst einmal Lehrer war – ging mit großem Schwung ans Werk. Unterstützt vom Theater in Gera, aus dessen Fundus die mittelalterlichen Kostüme stammten, kam eine spritzige Aufführung zustande. Das Stück wurde von einigen Schulen – wie in Hohenstein-Ernstthal – nachgespielt und als Gastspiel von einem großen Betrieb im damaligen Karl-Marx-Stadt übernommen. Aber da sich kein Verlag fand, verschwand es bald in der Versenkung. Nicht zuletzt deshalb, weil die Schulen der DDR sich so stark auf naturwissenschaftliche Fächer auszurichten hatten, daß für musische Betätigung kaum Zeit blieb.

Meine Bearbeitung des Original-Schildbürgerbuches von 1598 hat sich – mit einer großen Pause – auf dem Büchermarkt gehalten. Die Zeichnungen des Illustrators Fritz Koch-Gotha waren mit ausschlaggebend, daß der Carl-Hinstorff-Verlag – inzwischen volkseigen geworden – es 1985 wieder ins Programm nahm.

Drei verschiedene Vorworte habe ich verfaßt. Zwischen den fünfziger und den achtziger Jahren waren die literaturhistorischen Forschungen über den Ursprung des Volksbuches weitergegangen. Ich konnte in der Ausgabe der Achtziger auf manchen didaktischen Hinweis verzichten, dafür vom Verschwinden und glücklichen Wiederauftauchen der Koch-Gotha-Originale berichten – eine Schelmerei der unverwüstlichen Schelme, so schien es uns. Und daß sich für die hintergründigen Streiche nach vierhundert Jahren noch Bezüge zur Gegenwart anboten, war mir für die Ausgabe des Vision Verlags 1998 – *400 Jahre Schildbürgerbuch* – ein aktuelles Nachwort wert.

Zwei Jahre vor diesem Jubiläum hatte sich schon einmal die Lebensfähigkeit der Schildischen Schelme gezeigt. Das vogtländische Reichenbach wollte das Andenken seines Walther Böhme würdigen. Unter den zur Debatte stehenden Titeln seines Oeuvres schoß unsere Schildbürgeroper den Vogel ab.

Häfer-Arnold-Lorenz-Lorenz – mit diesem Quartett verbindet sich ein Höhepunkt meiner späten Jahre. Die Übereinstimmung dieser Vier – Leiter der Musikschule, Regisseur, Dirigent und Chorleiterin – übertrug sich in schönster Weise auf das Vorhaben Kinderoper. Erst wenige Wochen vor der Premiere erfuhr ich vom Gelingen. Ich hatte mich gescheut, mich zwischendurch zu erkundigen. Als sie bei mir waren, um mein Einverständnis einzuholen, waren noch viele Hürden zu nehmen. Sponsoren mußten gesucht, die Eltern gewonnen werden – schon wegen des Ansporns für die Kinder, auf deren Durchhaltevermögen über ein ganzes Jahr es ankam. Von acht bis achtzehn Jahre waren sie alt. Daß wegen der allwöchentlichen Proben sogar eine Ferienreise ins Ausland geopfert wurde, zeugt von der ungebrochenen Spielfreude der jungen Akteure.

Wie sehr es die Kinder gepackt hatte, erlebte ich mit bei der Premierenfeier im Saal des Theaters. Plötzlich spielte und sang ein Trüppchen aus dem Stegreif – Sektgläser in den Händen, mitten im Gewühl und kein bißchen müde – noch einmal eine Szene aus dem letzten Akt. Mir gingen dabei die Verse des Schlußliedes durch den Kopf, gewissermaßen die Moral von der Geschicht':

Das Buch von unserer Narretei wird einst Legende werden,
die Frage, wer's geschrieben hat, macht niemand dann Beschwerden.
Laßt modern ihn, wir leben in unseres Volkes Streben.

Auf dem Schinderkarren waren die Verleumder der kleinen Leute von der Bühne geschoben worden.

Im Rahmen der Festtage *400 Jahre Schildbürgerbuch* fand zu diesen Fragen ein Kolloquium statt: Geht das zum Volksbuch gewordene, anonym verfaßte Werk wirklich auf den kursächsischen Hofrichter von Schönberg zurück? Und ist dieses Städtchen, das früher einmal Schilda hieß, in der Nachfolge von Laleburg gemeint? Und wenn – warum? Einen Satz von den Streitgesprächen im Rathaussaal habe ich in meinen Notizen dick unterstrichen. Werner Röcke, Professor an der Humboldt-Universität Berlin, sprach ihn aus, gewissermaßen als Quintessenz aus den divergierenden Meinungen seiner Kollegen: «Wer auch immer es geschrieben hat – fest steht, das Schildbürgerbuch gehört zur europäischen Weltliteratur des ausgehenden Mittelalters.»

Der historische Festumzug zum Ausklang der Jubiläumstage war ein fröhliches Bekenntnis der Bewohner zu den ihnen angedichteten Streichen. Eine echte Kuh trottete hinter einer Mauer aus Pappe her, von der sie das Gras abweiden sollte. Die lange Wurst, die in keinen Topf paßte, hatten vier kräftige Fleischerburschen geschultert. Die Gärtnersfrau trug als Frau Schultheißin eitel ihren Pelz zur Schau. Die Grundschüler spazierten kätzisch kostümiert als Maushunde einher, und die Allerjüngsten führten auf ihrem Bollerwagen eine Nachbildung des heutigen Rathauses mit sich, dazu ein Schild: Wir sind die kleinen Schildbürger, und wir bleiben hier, denn wir haben ein schönes Rathaus.

Sie haben nicht nur das Rathaus, sie haben nun auch ein Museum. Der Geschichtsverein hat es fertiggebracht, zusammenzutragen, was in irgend einer Weise mit dem Inhalt des Volksbuches in Zusammenhang steht. In diesem Heimatverein besonderer Art wirken die Schildauer weit über ihr Städtchen hinaus. Allen voran zwei begeisterte Wahl-Schildbürger – der Ingenieur Wigand Cernik und der emeritierte Pfarrer Gerhard Schollmeyer. Gemeinsam haben sie aufgegriffen und führen weiter – unterstützt von ebenso enthusiastischen Mitstreitern – , was ich vor rund 65 Jahren mehr aus Neugier denn aus Bekennerdrang begonnen habe. Was könnte ich mir Besseres wünschen?

Mein Blick von der Bank am Triftweg erfaßt den viereckigen Turm der Kirche und den Dachreiter auf dem Rathaus. Sie werden mir zu Symbolen: Der eckige bodenverhaftete und der schlanke spitze mit der Wetterfahne von 1841. Mein Urgroßvater Karl-August Böttger war damals Bürgermeister und Kirchenvorsteher, was Mutter oft mit Stolz erwähnte. Aus diesem Familienerbe ist wohl etwas ganz Wesentliches auf mich gekommen, was bei Goethe heißt: Des Lebens ernstes Führen ... und Lust zu fabulieren.

Vom Fabulieren wurde ich mein Leben lang getragen. Was davon in mir steckte, hat mich befähigt, mir von der Pike auf das dafür notwendige Handwerkszeug heranzuholen und auszubauen. Und das mit ständig wachsender Lust. Die Erfolge habe ich als Bestätigung des von mir gewählten Weges empfunden.

In Politik und Gesellschaft konnte und wollte ich auch nicht abseits stehen, aber auf diesen Gebieten war ich weniger lernbereit. Ich habe das immer gewußt und oft vor mir selbst damit entschuldigt, daß meine Kräfte an Beruf und Familie gebunden und voll ausgelastet waren. Ein Mehr hätte dazu geführt, daß man später von mir sagen würde: Sie hat am Anfang gute Bücher geschrieben, aber dann ist sie allzusehr ins Politische eingeschwenkt. Die Gefahr bestand, seitdem ich als LDPD-Abgeordnete dem Stadtparlament Potsdam angehörte. Die Vergeblichkeit, auf demokratische Weise etwas bewegen zu können, wenn man nicht tiefer in die kommunalen Belange einzudringen und dafür zu kämpfen bereit war, veranlaßte mich nach vier Jahren zum Rückzug aus der praktischen Politik.

Für alles, was mir am Herzen lag, sollten meine Bücher Zeugnis ablegen. Frieden, Demokratie: ein Sozialismus als Ziel für mehr Gerechtigkeit im Zusammenleben der Menschen. Von der Jahrhundertmitte an – und bald noch bestärkt durch die Mitarbeit im Friedensrat – hatte ich geglaubt, auf der Seite zu stehen, die künftige Kriege unmöglich machen würde. Noch 1982 bei der Wiederbegegnung mit meinem Peenemünder Freund Rainer – inzwischen wohlbestallter Hochschullehrer in Bayern – hoffte ich auf eine Einigung der beiden Gesellschaftssysteme, die auf der Basis gegenseitiger Achtung vollzogen würde.

In Wilhelmshaven, zu Gast bei der Präsidentin der W.O.M.A.N., Treuhilde von Alten, war ich 1981 auf den Namen des alten Freundes gestoßen. War der Psychologe gleichen Namens, Mitherausgeber eines in München erschienenen populärwissenschaftlichen Buches, mit dem mir bekannten Physiker Rainer Fuchs identisch? Er war es. Wir waren beide in den Sechzigern, als wir uns 1982 in Berlin-Dahlem trafen. Ich erkannte ihn von ferne schon am Gang, und ihm war in meinem Anfragebrief meine Handschrift vertraut vorgekommen. Zur Freude über die späte Wiederbegegnung trat meine Neugier, was ihn zu den Geisteswissenschaften gezogen hatte. Ein Lehrstuhl für soziologisch-anthropologische Pädagogik bedeutete ohne Abstriche: Arbeit mit den Menschen für die Menschen. Nach seinem technischen Vorlauf in Peenemünde eine für mich überraschende Entwicklung. Oder vielleicht doch nicht?

Wir ließen bei unserem ausgedehnten Spaziergang durch den Grunewald unsere Gespräche vom Gnitz am Achterwasser wieder aufleben. Er hatte damals schon die menschenfeindliche Ideologie der Nazis durchschaut, der ich mit dreizehn Jahren anheimgefallen war. Den Schlüssel zum Verständnis für seinen Berufswechsel fand ich bei diesem Rückblick: Rainer hatte in den dreißiger Jahren das scheinbar gesellschaftsunabhängige naturwissenschaftliche Studium gewählt und erst nach dem Ende der Naziherrschaft sich seinen eigentlichen Berufswunsch erfüllt.

Mein eigener Berufswunsch – zu schreiben – war über mich gekommen, wie ich es auf den vorliegenden Seiten geschildert habe. Immer wieder habe ich es als Wagnis begriffen, schriftstellernd die Basis für eine Familie schaffen zu wollen. Heute weiß ich: auch Glück hat dazu gehört.

1996 waren es fünfzig Jahre, daß ich mit einem Kinderhörspiel an die Öffentlichkeit getreten bin. Ein Grund zu feiern – das fanden nicht nur meine Kinder und Enkel, das fand auch die Großfamilie aus Hamburg, von der wir vor sechs Jahren nicht einmal die Namen gekannt hatten. Nun saßen wir beisammen an einem Tisch. Der Sommerabend auf der Terrasse, die wir angelegt haben auf dem Grund und Boden, der der Hamburger Familie gehört, hat für mich etwas Symbolisches. Ahrenshoop als Ort der Begegnung zu sehen – daß dieser, mein Wunsch, von den Eigentümern dieser Oase zwischen Meer und Bodden anerkannt und mitgetragen wird, zähle ich zu den Glücksfällen meines Lebens.

Von den Lebensgeschichten, die mir im Laufe vieler Jahre erzählt worden sind, ist jene die aufregendste, die ich wie eine letzte Nachricht aus meinem Jahrhundert mit ins Jahr 2000 nehme. Vor fünfundfünfzig Jahren, als der II. Weltkrieg in den letzten Zügen lag, hat ein sowjetischer Kriegsgefangener von Peenemünde-West ein Flugzeug entführt. Es war der einzige Weg, um sich und neun Kameraden das Leben zu retten. Ein Tausendsassa? Ein Held? – Es war der Mut der Verzweiflung. Die Bewacher hatten ihm gnädig zehn Tage geschenkt. Das bedeutete unter Tätern und Opfern: Am elften Tage Erschießen.

So steht es in dem auf Russisch verfaßten Lebensbericht des Oberleutnants Michail Dewjatajew, und so hat er es mir erzählt, im Juli 1999. Er hat mich in Zeuthen besucht, wollte die Autorin des deutschen Peenemünde-Romans kennenlernen. Er ist zwei Jahre älter als ich, ein untersetzter kräftig gebauter Mann. Aus seiner Haltung spricht der Stolz des einst begeisterten Jagdfliegers, dem nach allen Strapazen und Demütigungen das unmöglich Erscheinende gelang: aus der Hölle durch die Luft zu entkommen. An der Stelle, wo er, von dem niemand wußte, daß er Pilot war, mit einer Heinkelmaschine – *He 111* – vom Flugplatz Peenemünde-West abgehoben hat, wurde in seinem Beisein ein Gedenkstein mit den Namen der zehn Geretteten enthüllt. Jetzt finden Peenemünde-Besucher das steinerne Zeugnis dieser kühnen Tat im Freigelände des Historisch-Technischen-Museums. Zwischen den aufragenden Raketenmodellen ein eher bescheidenes, aber nicht zu übersehendes *Trotzdem* der damaligen Gegen-Welt.

Ich bin froh darüber, daß der Mann aus dem fernen Kasan zu mir gekommen ist, und daß wir über jene Jahre miteinander sprechen konnten wie über ein überwundenes schlimmes Zeitalter. Vor solchen Menschenschicksalen komme ich mir mit meiner Lust zu fabulieren klein vor. Woher hätte ich wohl die Kraft zur Gegenwehr genommen, wenn mich das Schicksal richtig gebeutelt hätte? Wäre ich durch existenzgefährdende Schicksalsschläge wachsamer, hellsichtiger geworden gegenüber den Verführungen unseres Jahrhunderts?

Die Uhr des Schildauer Rathauses hat einen helleren Klang als die Kirchturmuhr. Beide Uhren haben schon meinen Eltern manche Stunde geschlagen. Von ihrer Geburt an – im ausgehenden 19. Jahrhundert – bis zu ihrem Tod in der zweiten Hälfte des 20. Jahrhunderts.

Meine beiden Kinder haben bei Großmutter Luise manche Ferien verbracht. An der neuen Jahrhundertschwelle denke ich an meine Enkel. Sie müssen sich am Anfang des dritten Jahrtausends ihre Wege suchen. Ihre Zukunftspläne reichen schon heute über unsere Landesgrenzen hinaus – weitab von den beiden Türmen, deren Stundenschlag in mir bewahrt geblieben ist. Etwas von meinem hier begonnenen sehnsüchtigen In-die-Welt-Träumen möchte ich an sie weitergeben. Vielleicht mit diesem Buch.

Macht's gut, ihr Jungen!

Werkverzeichnis

Kinder und Jugend

1946–53	Hörfolgen und Hörspiele
	Mitteldeutscher Rundfunk Sender Leipzig und Halle; Kinderfunk, Jugendfunk, Schulfunk
1949	Rüben, Säfte und Kristalle
	Kinderbuch, brosch., Mitteldeutscher Verlag Halle
1949	Die Wunschlaterne
	Märchenspiel U. 1951, Minerva-Bühnen-Vertrieb West-Berlin
1949	Dumdideldei: Kinderlieder
	Mitteldeutscher Verlag Halle, vertont von Herbert Baumann
1951	Die Schildbürger, Kinderoper
	U. Reichenbach/Vgtld., Musik: Walther Böhme
1952	Lutz und Frosch und wie sie alle heißen
	Kinderbuch, Altberliner Verlag Lucie Groszer
1953	Das Schildbürgerbuch von 1598
	Bearbtg./Hsg. Carl Hinstorff Verlag Rostock, Illustr. Fritz Koch-Gotha
1953 u. 1954	Ein bunter Jahresring
	Kunstkalender für Kinder, Verlag der Kunst, Dresden gem. mit Johanne Müller
1954	Janni vor dem Mikrofon
	Mädchenbuch, Altberliner Verlag Lucie Groszer
1954	Verse für 5 Kinderbücher
	Verlag Abel & Müller, Leipzig
1954	Schnick-schnack-Dudelsack
	Alte Kinderreime mit eigenen ergänzt. Abel & Müller, Leipzig
1955	Das Gespenst im Dorf
	Handpuppenfilm, Defa-Studio Dresden
1955	Vom Hansl und anderen Spielsachen
	Populärw. Film, Defa-Studio Babelsberg
1956	Der See im Glase
	ebenso
1956/58	Geschichten in Versen
	Vorschulalter, Abel & Müller, Leipzig
1960–1966	Usch und Thomas
	Erzählung für Kinder, 3 Bände, Verlag Abel & Müller, Leipzig

Belletristik

1959	Insel ohne Leuchtfeuer
	Roman, Verlag der Nation, Berlin
1965	Menschen im Gegenwind
	Roman, Verlag der Nation, Berlin
1970	Gestundete Liebe
	Roman, Buchverlag Der Morgen, Berlin
1971	Träume im Gepäck
	Erzählungen, Buchverlag Der Morgen, Berlin
1978	Solo für Martina
	Roman, Buchverlag Der Morgen, Berlin
	Solo für Martina
	Fernsehfilm, DDR-Fernsehen/Defa, U. 1980
1979	Unruhiger Sommer
	Roman, Verlag der Nation, Berlin
1975	Text zum Reisetagebuch Sehreise nach Indien
	von Gerhard Vontra, Eulenspiegel-Verlag, Berlin
1983	Die Kunst, Damen zu empfangen
	Roman, Buchverlag Der Morgen, Berlin
1995	Essays zum Bildband – Aufbruch zur Quelle
	von Marianne Motz, Pro Line Concept-Verlag, Berlin

Erzählungen in Anthologien 1953–1987

Erste Ernte, Verlag Neues Leben, Berlin
Eine Rose für Katharina, Verlag Neues Leben, Berlin
Mein Vater, meine Mutter, Verlag Neues Leben, Berlin
Der erste Augenblick der Freiheit, Carl Hinstorff Vlg, Rostock
Die Fontäne, Militärverlag der DDR, Berlin
Berlin – Stimmen einer Stadt, Buchverlag Der Morgen, Berlin
Mir scheint, der Kerl lasiert, Buchverlag Der Morgen, Berlin
Vom Geschmack der Wörter, Buchverlag Der Morgen, Berlin
Brennesselsuppe und Hiatiti, Buchverlag Der Morgen, Berlin
Reiseverführer Mecklenburg, Greifenverlag Rudolstadt
Reise-Textbuch Berlin, Deutscher Taschenbuch Verlag, München

Ab 1991 im Vision Verlag, Berlin

1991	Insel ohne Leuchtfeuer – Neuausgabe
1993	Menschen im Gegenwind – Neuausgabe
1993	Das Schildbürgerbuch von 1598 – Neuausgabe – illustr.
	von Fritz Koch-Gotha

Übersetzungen

ČSSR
Svobodné Slovo, Prag
1961	Insel ohne Leuchtfeuer
1967	Menschen im Gegenwind

Polen
Panstwowy Instytut Wydawniczy, Warschau
1962	Insel ohne Leuchtfeuer
1968	Menschen im Gegenwind

Ungarn
Zrinyi Katonai Kiado, Budapest
1968	Insel ohne Leuchtfeuer
1969	Menschen im Gegenwind

Bjelorussische SR
Mastatschkaja Litearatura, Minsk
1987	Insel ohne Leuchtfeuer

Slowakische Republik
Slovensky Spisovatel, Bratislava
1973	Insel ohne Leuchtfeuer

Vychodoslovenske vydavatelstvo, Košice
1985	Gestundete Liebe

Litauen
Vaga, Vilnius
1974	Gestundete Liebe